U0912332

平平錄

［清］杨芳 撰
肖小艳 标点

岳麓書社·长沙

前　言

杨芳（1770—1846），字诚村，贵州松桃人，生于清乾隆三十五年，为宋广惠侯杨再思第三十一世孙。其父杨正秀，为石岘卫千户，善骑射，曾随军出征缅甸，一路争先，因主将获咎而未能叙功。他在七岁时，因出痘结毒而体弱，十一岁入塾读书，十三岁应童子试，受同知孙松泉先生赏爱，留署供读。十五岁时，松泉先生去北京任职，临别曾鼓励他说："功名必大成，学问之道无尽止，明理尽性，终身受用无穷。"十六岁参加岁试，得罪学使而被驱逐。适甘肃局势不稳，而投充铜仁协左营行伍。他向父亲学骑射，心领神会，与友人夏若霖学剑，常叹之："一人敌耳!"从此壹志经史，涉猎群籍及古杂家言四载。二十岁，铜仁协左营把总郭荣，以次女许婚，二十四岁结婚。二十六岁时，杨遇春一见就赏识他，荐补把总，从此随征，转战川陕，后因功连升贵州平远协中军都司、下江营游击。嘉庆五年（1800），授广东督标后营参将，赐号"诚勇巴图鲁"。后升任广西新泰副将，转升陕西宁陕镇总兵。十一年（1806），杨芳代署固原提督。因所驭兵营倡乱，而被遣戍伊犁，不久释还，回乡任松桃协右营千总。十五年（1810），授广东右翼镇总兵，调陕西西安镇。十八年（1813），授河北镇总兵。因功赏云骑尉世职，调西安镇。十九年（1814），复勇号，调汉中镇。二十年（1815），升甘肃提督。

道光初，历直隶、湖南、固原提督。六年（1826），回疆军事急，杨芳请从征，七年（1827），擒张格尔于喀尔铁盖山。赐封果勇侯，赐紫缰、双眼花翎，晋御前侍卫，赐其子承注举人，绘像紫光阁，加太子太保衔。九年（1829），入见皇上，晋二等侯，加太子太傅衔，准许在紫禁城内骑马。杨芳六十寿辰，道光帝亲书“酬庸锡羡”匾额和“福寿”字及像赞赐之。十二年（1832）春，著《平平录》十二卷。十三年（1833），平定四川清溪、越巂、峨边诸夷，晋一等侯。逾年，诸夷复起事，降二等侯，以甘肃总兵候补。由此，杨芳忧闷在胸，告病回松桃，闲居府中，整理历年所作诗词、笔记，并撰《果勇侯自编年谱》，着重记述其四十余年征战历程。十六年（1836），起为湖南镇筸总兵，抚定变兵。历广西、湖南提督。二十年（1840），海疆事起。二十一年（1841）春，朝廷命奕山为靖逆将军，杨芳及隆文为参赞，率师防剿。六月，杨芳骑马出城巡察营汛炮台，不慎失马闪挫，重病卧床。芳以老病乞解职，道光帝温谕慰之，命回湖南本任。二十三年（1843），致仕归。二十六年（1846），卒于家，谥勤勇。子承注先卒，孙恩柯袭侯爵。

杨芳是个博学多才名将，一生戎马五十春秋，历经百战，战功显赫，有极高的军事才能。他在平息新疆张格尔叛乱，生擒张格尔，而维护祖国统一方面，可以说功不可没。因此，他与李世杰、刘清被誉为“黔中三奇男”。

他工于书法、擅长花鸟画，特别是梅竹享有盛名。亦工诗对，与当时的著名文学家、诗人龚自珍、魏源、张琦、徐松等结为好友，互赠诗联。除此之外于武功、养生均有心得，并精于堪舆之学。

他在长年征战中，手不释卷，而善于化悟，对儒道释及宋明理学能融会贯通，并将这种体悟不断践行于修身养性、持己驭兵之中，所著《平平录》，便是其知行的印证。

杨芳著述颇丰。除《平平录》十二卷外，还有《续录》一卷、《河洛要言》一卷、《惕虑要言》一卷、《制义别选名文精选》四卷、《阵图详说易筋外功图论射》三卷、《寿世医窍五症明辨全形保生方》四卷、《三元透易青囊衍易》七卷、《风树悲吟》一卷、《陈希夷行功坐功图》一卷、《自编年谱》四卷。今可见者为《平平录》十卷、《平平续录》一卷、《平平摘录》（不分卷）、《宫傅杨果勇侯自编年谱》五卷、《杨时斋宫保中外勤劳录》一卷、《杨芳练兵奏疏》一卷、《辑要集》七种等。

这次标点的《平平录》，以贵州图书馆所藏道光十二年刊本为底本，十卷，八万余字，撰于道光十二年（1832）春。道光十三年（1833）冬华阳王文运刊于梓潼桥。十行二十一字白口四周双边单鱼尾。书前有道光十二年暮春杨芳自叙、慈溪杨九畹序。由杨九畹、程栋、王简、陈起诗校阅，其子承注校字。文中附有杨九畹、杨承注诸人诠注二十余条。书后有杨芳自跋、陈起诗复杨芳书。每卷一篇。全书分道源、天地、辅教、心性、明善、博约、经权、审机、叙彝、保生十篇。傅祥麟《宫傅诚村杨果勇侯自编年谱跋》云其"道源、辅教诸篇，阐河洛之苞符；明善、博约诸篇，辟理学之奥窍；经权、审机诸篇，筹军国之远谟；叙彝、保生诸篇，铸伦物之宝鉴"，可见该书包罗之广泛，为杨芳生平仕宦征战、读书生活及其平素闲谈所悟之记载。其自序云"以庸言而揣摩圣贤道佛、诸子百家之所不必言，而言其不必言之言"，实则有意对前人言论进行阐述，并发表自身见解。

此外，还辑录《平平摘录》（不分卷）、《河洛要言》一卷、《惕虑要言》一卷，原件采自贵州图书馆藏道光乙未秋刻本《果勇侯三种》。为了方便读者做更多了解，《附录》中增入了《杨芳传》《杨芳妻龙氏传》以及徐如澍诗《杨诚村夫人挽词》等相关资料，以为补阙之用，谨此说明。

肖小艳

二〇一八年冬于杭州南山路中国美术学院

目　录

序　一

体圣言如父训，知子莫如父，无言不切中身心，指实偏弊，敬如遗训，世世守之，非孝子慈孙耶？后世推广圣教言语，流为纵横政事，列在史鉴，更发为文章，曰考证，曰辞赋，多游夏之遗风，少颜曾之心法。周程朱张，从而证明心法，圣道复整。道经微妙在天下，如天神告语，声闻于天；佛典奥妙在中国，如齐人傅楚，众楚人咻；诸子百家，总三教经典，化言为言，经济学问，高不可攀。然文掩其质，仰之无所指归。窃欲于圣经贤传、道经佛典、诸子百家中，不言其已言、精言、妙言，言其所不必言之余言。不敢炎炎大言，不事琐琐繁言，体会圣言，参悟群言，发为庸言。为偏弊，救凡心，法政事文章兼而求之。惜未尝学问，以庸言而揣摩圣贤道佛、诸子百家之所不必言，而言其不必言之言，庸言平平，故题曰平平录。道光十二年壬辰暮春自叙。

（藏家批注）余家藏本，谈易精深，戒勿轻传，以示子孙！芷芳谨记！

序　二

孔子授曾子曰一贯，曾子示门人曰忠恕。何谓一？何谓贯？何谓忠恕？一贯何以即忠恕？忠恕何以即一贯？童而习之，年五十而茫如也。诚村先生，再出西塞，凯旋秦原，裒示所著《平平录》全帙，错综三才，统会三教，包罗万象，见解奇辟，笔墨变幻，莫测端倪。畹受而读之卒业，乃曰：太极者，一也。中者，贯也。动静之互根者，忠恕也。天地一大太极也，万事万物，无大无小，各一太极也。审于太极阴阳之中，而贯之一动一静，中心如心，以运行之，乃所谓道也。五曜聚其精而相为往来，五行储其气而相为生克，五常充其理而相为终始，五脏毓其质而相为灌输。五位相得，格致诚正修齐治平，参天地，赞化育，为道为佛为圣，一而已矣。爰逐条细绎，重加诠注，并妄为之叙，质鲁未学，非敢谓于兹录能唯应也，亦聊为门人示焉云尔。慈溪杨九畹谨序。

万事万物，皆统于道，故首道源。天一地二，道所见端，故次天地。圣贤仙佛，传道后世，故次辅教。圣人传道，同修心性，故次心性。欲修心性，必先明理，故次明善。博以知万，约以知一，故次博约。执中无权，举一废百，故次经权。至诚之道，知幾其神，故次审机。致知力行，不越伦常，故次叙彝。人人保生，天下以平，故以保生终焉。道光癸巳秋慈溪杨九畹识。①

平平录校阅诸子

慈溪杨九畹余田

休宁程栋芳泉

安邱王简素园

郴陈起诗云心

① 底稿中此段文字及下校阅诸子名录置于目录后，因整理本目录已重编，故移此。

平平录卷之一

道源篇第一

古圣伏羲，画先天八卦，成一圈以象天地人。在天则万象，在地则万物，在人则万理万事，皆包括其中。其大无外，其小无内，不可思议，无语言文字。帝尧静玩之而有得，以圈，天地也，人身也。其中所包者，在天七政，在地五行，在人五常五伦，咸须得乎其中。于圈中点一点，曰中。盖天地之中，人也；人之中，心也；心之中，性也，即天理也。故古篆中字，圈中一点，其点在圈中，可上可下，可左可右。必不可上下左右，曰执中；不使上下左右，曰允执厥中。以授舜，舜曰："人心惟危，道心惟微，惟精惟一，允执厥中。"继天立极，道斯立矣。孔子删《诗》定《礼》，断自唐虞，绍始曰中，发明中曰庸。宣明其道，以授群贤，道斯著矣。二千三百余年来，前圣后圣，道统流传，为万世法，道以生道，法以生法。道祖亦于圈中精探力索，见帝尧一点，自无而有之之谓中，以有名为万物之母，无名为天地之始，反其有而无，曰元。佛祖又于圈中沉思渺虑，以儒自无而有，得日含五精，天中日午，景正万方之理，以道反有而无，得月本无光，映日而明，月到天心，通天彻地之义。追本溯源，伏羲画卦，道包日月，还其圈曰空。

杨九畹曰：无极、太极、皇极，同一极也。圣人建三极以救万民。至后世人欲横流，遂有圣人所不能救之民。故道以无即是有、为长生之说以诱之，归于太极，即篇中还其点是也。佛又以有即是无、为寂灭之说以澹之，归于无极，即篇中还其圈是也。一经指出，三教一贯，头头是道。

王简曰：中有体用，曰用中，中之用也。君子而时中之中也，曰致中，中之体也。喜怒哀乐未发之中也。用中之中，人所易知，致中之中，人所难晓。观中庸加谓之二字，则可知未发之中，固确乎有此理具于人心之内，非徒托诸空言。儒曰太极，道曰戊己，佛曰净土，皆言此也。第非真能戒慎不睹，恐惧不闻，而深造自得者，不能见此境界耳。

〇无极也，·太极也，⊙无极而太极也。老子太极一而二，二而三，三生万物，即数以言理。周子无极而太极，即象以明理。圈中一点，足以该之，皆阐发先天八卦图，羲皇不言之奥义。〇天道也，空空元元，统万物者也。·地道也，平平实实，生万物者也。帝尧合而发明曰中。允执厥中，赞成天道，浑合三代以上之人心，至圣绍其中而发明曰庸。明天地化生万物，不外平实至理，以之救正后世之人心，详于《十翼》，道明而无余蕴矣。鬼神之道，即阴阳之义，后世言道，多启争端者，未明其原也。魏晋以还，释典禅宗，浸溢治道混于一，亦本于《易》，故程子曰："佛道合理，胜于杨墨，谓难灭也。"争之益力，趋之益坚。惟化空元于中庸，悉成平实，则殊途同归。理同行异，渐归于正，合善于争，亦救正人心之一道也。圈中一点曰中，曰庸，大而化之之谓圣，至于圣而不可知之之谓神，随处无非中庸，中庸亦莫名其德矣。

圈中一点，形中之精神，天地中之气也。气起于天地之先，贯乎天地之后，开天于子，关地于丑，为包罗，成化育。生人于寅，初生曰先天，为真乙之气，既生曰后天，成呼吸之气。是气在天地，无损益于万物；在万物，无增减于天地。人能养呼吸之气，复真乙之气，融化育之气，成参天两地之道。

常言人争一口气，与谁争？与天地争，形存无我，形亡有我；与父祖争，形有一世好儿孙，形亡百世好儿孙；与世人争，无辱于当时，不灭于后世；与万物争，禀与万物同，养与万物异，是谓争气。

王简曰：气起于天地之先，贯乎天地之后，或问何以知之？曰于人知之。人未生即有气，人既死，气仍不散，人身一小天地也。故气能塞乎天地之间，亦包乎天地之外。

道统流传，尧之执中，舜之精一，禹之祗承，汤之日新，文之不闻亦式，不谏亦入，武之敬胜怠，义胜欲，周公之思兼三王，孔子之好古敏求，颜子之愚，曾子之鲁，濂溪之主静，二程之主敬，朱子之穷理致知，象山之先立乎其大，阳明之致良知。自二帝三王，而圣而贤，昭昭乎，天地治道之大纲也。当时好尚，关乎学术明晦；学术明晦，关乎人心邪正；人心邪正，关乎天下治乱。

乾一、兑二、离三、震四、巽五、坎六、艮七、坤八，《易》曰："数往者顺，自乾往坤，情若流水；知来者逆，由八来一，性如挽舟。"

《易》曰："一阴一阳之谓道。"天地未分，浑然太极也。静极斯动，动斯生矣。自下而上生两仪，阳奇阴偶，阴阳判矣。两仪既定，阳之上复加一阳，是谓太阳。既加一阳，即不能不加一阴，是为少阴。阴之上复加一阴，是为太阴。既加一阴，即不能不加一阳，是为少阳。此四象之所由生也。由是而太阳之上复加一阳，是为乾。既加一阳，即不能不加一阴，是为兑。乾兑皆由太阳发生，阳气顺行，此乾所以为一，兑所以为二也。少阴之上复加一阳，是为离。既加一阳，即不能不加一阴，是为震。离震皆由少阴发生，此离所以为三，震所以为四也。太阴之上复加一阴，是为坤。既加一阴，即不能不加一阳，是为艮。坤艮皆由太阴发生，阴气逆行，此坤所以为八，艮所以为七也。少阳之上复加一阴，是为坎。既加一阴，即不能不加一阳，是为巽。坎巽皆由少阳发生，此坎所以为六，巽所以为五也。此八卦之所由生也，由是而生六十四卦，皆以乾、兑、离、震、巽、坎、艮、坤为次，因而重之。太阳生乾兑，以次排去，得十六卦，阳爻六十四，阴爻三十二。少阴生离震，亦以次排去，得十六卦，阳爻四十八，阴爻四十八。少阳生巽坎，亦以次排去，得十六卦，阳爻四十八，阴爻四十八。太阴生艮坤，亦以次排去，得十六卦，阳爻三十二，阴爻六十四，统而计之，太阳所生，阳多于阴者十六爻，太阴所生，阴多于阳者十六爻，少阴少阳所生，阴阳适平，此乾一、兑二、离三、震四、巽五、坎六、艮七、坤八，天地自然之数，程子所谓加一倍，法横图之原也。一曰乾，一往而二曰履，三曰同人，四曰无妄，五曰姤，六曰讼，七曰遁，八曰否；二曰兑，二往而三曰革，四曰随，五曰大过，六曰困，七曰咸，八曰萃；三曰离，三往而四曰噬嗑，五曰鼎，六曰未济，七曰旅，八曰晋；四曰震，四往而五曰恒，六曰解，七曰小过，八曰豫；五曰巽，五往而六曰涣，七曰渐，八曰观；六曰坎，六往而七曰蹇，八曰比；七曰艮，七往而八曰剥。乾率之而就坤，往数也。人自一而生，时往而消，消尽而剥，反终于坤。八曰坤，八来而七曰谦，六曰师，五曰升，四曰复，三曰明夷，二曰临，一曰泰；七曰艮，七来而六曰蒙，五曰蛊，四曰颐，三曰贲，二曰损，一曰大畜；六曰坎，六来而五曰井，四曰屯，三曰既济，二曰节，一曰需；五曰巽，五来而四曰益，三曰家人，二曰中孚，一曰小畜；四曰震，四来而三曰丰，二曰归妹，一曰大壮；三曰离，三来而二曰睽，一曰大有；二曰兑，二来而一曰夬。坤率之而就乾，来数也。道反八而成，时来而长，长极而夬，原始于乾，此方图之原也。先天八卦，乾九、兑四、离三、震八，乾率之左旋；巽二、坎七、艮六、坤一，坤督之右旋。阴极阳生，由一而八曰复，六而八曰颐，七而八曰屯，二而八曰益，八八曰震，三而八曰噬嗑，四而八曰随，九而八曰无妄。由一而三曰明夷，六而三曰贲，七而三曰既济，二而三曰家人，八而三曰丰，三三曰离，四而三曰革，九而三曰同人。由一而四曰临，六而四曰损，七而四曰节，二而四曰中孚，八而四曰归妹，三而四曰睽，四四曰兑，九而四曰履。由一而九曰泰，六而九曰大畜，七而九曰需，二而九曰小畜，八而九曰大壮，三而九曰大有，四而九曰夬，九九曰乾。阳极阴生，由九而二曰姤，四而二曰大过，三而二曰鼎，八而二曰恒，二二曰巽，七而二曰井，六而二曰蛊，一而二曰升。由九而七曰讼，四而七曰困，三而七曰未济，八而七曰解，二而七曰涣，七七曰坎，六而七曰蒙，一而七曰师。由九而六曰遁，四而六曰咸，三而六曰旅，八而六曰小过，二而六曰渐，七而六曰蹇，六六曰艮，一而六曰谦。

由九而一曰否，四而一曰萃，三而一曰晋，八而一曰豫，二而一曰观，七而一曰比，六而一曰剥，一一曰坤，此圆图之原也。希夷所传三图，义本于此。

太极生两仪，两仪生四象，四象生八卦，八卦生六十四卦。先天八卦，乾一、兑二、离三、震四、巽五、坎六、艮七、坤八。乾一，太极也。二一曰夬，三一曰大有，四一曰大壮，五一曰小畜，六一曰需，七一曰大畜，八一曰泰，配老阳所生者。一二曰履，二二曰兑，三二曰睽，四二曰归妹，五二曰中孚，六二曰节，七二曰损，八二曰临，配少女所生者，同出于老阳之十六卦也。一三曰同人，二三曰革，三三曰离，四三曰丰，五三曰家人，六三曰既济，七三曰贲，八三曰明夷，配中女所生者。一四曰无妄，二四曰随，三四曰噬嗑，四四曰震，五四曰益，六四曰屯，七四曰颐，八四曰复，配长男所生者，同出于少阳之十六卦也，皆起于乾，而往终于复，复所以为天根也，阳极而复于一阳也。坤八，无极也。七八曰剥，六八曰比，五八曰观，四八曰豫，三八曰晋，二八曰萃，一八曰否，配老阴所生者。八七曰谦，七七曰艮，六七曰蹇，五七曰渐，四七曰小过，三七曰旅，二七曰咸，一七曰遁，配少男所生者，同出于老阴之十六卦也。八六曰师，七六曰蒙，六六曰坎，五六曰涣，四六曰解，三六曰未济，二六曰困，一六曰讼，配中男所生者。八五曰升，七五曰蛊，六五曰井，五五曰巽，四五曰恒，三五曰鼎，二五曰大过，一五曰姤，配长女所生者，同出于少阴之十六卦也，皆起于坤，而来终于姤，姤所以为月窟也，阴极而姤于一阴也。故太极图祖述于先天八卦也。

杨九畹曰：将伏羲六十四卦圆图，坤之右书白文，乾之左书黑文，便是太极图，并非周子创造，不解后人何以犹疑之。

人皆乾一而生，道自坤八而成。乾一而二曰履，破一阳在九三，即人之五岁以后，德之基也。坤八而七曰谦，变一阳在六三，如圣之十有五而志于学，得之柄也。乾一而五曰姤，破一阳在初六，即人之十五以后，义之用也。坤八而四曰复，变一阳在初九，如圣之三十而立，化之本也。乾一而七曰遁，破二阳于下，即人之三十以后，身之立也。坤八而二曰临，变二阳于下，如圣之四十而不惑，浸而长也。乾一而八曰否，破三阳于内，即人之四十五以后，顺其命也。坤八而一曰泰，变三阳于内，如圣之五十而知天命，通其气也。乾坤二卦分之。五往而八曰观，破四阳浸上，即人之六十以后，敬以聚德也。四来而一曰大壮，变四阳近上，如圣之六十而耳顺，天理流行也。七往而八曰剥，即人之七十五后，独存本贞，仅余灵光一点。二来而一曰夬，五阳强盛，如圣之从心所欲，决一阴而成纯乾之道。

《河图》天一生水，地六成之，在北；地二生火，天七成之，在南；天三生木，地八成之，在东；地四生金，天九成之，在西；天五生土，地十成之，在中。由一而十，分位五方。奇数一三五七九，耦数二四六八十。奇生于北，冬至阴极阳生，由中左旋而外出；耦生于南，夏至阳极阴生，由中右旋而内入，已尽太极图之理，又寓《洛书》于图。羲皇画卦，乾南坤北，离东坎西，巽兑为肩，艮震为足，于生数加五为成，共五十五，取其象数，以形三才，曰天地定位，山泽通气，雷风相薄，水火不相射，则万象万物万理万事皆包括其中矣。至大禹变耦于四隅，成九宫见数四十五。纵横皆十五，四周而八成之。一百二十数，三之合周天之数。水一而北，火三而东，已寓后天坎北震东。而金火易位，又寓帝出乎震。震属木，木生风，齐乎巽，巽为风；风生火，相见乎离，离为火；火生土，致役于坤，坤为土；土生金，说言乎兑，战于乾，兑乾为金；金生水，劳乎坎，坎为水；水生木，木资水而成于土，成言乎艮。艮，土也。艮者，万物之所以成始而成终也。《洛书》一生于正北，曰•，古一字。由正北而西南，曰··，古二字。由西南而正东，曰∴，古三字。由正东而东南，曰×，古四字。由东南而中，曰，古五字。由中而西北，曰，古六字。由西北而正西，曰，古七字。由正西而东北，曰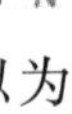，古八字。由东北而正南，曰，古九字。皆离其连缀之形，以为篆籀，始于北正，终于南正。尽一岁二分二至之气候，亦寓七政之次舍。文王后天八卦，皆统于此。《河图》《洛书》，后天方位。太极图，胥出于先天八卦。理无空发，故须即象数以显也。况《河图》见于扬子《太元》，《洛书》见于伏生《尚书》。大传，东汉荀、虞、郑诸儒，又备言之，而毛大可、胡朏明辈，犹纷纷致疑，何耶？

承注曰：《洛书》之一、三、五、七、九阳，自北由左而右，以终于南；二、四、六、八、十阴，自西南而东南，而西北，而东北，终于中。奇正耦隅，圆出于方也。幂以析其围径，即测天之算，隔以求其生克，即制乐之源。

阴极阳生，剥极而复。剥六四至复六二，冬至初候，蚯蚓结；复六三至颐初九，冬至中候，鹿角解；颐六二至上九，冬至末候，水泉动；屯初九至九五，小寒初候，雁北乡；屯上六至益六四，小寒中候，鹊始巢；益九五至震六三，小寒末候，雉雊；震九四至噬嗑六二，大寒初候，鸡乳；噬嗑六三至随初九，大寒中候，征鸟厉疾；随六二至上六，大寒末候，水泽腹坚；无妄初九至九五，立春初候，东风解冻；无妄上九至明夷六四，立春中候，蛰虫始振；明夷六五至贲九三，立春末候，鱼陟负冰；贲六四至既济六二，雨水初候，獭祭鱼；既济九三至家人初九，雨水中候，候雁北；家人六二至上九，雨水末候，草木萌动；丰初九至六五，惊蛰初候，桃始华；丰上六至革九四，惊蛰中候，仓庚鸣；革九五至同人九三，惊蛰末候，鹰化为鸠；同人九四至临九二，春分初候，元鸟至；临六三至损初九，春分中候，雷乃发声；损九二至上九，春分末候，始电；节初九至九五，清明初候，桐始华；节上六至中孚六四，清明中候，田鼠化为鴽；中孚九五至归妹六三，清明末候，虹始见；归妹九四至睽九二，谷雨初候，萍始生；睽六三至兑初九，谷雨中候，鸣鸠拂其羽；兑九二至上六，谷雨末候，戴胜降于桑；履初九至九五，立夏初候，蝼蝈鸣；履上九至泰六四，立夏中候，蚯蚓出；泰六五至大畜九三，立夏末候，王瓜生；大畜六四至需九二，小满初候，苦菜秀；需九三至小畜初九，小满中候，靡草死；小畜九二至上六，小满末候，麦秋至；大壮初九至六五，芒种初候，螳螂生；大壮上六至大有九四，芒种中候，鵙始鸣；大有六五至夬九三，芒种末候，反舌无声。阳极阴生，夬极而姤。夬九四至姤九二，夏至初候，鹿角解；姤九三至大过初六，夏至中候，蜩始鸣；大过九二至上六，夏至末候，半夏生；鼎初六至六五，小暑初候，温风至；鼎上九至恒九四，小暑中候，蟋蟀居壁；恒六五至巽九三，小暑末候，鹰始挚；巽六四至井九二，大暑初候，腐草为萤；井九三至蛊初六，大暑中候，土润溽暑；蛊九二至上九，大暑末候，大雨时行；升初六至六五，立秋初候，凉风至；升上六至讼九四，立秋中候，白露降；讼九五至困六三，立秋末候，寒蝉鸣；困九四至未济九二，处暑初候，鹰乃祭鸟；未济六三至解初六，处暑中候，天地始肃；解九二至上六，处暑末候，禾乃登；涣初六至九五，白露初候，鸿雁来；涣上九至蒙六四，白露中候，元鸟归；蒙六五至师六三，白露末候，群鸟养羞；师六四至遁六二，秋分初候，雷始收声；遁九三至咸初六，秋分中候，蛰虫坯户；咸六二至上六，秋分末候，水始涸；旅初六至六五，寒露初候，鸿雁来宾；旅上九至小过九四，寒露中候，雀入大水为蛤；小过六五至渐九三，寒露末候，鞠有黄华；渐六四至蹇六二，霜降初候，豺乃祭兽；蹇九三至艮初六，霜降中候，草木黄落；艮六二至上九，霜降末候，蛰虫咸俯；谦初六至六五，立冬初候，水始冰；谦上六至否九四，立冬中候，地始冻；否九五至萃六三，立冬末候，雉入大水为蜃；萃九四至晋六二，小雪初候，虹藏不见；晋六三至豫初六，小雪中候，天气上升，地气下降；豫六二至上六，小雪末候，闭塞而成冬；观初六至九五，大雪初候，鹖鴠不鸣；观上九至比六四，大雪中候，虎始交；比九五至剥六三，大雪末候，荔挺出。冬至后十五卦，起于复，终于同人，阳爻四十四，阴爻四十六；春分后十五卦，起于损，终于夬，阳爻五十八，阴爻三十二；夏至后十五卦，起于姤，终于师，阳爻四十六，阴爻四十四；秋分后十五卦，起于遁，终于剥，阳爻三十二，阴爻五十八，二至分之。冬至后，阳爻一百二，阴爻七十八；夏至后，阳爻七十八，阴爻一百二。除乾坤坎离，合周天之数，通六十卦，三百六十爻，一候五爻。爻生一日，子宫斗二十二至二十三，牛初至七，女初至四。壬宫女五至十一，虚初至七。亥宫虚八至九，危初至十二。乾宫危十三至十九，室初至七。戌宫室八至十四，壁初至七。辛宫壁八至十二，奎初至九。酉宫奎十至十一，娄初至十二。庚宫胃初至十二，昴初至一。申宫昴二至七，毕初至八。坤宫毕九至十四，觜初参初至七。未宫参八至十，井初至十一。丁宫井十二至二十六。午宫井二十七至三十，鬼初至三，柳初至六。丙宫柳七至十六，星初至四。巳宫星五至八，张初至十。巽宫张十一至十七，翼初至七。辰宫翼八至十六，轸初至五。乙宫轸六至十二，角初至七。卯宫角八至九，亢初至十，氐初至一。甲宫氐二至十六。寅宫氐十七，房初至四，心初至六，尾初至一。艮宫尾二至十五，箕初丑宫箕一至八，斗初至六。癸宫斗七至二十一，日，主一度。盖气盈朔虚者，大衍之卦候也。阳午阴子者，先天之卦候也。先天阳始子中，而尽于午中。阴始午中，而尽于子中。卦则递序以玩其辞，爻则逐日以观其变。风角鸟占，即于日爻，卦方验之。大衍卦候，详于大衍历，兹不复论。

乾戴九于南，坤履一于北，先天卦也。孟氏卦气，乾戴九而蹉于东南，坤履一而蹉于西北，连山卦也。坤履后天乾位，故曰坤乾，而归藏亦寓焉。坤居西北，阴极阳生。坤初变曰复，隶冬至，日躔星纪之次；二变曰临，隶大寒，日躔元枵之次；三变曰泰，隶雨水，日躔娵訾之次；四变曰大壮，隶春分，日躔降娄之次；五变曰夬，隶谷雨，日躔大梁之次；上变曰乾，隶小满，日躔实沉之次。乾居东南，阳极阴生。乾初变曰姤，隶夏至，日躔鹑首之次；二变曰遁，隶大暑，日躔鹑火之次；三变曰否，隶处暑，日躔鹑尾之次；四变曰观，隶秋分，日躔寿星之次；五变曰剥，隶霜降，日躔大火之次；上变曰坤，隶小雪，日躔析木之次。消息十二中气，不属孤虚旺相，所谓变动不居，周流六虚，上下无常，刚柔相易者也，以阳干列阳支，以阴干列阴支。甲丙戊庚壬，乙丁己辛癸，分列于阴阳十二地支之下，以次列六十甲子，逢甲乙为孤，壬癸为虚，丙丁为旺，庚辛为相，戊己为正受，形家谓之龟甲。所谓孤虚者，旬中空亡也，空于旬之孤虚者十二卦，列于正受者十二卦，可用之旺相者三十六卦，故曰三十六宫皆是春。虚坎离为天地枢纽，震兑为日月门户，置而不用，仍以坎离震兑四方，司二至二分，各管十五甲子，另用太乙行九宫法，起卦均爻配象，以通天地气候。甲子颐，坎加坎，八白到震；丙子中孚，坎加坎，四绿到兑；戊子复，坤变初爻消息，冬至阳生，中气顺推三十卦。庚子屯，艮加坎，一白到震；壬子谦，巽加坎，二黑到艮；乙丑睽，震加坎，九紫到兑；丁丑升，艮加坎，二黑到巽；己丑临，坤变二爻消息，大寒中气。辛丑小过，黄加坎，三碧到艮；癸丑蒙，艮加坎，八白到坎；甲寅益，坤加坎，四绿到震；丙寅渐，乾加坎，四绿到艮；戊寅泰，坤变三爻消息，雨水中气。庚寅需，黄加坎，一白到乾；壬寅随，黄加坎，七赤到坎；乙卯晋，坎加震，九紫到坤；丁卯解，黄加震，三碧到坎；己卯大壮，坤变四爻消息，春分中气。辛卯豫，巽加震，三碧到坤；癸卯讼，艮加震，六白到坎；甲辰蛊，兑加震，八白到巽；丙辰革，乾加震，七赤到离；戊辰夬，坤变五爻消息，谷雨中气。庚辰旅，坤加震，六白到兑；壬辰师，巽加震，二黑到坎；乙巳比，坤加震，一白到坤；丁巳小畜，坎加震，四绿到乾；己巳乾，坤变上爻消息，小满中气。辛巳大有，乾加震，九紫到乾；癸巳家人，兑加震，四绿到离；甲午井，乾加离，一白到巽；丙午咸，艮加离，七赤到艮；戊午姤，乾变初爻消息，夏至阴生，中气逆推三十卦。庚午鼎，巽加离，九紫到巽；壬午丰，震加离，三碧到离；乙未涣，黄加离，四绿到坎；丁未履，巽加离，六白到兑；己未遁，乾变二爻消息，大暑中气。辛未恒，兑加离，三碧到巽；癸未节，艮加离，一白到兑；甲申同人，乾加离，六白到离；丙申损，乾加离，八白到兑；戊申否，乾变三爻消息，处暑中气。庚申巽，离加离，四绿到巽；壬申萃，离加离，七赤到坤；乙酉大畜，兑加兑，八白到乾；丁酉贲，坎加兑，八白到离；己酉观，乾变四爻消息，秋分中气。辛酉归妹，震加兑，三碧到兑；癸酉无妄，坤加兑，六白到震；甲戌明夷，巽加兑，二黑到离；丙戌困，坎加兑，七赤到坎；戊戌剥，乾变五爻消息，霜降中气。庚戌艮，艮加艮，八白到艮；壬戌既济，震加兑，一白到离；乙亥噬嗑，黄加兑，九紫到震；丁亥大过，巽加兑，七赤到巽；己亥坤，乾变上爻消息，小雪中气。辛亥未济，震加兑，九紫到坎；癸亥蹇，坤加兑，一白到艮。以上自甲子起四分于四正，各司十五卦。另自冬至小寒，起于复，终于升，五卦，阳爻十一，阴爻十九。大寒立春，起于临，终于渐，五卦，阳爻十二，阴爻十八。雨水惊蛰，起于泰，终于解，五卦，阳爻十四，阴爻十六。春分清明，起于大壮，终于革，五卦，阳爻十六，阴爻十四。谷雨立夏，起于夬，终于小畜，五卦，阳爻十五，阴爻十五。小满芒种，起于乾，终于咸，五卦，阳爻二十一，阴爻九。夏至小暑，起于姤，终于履，五卦，阳爻二十，阴爻十。大暑立秋，起于遁，终于损，五卦，阳爻十八，阴爻十二。处暑白露，起于否，终于贲，五卦，阳爻十六，阴爻十四。秋分寒露，起于观，终于困，五卦，阳爻十四，阴爻十六。霜降立冬，起于剥，终于大过，五卦，阳爻十三，阴爻十七。小雪大雪，起于坤，终于中孚，五卦，阳爻十一，阴爻十九。夏至之前，阴阳爻无甚错综。冬至前，霜降后，阴阳爻微有不同者，奇门于冬至前置闰，此其原也。十二支司气，四维八干司节，干维从支，一气一节，其五卦，三十爻，一候五爻，六日一卦。汉《易》谓六日七分，又曰六日八十分，指一度化千分而言，以一日化万分，每时八百三十三分，三十三秒，三十三微，每刻一百零四分一十六秒六十六微。一卦六日余八百四十八分八十八秒，一卦余一时有奇，是六日六分矣。一爻余一刻四十一分四十八秒，一候五爻余七刻。七十二候，余五百零四刻，余五日二十四刻，即周天三百六十度外五度四分度之一，合之三百六十度内之日月气盈朔虚，所余小建，积日三年成月，月无中气，即命为闰，以等其气，五年再闰，十九年七闰，为一章，四章为一蔀，二十蔀为一遂，三遂为一首，别详天文算法诸书，谨按时历交节交气地方时刻分配卦候。《易》曰，二篇之策，万有一千五百二十，天有万一千五百二十星，地有万一千五百二十物。当万物之数也，合六十四卦，阳爻一百九十二，每爻三十六，六千九百一十二；阴爻一百九十二，每爻二十四，四千六百零八。孟氏卦气，除坎离震兑，阳爻十二，四百三十二分；阴爻十二，二百八十八分，其余阳爻一百八十，阴爻一百八十，合岁，实三百六十日，内复临泰壮夬乾姤遁否观剥坤，十二消息中气卦，阳爻三十六，阴爻三十六，二千一百六十分，余卦阳爻一百四十四，阴爻一百四十四，八千六百四十分，共一万八百分，岁四千三百二十时，每时二分五秒。若云气节五卦，一日一爻六日七分，未免牵混。一节一气，三百六十时，按阴阳爻乾坤策数，以二分五秒分之，此正卦之数也。而变卦消息十二中气者，消卦曰太阳，乾策三十六，每策九十，得三千二百四十分；息卦曰太阴，坤策三十六，每策六十，得二千一百六十分，共五千四百分，合阳九之数，余皆少阳少阴，阳爻一百四十四，每爻七十，集一万八十分；阴爻一百四十四，每爻八十，集一万一千五百二十分，共二万一千六百分，共变二万七千分，十九乘之，得五十一万三千分，合七闰为一章论之。蓍策四九三十六，重也；四六二十四，交也；四七二十八，单也；四八三十二，折也；七八与九六同，言九六，而七八在其中矣。

杨九畹曰：伏羲作《易》，原不曾颠倒正反，一齐看到，而后画卦。而后人颠倒反正看去，无非是《易》，理一而万事万物，俱不出其范围也。

后天八卦，环列八宫，分管二十四节，每宫三节。冬至一阳生，天气顺行，起于子之半，冬至、小寒、大寒，隶坎一宫；立春、雨水、惊蛰，隶艮八宫；春分、清明、谷雨，隶震三宫；立夏、小满、芒种，隶巽四宫；加中五，通一坎、二坤、三震、四巽、五中、六乾、七兑、八艮、九离，为九宫。以十二阳节，又顺分冬至在坎一宫；小寒二，大寒三，立春在艮八宫；雨水九，惊蛰一，春分在震三宫；清明四，谷雨五，立夏在巽四宫；小满五，芒种六。夏至一阴生，天气逆行，起于午之半，夏至、小暑、大暑，隶离九宫；立秋、处暑、白露，隶坤二宫；秋分、寒露、霜降，隶兑七宫；立冬、小雪、大雪，隶乾六宫。以十二阴节，又逆分夏至在离九宫；小暑八，大暑七，立秋在坤二宫；处暑一，白露九，秋分在兑七宫；寒露六，霜降五，立冬在乾六宫；小雪五，大雪四，按二十四节，以甲己为符头，甲加子午，己加卯酉，为上元，在节前十日内为超辰，在节后五日内为接气，论符头交节，不论交节之正日也。甲加寅申，己加巳亥，为中元。甲加辰戌，巳加丑未，为下元。一元一候，每候六十时。甲子十时，戊为直符；甲戌十时，己为直符；甲申十时，庚为直符；甲午十时，辛为直符；甲辰十时，壬为直符；甲寅十时，癸为直符。戊己庚辛壬癸为六仪，分任六甲，遁正甲干不用，加丁丙乙为三奇，运行九宫，取用神，以直符之宫，按顺逆飞，加正时，天干所临之宫，以宫加宫，求卦断事，其余仪奇，遇阳遁地盘顺布，则逆飞之；阴遁地盘逆布，则顺飞之。为天盘，取方神，以直符之宫为直使，按顺逆逐时逐宫，布到正时地支所临之宫，以宫加宫，求卦断事。上元六十时既周，尽于丁干前宫，每换中元，则以戊加上元丁位布之；每换下元，则以戊加中元丁位布之，此文王后天八卦方位图，入用之的旨也。

杨九畹曰：术家谓遁甲不用，非不用也，乃正所以用之也。十干虽各有分主，然统曰六甲。岁始于木，人生在寅，惟甲为至尊，故以六仪分配。一甲用乙丙丁之三奇，以制庚金也。非用甲而何？或言遁甲，古本循甲，似亦有理。

周天三百六十五度，正数也，四分度之一入算，二千四百二十三分三十四秒四十二微。日月合朔，均节候置闰，盈虚消息，不在正而在零也。大衍之数五十，其用四十有九，分而为二以象两，挂一以象三，揲之于四以象四时，归奇于扐以象闰。五岁再闰，故再扐，而后挂。数尽于九，虚一。所以，破十无极也，挂一太极也。挂一于分而为二之后，有两仪而后见太极，犹有日月而后见二至，有是非而后见人心也。四其十二为四十有八，挂一以乘除其间，即算法捆箭法曰，四方之束，添八乘十六，归除数颇明，圆束外周加六增乘来十二法除清，三角加九乘，周数十八，归除无差争，务要临时添一数。元人之天元一，西洋之借根方，皆从此出也。四揲之余，不一则二，不三则四。一加为九，老阳也；二加为六，老阴也；三加为七，少阳也；四加为八，少阴也，老变而少不变也。闰岁余十度四分度之一，三岁一闰，五岁再闰，十九岁七闰，为一章。岁实闰虚，不在实而在虚也。义精则中，心空则明，数与理岂有二哉！

太极图，宗先天八卦，由一而往八。阳极而复于一阳，故冬至起于复，由八而来一；阴极而姤于一阴，故夏至起于姤。往以成物，天道也；来以成己，人道也。一阴一阳之谓道，成己成物，神以知来，知以藏往，道心也。汉《易》孟氏卦气，本于归藏，以乾坤二五爻旁通为坎离，初四爻旁通为震巽，三六爻旁通为艮兑。坎离为阴阳之枢纽，以应二至；震兑为日月之门户，以应二分，实统于六十卦内，不列甲子。惟戊己通十二气，得十二消息卦，合日躔之次，为诸卦之体。汉《易》之旁通，同于宋《易》之对待，汉《易》之消息，同于宋《易》之流行，亦本于方图。坤初上爻旁通颐，归甲子，大过藏丁亥；乾三四爻旁通中孚，归丙子，小过藏辛丑；坤初爻旁通复，归戊子。冬至日躔星纪之次，姤藏戊午。夏至日躔鹑首之次，坤初五爻旁通屯，归庚子，鼎藏庚午；坤三爻旁通谦，归壬子，履藏丁未；乾三五爻旁通睽，归乙丑，蹇藏癸亥；坤二三爻旁通升，归丁丑，无妄藏癸酉；复二爻旁通临，归乙丑。大寒日躔元枵之次，遁藏己未。大暑日躔鹑火之次，坤二上爻旁通蒙，归癸丑，革藏丙辰；乾二三四爻旁通益，归甲寅，恒藏辛未；乾初二四爻旁通渐，归丙寅，归妹藏辛酉；临三爻旁通泰，归戊寅。雨水日躔娵訾之次，否藏戊申。处暑日躔鹑尾之次，乾四六爻旁通需，归庚寅，晋藏乙卯；乾四五爻旁通随，归壬寅，蛊藏甲辰；坤二四爻旁通解，归丁卯，家人藏癸巳；泰四爻旁通大壮，归己卯。春分日躔降娄之次，观藏己酉。秋分日躔寿星之次，坤四爻旁通豫，归辛卯，小畜藏丁巳；乾初三爻旁通讼，归癸卯，明夷藏甲戌；大壮五爻旁通夬，归戊辰。谷雨日躔大梁之次，剥藏戊戌。霜降日躔大火之次；乾初二五爻旁通旅，归庚辰，节藏癸未；坤二爻旁通师，归壬辰，同人藏甲申；坤五爻旁通比，归乙巳，大有藏辛巳；夬上爻旁通乾，归己巳。小满日躔实沉之次，坤藏己亥。小雪日躔析木之次，乾初四六爻旁通井，归甲午，噬嗑藏乙亥；乾初二上爻旁通咸，归丙午，损藏丙申，巽归庚申；坤初三四爻旁通丰，归乙午，涣藏乙未；坤四五爻旁通萃，归壬申，大畜藏乙酉；

乾二四五爻旁通贲，归丁酉，困藏丙戌，艮藏庚戌；乾二四上爻旁通既济，归壬戌，未济藏辛亥。每卦五爻一候，通七十二候，以阳干列阳支，阴干列阴支，倍之为百二分金，甲子一气，甲戌二气，甲申三气，甲午四气，甲辰五气，甲寅六气，随天左旋；一元甲子，二元丙子，三元戊子，四元庚子，五元壬子，随地右转。圣人所以别理地宜以立人极，实本于此。

《易》六十四卦，除坎离震兑，潜通二至二分，其余六十卦，合六甲，按上下经卦序。以道光壬辰冬至前一日，七政逆推一千零一十五万五千七百四十九周天，日月合璧，五星联珠，于十一月初一日，甲子日，甲子时，齐元冬至，是谓上古齐元甲子。而卦则各按年月日时，六甲一周，求年卦，以一千零一十五万五千七百四十九周天，六除之，余二十九年。除上经坎离轮应咸值岁卦，月则有闰，然月随岁迁。甲子至癸巳三十年，三百六十日六纪一周。自嘉庆九年甲子前一年冬至甲子月起，至道光壬辰十月，计二百二十八月，以六除之，余三十六月。轮应睽值月卦，日通于闰。道光壬辰十一月十六日，第四纪上元甲子至十九丁卯冬至，轮应蒙值日卦，时则自甲子至癸巳日，三百六十时，六纪一周。丁卯日，辛亥时，初初刻交冬至，自甲子日甲子时起，计四十八时，轮应鼎值时卦。盖四圣画卦彖象系辞，通天人之理，虽无按节分候配甲，通月消息日时，穿山透地之说，然《易》冒天下之道，有以先天圆图配节候者，有以乾坤变卦消息十二中气者，有以遁甲起透地者，有以后天流行卦，胥从震起除四正卦、以次逐加八宫验吉凶者，取用虽多克应，似应以上下经卦序。除坎、离、震、兑，通年月日时为正，至于时之方，则又验于时卦之方始应，非卦之方，则动亦无关吉凶矣。

乾坤，天地之始终也。复姤，阴阳之始终也。震、兑、坎、离，司时之分至也。复、临、泰、壮、夬、乾、姤、遁、否、观、剥、坤，司气之消息也。乾、坤、坎、离、颐、大过、中孚、小过，旁通而不反复也。泰、否、随、蛊、渐、归妹、既济、未济，反复而旁通也。乾、坤、既未济，互而缩四也。复、颐、既济、家人、归妹、睽、夬、乾、姤、大过、未济、解、渐、蹇、剥、坤，互而隔八也。晋、明夷、中孚、大过、颐、讼、需、小过，游魂也。大有、师、渐、随、蛊、同人、比、归妹，归魂也。颐、大过、中孚、小过、师、比、同人、大有、小畜、履、豫、谦、无妄、大畜、升、萃、咸、恒、损、益，坎离之大象也。屯、蒙、鼎、革、噬嗑、贲、井、困、丰、旅、涣、节，余卦而旁通也。

天地之道，理数而已，动谓数为末艺误矣。天下有理到而数不能到者，有数到而理所不及者。故易即数以言理，虽圣人亦必明于数，而理始有所托。

数生于理，天道也。理生于数，易道也。性命，经也。气数，纬也。作为，权也。历汉迄唐，以精于术数为内学，深于典籍为外学，一偏之见也。常于人事验之，依术数，违性命，未有不名德两失者；依性命，参术数，未有不名德两全者。如用兵知己知彼，即格物致知之理。我战则克，出奇制胜，仗风角鸟占之术，动罔不凶，间有奇中，仍资于理。数，天生之。理，人应之。天人合德，数即理也，理即数也。

杨九畹曰：察阴阳之顺逆，知善恶之起伏，数即是理，要从数上悟出理来，方是圣贤学问。否则专事趋避，泥于数而背于理，反不如循乎理者，自暗合于数也。俗云：阴阳怕蒙懂，即是此理。

阳无长昼，阴无长夜。寒暑极于二至，太和均于二分。二气升降，阴阳消长。天本一气，升降随时。人皆一性，善恶随行。运一气，化寒暑以位育万物，天道也；率一性，别贤愚以权衡万事，人道也。

仁，木也。义，金也。礼，火也。智，水也。仁义礼智，五行递克，裁成之道。仁，春也。礼，夏也。义，秋也。智，冬也。仁礼义智，五行递生，生育之道。

天地万物，莫不有中，中即敬之主也。敬不是中，敬所以守中也。

成万物者，天也；生万物者，地也；具万理者，性也；体万事者，心也。心统性理，以天地万物为体，生之成之，圣道也。人知尧舜以天下公天下，不知以道公天下也。孔子祖述尧舜，以道公万世天下，于揖让何殊焉！

天一生水。水一也，养其水之真一，以生知。真知，则性一，意一，心一，念一，情一，志一，气一，精一，神一。有诸内形诸外，礼一，义一，一一而无所不一。得其一，万事毕，一以贯之。水哉水哉！

赏罚，形于外也。好恶，诚于中也。法先王之法曰中者，好恶之中也。好恶失中，则赏罚不明。必好善如好好色，而后民之所好好之；恶恶如恶恶臭，而后民之所恶恶之。民之所好好之，则民自无攸作好，遵王之道矣；民之所恶恶之，则民自无攸作恶，遵王之路矣，是之谓民之父母。故曰天子作民父母，以为天下王。二帝三王，建极之道也。天德王道，好恶而已矣。

以人之平，平己之平；以己之平，平人之平。己不平而人平己平；人不平而己平人平。人平而己不平，己为人役；己平而人不平，人为己用。平以平人，平以平己。

二气生成，轻清生性，重浊成质。气胜者，上知也；质胜者，下愚也；均者，中人也。天气本清，清不胜浊，变为乖戾之气，致成水火兵灾；人性本善，善不胜恶，流为气质之性，致成悖逆争斗。学而变化气质，渐归于诚，诚即中也。中之中，极也，太极也。太极未判，一点生机，性也，仁也。尧舜言中，大禹言极，孔子言仁。举一端以赅天地万物，故宰我曰："以予观于夫子，贤于尧舜远矣。"

圣人论为邦，宜从夏正建寅，取阴阳刚柔，得仁义之正，明始终之道也。阳至泰而平，正月卦也。外柔而内刚，仁之体用也。阴至否而平，七月卦也。外刚而内柔，义之体用也。故仁，阳也，柔而无刚，非仁也；义，阴也，刚而无柔，非义也。

圣言，善也。圣迹，止也。言如天地，益悟益善；迹如寝室，益践益止。徒悟言，空空蹈虚；果践迹，步步踏实。无生有，有生无，无不生无，有不生有。无中求无，如梦幻泡影之渺，如露如电之茫，归于妄；有中求无，如梦幻泡影之旨，如露如电之机，归于真。

忠恕，方寸中规矩也。无规矩，不能成方圆。尽性本于忠恕，诚于中也；尽情本于忠恕，形于外也。

求道，先须知有体要，然后大而化之，则神变无方，妙用无体。上下千古，四千余岁，体尧舜孔孟之道，得其一端。家国天下，未有衰而不兴，兴而没世即忘者。

惟精惟一，一于善也。若无光格诞敷之化，则流于空虚，何以继天立极，发为道统，为前圣后圣，继往开来，化行万世天下。故学问之道，不外事功，能精于一，则毕万也。

大学者，理通外内，其道大光，明明德也。夫明德者，天地万物，莫非一理。身心性命，莫非一物。外而言之，天地万物之理，即身心性命之物；内而言之，身心性命之物，即天地万物之理。理无内外，明无内外，即学无内外，此谓合外内之道。

有物始有中，界于两间。空隙之处，偏于为恶，故失中。而有心为善，亦非中。万理万事，有一审处得中，如穿钱一枚，积而成百成千成万，一以贯之。

体道，无须臾离心，久则养成浑然，未发之中；处事，无呼吸违仁，久则凝成厘然，中节之和。内外交修，健行不息，积久自成纯乾之体。

草木根株，未发之中；百卉花果，已发之和。不见花果，不别根株，无和不足以达中也。中即已发之和，和即未发之中。

德已成，由仁义行，天道也；德未成，行仁义以成其德，人道也。

具天地之体用者，道也。同道之休戚者，万物也。道外无道，爱人者，人恒爱之；敬人者，人恒敬之，如其道也，非其道。佛谓仰面唾天，唾不污天，还污己身；逆风坋人，尘不污彼，还坋于身。

礼也者，理也，一也。天之七政，地之五行，身之五脏，性之五常，行之五伦，无在而非礼以一之，归于条理。气也，命也，性也，心也，意也，知也，物也，其格致皆一也，犹执规矩以求方圆也。经礼三百，曲礼三千，即方圆以见规矩耳。

礼乃天地万物同具之理，圣人出而品节之，至性中流露之纲常规矩也。笔之于书，垂为教化，一脉贯通，万世不易。虽今古不同，而心则一也。荀子以为圣人造作伪为，缘其不知礼之为理，故误认性恶耳。

杨墨之道，一偏于义，一介不取，一介不与，独善其身；一偏于仁，视天下为一家，以万物为一体，爱无差等。彼亦履仁蹈义之学，只为不见全体，故本源少偏，不无流弊，孟子目为无父无君。学者不究至性至理，徒知独善其身，偏于成己；爱无差等，偏于成物。存之于心，施之于政，不流于杨，则流于墨，皆孟子之所辟也。

平平录卷之二

天地篇第二

天无形，三光以形其形；地无形，五行以形其形；人无形，百骸以形其形；心无形，七情以形其形；性无形，五常以形其形。

天地生万物，曰形与气，有纯有正，有偏有杂。纯无不正，有正而不纯者。杂无不偏，有偏而不杂者。圣曰纯，贤曰正，才曰偏，愚曰杂。气清形浊，气觉形昏，气粗化形，形精化气。气宰形，形寓气。气之神，心也。形之妙，情也。形气之德性也，诚也。养心存诚，尽心明诚，守礼存诚，致知明诚，诚明义尽，诚存仁至。

天命之谓性，天地父母之恩，与其性耳。雨露之，教育之，天地父母之尽其性也。雨露而不长，教育而不成，自失其性也。天之生物，必因其材而笃焉。栽者培之，倾者覆之，非天培之覆之，人自栽之倾之也。天道善因，因而损，因而益。禅家戒勿造因，不造因则善因，无因而损，无因而益，与天地参矣。贤者因人，圣人因天。

杨九畹曰：廓然大公，物来顺应，天之善因，即天之无因也。人不造因，则与天同体矣。

曰天道，道在天上；曰地理，理在地下；曰心性，性在心中，而要之，皆气也。分之为三才，合之为一德。德者，得也，使万物各得其所，则与天地合其德。

圣经以一身，内贯天道，外贯地道。格致诚正，体天道以成己也；修齐治平，体地道以成物也。成己之功，明善复初，气归天真，精于一。成物之效，顺承化育，气洽阴阳，爕于二。道生一，一生二，二生三，三生万物，抱一函三，内以驭外，外以验内，内外相维，合其生成。合内外而体天地，本一身以为枢纽，故经曰："壹是皆以修身为本。"

《易》曰："天地絪缊，万物化醇。"盖万物感真乙之气，化于絪缊，神也；资纯壬之水，育于精醇，精也。先天之气，精神也。凝之成形，形中又含始气，阴阳再合，又生精神。后天之气，精神也。先天天命之性，浑沦天理，天无善恶，后天知识之心，活泼昭灵，人有是非。

心为天根，气为天体。复之象曰，复其见天地之心乎。先王以至日闭关，商旅不行，后不省方，天根也。乾之象曰，天行健，君子以自强不息，天体也。元者，善之长也。大哉乾元，万物资始，乃统天。养其天根，以复其天体也。天根者何？乾元也。乾元者何？复之一画也。复之一画，仁也。不远复，无祇悔。

承注曰：《三统历》曰："太极元气，函三为一，极中也，元始也。"又曰："经元一以统始，易太极之首也。"惠征士曰："冬至复加坎，坎为亟心，亟，古文极中也。然则天地之心，即天地之中也。董子《繁露》曰：'阳之行，始于北方之中，而止于南方之中；阴之行，始于南方之中，而止于北方之中。阴阳之道不同，至于盛而皆止于中，其所起皆必于中。中者，天地之太极也。日月之所至而却也。长短之隆，不得过中，天地之制也。'如董子之言，则天地之心，兼二至也。"承注每读此，未尝不叹其与先后天及圆图意旨，如函得盖，如箭值锋。征士深于汉易。

近世儒宗，其言固精邃通显，若是学者，苟能折衷众说，实考其理义之切于性命身心与否，而置雷同剿说分争辨讼于不问，则于易也，庶有瘳乎？

天以一生万物，太极也。地以二成万物，两仪也。太极附两仪，两仪含太极，生之成之，万物各具一太极也。一奕枰也，两白黑也。度，理也。投，气也。善恶，投子之良与不良也。原始，人局也。返终，结局也。善奕者，精思熟虑，自始至终，神凝全局，戒慎恐惧，不睹不闻，善益求善。初虽未觉即胜，先据胜理，终则胜负攸分，归于一劫。

精莫精于神，神命于天地；易莫易于气，气命于太虚。太虚，天地之原；天地，万物之母。量同太虚者，心通造化。故曰，苟不至德，至道不凝焉。

七政有度有原，度可测，原亦可推。今道光壬辰年大雪节，尽以大周法，三百六十五度二千四百二十三分三十四秒四十二微，乘一千零一十五万五千七百四十九周天，分闰月小建，按七政躔度迟留伏逆推之，皆躔于虚，聚于子，即天地开辟之齐元甲子年月日时也。

钦定《数理精蕴》截至雍正元年癸卯岁前，冬至丙申日起，为祖算，以大周法，乘未来之年，除二十二度为法，以三六除之不尽，得冬至日。如道光十二年壬辰十一月初一癸酉日冬至，距雍正元年癸卯一百零九年，以三百六十五度二千四百二十三分三十四秒四十二微乘之，得三万九千八百一十一度四千一百四十四分五十一秒七十八微。法除二十二度，又除零，实三万九千七百八十九度。以大周法三六除之，余一百八十九日。除第一纪上元甲子六十日，第二纪中元甲子六十日，第三纪下元甲子六十日，不尽九日。系第四纪上元甲子，壬申日大雪节尽，次日癸酉冬至。寒来暑往，七政循环。要知来，逆求往；要知往，顺其来。人事衰旺，上应七政。故《易》曰："数往者顺，知来者逆。"孟子曰："千岁之日至，可坐而致，不知数，何以知天？不知天，何以知命？不知命，无以为君子。"

先天八卦，乾南之下，坤北之上，天覆地载，万物居中。东之兑、离、震，西之巽、坎、艮，日、月、金、水、木、火、土、星、辰，东西各交缠一爻，递上九重，九重之上，乾之三爻，又三重，共十二重天，牵而环之，包地于中。天左旋疾，七政星辰；右旋迟，七政星辰，亦左旋者疾以运迟也。古圣画卦，象三才、三光、万物，道谓三十三天。乾之内三外三，通其数也。《楞严经》

谓："透过十二种心魔，证入金刚心中，谓纯乾也。"念动心转，即是轮回，至诚无息，度超三界。

地有气，天有数。推步，天之定数也。占验，地之变异也。星在日月之上，大于日月；日月在地之上，大于大地。晕珥虹霓，雷电云雨，在地不在天，可占验也。彗则地之乖戾上凝，逢太岁，对太乙，则见，在运不在星，可推步而知者，不仅于七政也。推步，在数不在气；占验，在气不在数。人事不能逃数，而能化气。推步与占验各殊，何劳千古之聚讼乎！

大公至正，全于包荒，公正而严刻，非大也，非至也，公有甚于天地者乎！恶物毒草，未有不仁育者。

杨九畹曰：仁育者，天地之心；义正者，天地之气。虎狼藏于山，荆棘不生于道，此天地之以义正，为仁育也。

天含五行之气，阳九厄会起于乾，乾之策九，五百四十周天。阳极于上九，亢龙有悔，天之限也。地凝五行之质，百六厄会起于坤，坤之策六，三百六十周天，阴极于上六，龙战于野，地之限也。人秉二气，隶于二限，三十六岁，形之厄会也；五十四岁，气之厄会也。两其形气，七二百八也。天宰一，地融两，人参两一气，天也，命也。静则万物不成，故动，劳运用形，地也，精也。动则万物不生，故静，承播植神，我也调和其间，斡旋上下。有我则滞，天地否而气与精违；无我则化，地天泰而神融气精，原始反终。稽诞生七政，阳九百六厄会，乘归乾坤，上九上六，战野有悔，参两而化于一。

星移斗转，日月循环，寒暑往来，天动也，而恒星不动。春夏秋冬，木火金水，各司其令，地动也，而中土不动，天地之性也。仁义礼智动，而信不动；视听言动动，而心不动，人之性也。然恒星亦七十三年移一度，静极微动，中土亦分旺四季，本体不动，若性与心频移频分，非所以体天地之道也。

承注曰：动静如生死。动之始生也，而有不生者存，而有始于未始，有生者存，动即不动也。静之终死也，而有不死者存，而有始于未始，有死者存，静即不静也。远而天地成坏，近而作止语默。大而阴阳寒暑，小而昆虫草木，皆生死也，皆动静也。动即不动，以动中有至静也；静即不静，以静中有至动也。至动故无动，至静故无静。无动静，故无生死矣。

天动也，四时有序，动中有静。地静也，万物发生，静中有动。人之气动也，动中求静，当如天之四时有序。质静也，静中悟动，当如地之万物发生，人一小天地，所以逊于天地者，不知动静之理，灭而生，生而灭，无尽境也。动无定时，静无化机，非静不能止动，非动无以翕静，悟彻动静之理，不灭不生，不生不灭矣。

晋虞喜考，冬至太阳起于子中，合神从斗建起，斗运差数，立岁差法。始证明汉七宿分属四方。刘歆缪附三统，窜增年岁，为历之误。按晋角宿起辰初三度合钦颁七政台历，角宿起辰正入，乙八度，乙辰同宫，即辰之二十三度，距晋一千五百余年，蹉二十度矣，是恒星七十三年移一度。故历须随时修制，盖天定胜人，人定胜天。人不天不成，天不人不因。天有往复，喜怒儆戒灾沴，惟历能著之、觇之、喻之、弭之。历即理也，是以圣人隆其礼，为钦若昊天之本。钦者，敬也，敬天则天不怒；若者，顺也，顺天则天不逆。然后天禄以永，四海以治，盖可忽乎哉！历以上古十一月甲子朔甲子时冬至为齐元，昼夜九十六刻，刻十五分，一千四百四十分。冬至一阳生曰复，京师日出辰初一刻十分，入申正二刻五分，以次日长二分。大寒曰临，雨水曰泰，春分曰大壮，谷雨曰夬，小满曰乾，至夏至前一日止。夏至一阴生曰姤，京师日出寅正二刻五分，入戌初一刻十分，以次日短二分。大暑曰遁，处暑曰否，秋分曰观，霜降曰剥，小雪口坤，至冬至前一日止。冬至日照四旁，则月照上下。夏至日照上下，则月照四旁，古法宣夜无考。浑天、盖天本属一理，黄赤二道，亦一浑一盖，逆推已往，即顺测将来。故《易》曰："数往者顺，知来者逆。"

天地运万物于春夏，遂生成。性以生之曰仁，情以成之曰义，于秋冬肃收藏，情以收之曰义，性以藏之曰仁。万物生藏于仁义也。人体天地为心，见一物不残，以养其性曰仁，使万物得所，以顺其情曰义。生而顺情，不流情于欲，杜其发泄也。灭而还性，不害性失贞，待其重生也。生而灭，灭而生，积至性同天地，以万物为体，不生不灭，与天地同流。

杨九畹曰：万物之形，生而必灭；万物之气，至死不灭。种善得善，种恶得恶。天地万物，皆以气感也。气足以塞天地，则不生而亦不灭矣。此圣贤佛道之所以不入轮回也。

天地运五行之气，万物感化育之气。天地之气有否泰，万物之气有善恶。恶生否，善生泰。善善恶恶，气感天地，形感化育。胎生，卵生，湿生，化生，类之本也。善恶有定据，交感有定理。善者，由草木昆虫，升而为贫贱、为富贵；恶者，由富贵贫贱坠而为昆虫、为草木。气化无息，生灭无已，积厚流光，不厚不光，积而至于参天地，而不感万物，则为圣为贤，为道为佛，是谓道。

阴阳二气，在天地曰晦明，在人身曰精神。神清而明，魂也；精浊而晦，魄也。魂魄附形，摄后天阴阳之气；魂魄离形，归先天真一之气。恶则屈之为鬼，善则伸之为神。

天地不能使气纯于阳，有阴便有鬼；不能使气纯于阴，有阳便有神。气为天地分阴阳，运行四时昼夜、风云雷雨，生成万物，是鬼神者。气化阴阳，天地之作用也。在天曰鬼神，在国曰政刑，天地之大义也。安天下国家，一阴一阳之谓道，燮其气也。

杨九畹曰：阴阳分则偏，合则和，曰一阴一阳者，分一而两也。其实天地止是一气，中分阴阳，循环消长，如环无端，知此，方知是一，方知是中。

天，气也。地，质也。天之刚健元气，运七政，包地而行；地之凝浊重质，载五行，涵中而浮。天之七政，地之五行，分形于外，人秉天地七政五行之气，相感成形，目袭日月之光，五脏摄五星五行之精，相含于内，呼吸协天之气，动静偕地之运。呼吸有时，而暴气乖于天；动静有时，而戾运乖于地。自乖天地气运，转谓有生气运平常，不知孽由自作也。

鬼神，二气之屈伸，一德之变化也。不入于正，则入于邪；不入于神，则入于鬼。集义养气，一心不二，神化则鬼灭。心亏胆怯，象由心生，神散则鬼作。

气在天地，运行其道；气在人身，运行其才。含之，操性情之要；发之，司理欲之机。秉理为神，中也；纵欲为鬼，失中也。理胜鬼亦神，欲胜神即鬼，在气之善与不善耳。

天以气应运，操万物生杀之权，予万物以自操也；人以气应理，操万事吉凶之权，在一心所自操也。操则存，存则有吉无凶。

天不得其平，则以雷鸣；人不得其平，则以言鸣。雷不遍击恶物，言不轻加恶人。地气上升，阳也。天气下降，阴也。阴弱阳盛，气鬯则晴；阳弱阴盛，气凝则雨；阴阳敌而气结，搏击成声则雷。恶人毒物，偶被雷击者，积恶之气与不平之气相犯也。至于正言训子嗣，峻词饬官方，亦雷也。雷无宿鸣，人无宿怨。

人以爱子之心爱我，我将何以报之？我以爱子之心爱人，人将何以报我？存心图报尽于性，有心望报任于情。人爱视如天之润泽，我爱等于地之发生。违天者，灭性；违地者，溺情。合天地而不务报，同其德也。

理不宜圆，理不宜方。天不见其圆之极，地不见其方之处。方有形，圆无形。圆在天之外，方在地之外。包天地而方圆者，理也。曾子曰："天道曰圆，地道曰方。"如诚天圆而地方，则是四角之不掩也。

天地，一气也，一理也。气分阴阳于屈伸，理别动静于隐显。屈而必伸，阴亦阳也；隐而必显，静亦动也。周子主静，主于理也，主于一也。不善体者，辨析动静，未有定论。其实气生万物，生于动也。周子曰："无极生太极。"太极亦动也。万物生有知觉，无物非动。人心得受生气，无息非动。惟以一理主持，即使万变酬酢，动亦静也。若一念纵欲，即冥目凝神，而不得谓之静也，此周子主静之本旨也。

君子疾没世而名不称焉，病无能也。人不立名，无能没世，君子之疾病，亦天地之疾病也。盖人，所以立天地者也。大地苍生，碌碌亿兆，有能德足以名世，功足以救世，言足以法世，能知于世，名称于世。人不虚生于世，天地不虚有其世。人无疾病，天地亦无疾病矣。

平平录卷之三

辅教篇第三

天地尽于五行，修身尽于五德，治世尽于五伦，养生尽于五脏。其原皆本于性，西竺谓舍利，函关谓金丹，东鲁谓中庸，同出于河图洛书。戴九履一，左三右七，奇位四正；二四为肩，六八为足，耦位四隅。金水相生，天一、地四成五；木火相生，地二、天三成五，合中宫之五，成一十五附于一掌，纵横十五在其中，天地都来一掌中。土居中宫，分旺四季，运木、火、金、水，化生万物，生生不已。天地有常信，约仁义礼智，炼精气神，应万理万事，归于至中，彝伦攸叙，天下自平。道有常，脾居身中，运化饮食，生精气神，养五官四体。智虑日生，穷理尽性，修身以道，道合天地。性有常，形存与存，形亡不亡，是谓舍利，是谓金丹，是谓中庸。

阴阳、形气、精神、魂魄，有清浊，无善恶。浊必生欲，欲始生恶，清必循理，理便是善。善恶之机，随阴阳消长，一阳生于子之半，善机多；二阴生于午之半，恶念多。佛道："子午打坐，存善祛恶之功，内省不疚，然后天君泰然，调息静摄，非徒呆坐。"孟子发明夜气，善恶之根蒂也。

杨九畹曰：善恶随阴阳为消长，清善浊恶，从其类也。其中消长之机，阳消阴长，则浊能混清；阴消阳长，则清可刷浊。惟能炼阳制阴，炼阴从阳，则清升浊降，有善无恶，浩气长存。

至圣谓道曰犹龙，而佛乃西方圣人。三教圣人，原本于一，后世分门别派，互相排贬，各生荆棘。易曰包荒，剪碍道之荆棘而已。

三教各有流弊，难以枚举。非三教圣人所不逆料，亦所不必料。犹天之生物也，恶虫毒草，雨露亦遍滋之。福善祸淫，自取之也。

醇于儒者，圣门之徒也。精于理曰理学，又曰道学。佛道本同一理，诚能穷得真知灼见，即天地之大道也，何必曰儒，曰释，曰道。

佛说务上，近天道，引上知，诱下愚，使人皆求乎上，其流弊在于渺茫；老氏务下，近地道，抑上知，破下愚，使人常作退一步想，其流弊在于谲诡；圣教适中，尽人道，统上知下愚中人，示以一中，使求合于天地之道，其流弊在于执中无权。诚能心无所为，当为必为，不当为不为。中立不倚，即三教之精旨也。所谓异端者，禅道二家独善其身之过也，儒者辟之。而儒之功利热中，患得患失，无所不至者，求独善其身且不可多得也。

或问老氏之无与佛氏之无，何以异？曰，老氏之无，无欲以观其妙，有欲以观其徼，就心而言，无依旧有；佛氏之无，以天地为幻妄，四大为假合，就身而言，无而极无。然无极生有，是生太极，成大道之始，仍与老氏同归于有，合而为一。圣曰，毋意、毋必、毋固、毋我，无而有，有其道也；有而无，无其我也。

神泄于眼耳，丧于鼻舌，耗于身意。佛教曰，无使灭形以保神也。圣教四勿，使凝神以炼形也。子绝四，则形全神融，与天地同流。

性含真神，混混沌沌，故生道心。生识神，昭昭灵灵，故生欲。养性还其真神，存心去其识神。以心存心，非儒之中；以心见心，非释之空；以心修心，非道之元。惟不必以心存心、见心、修心，归于无心，成其道心。

省察于心，识神也。存养其性，真神也。法从心生，法从心灭，不识不生，不真不灭，止其所而不动，是谓至善。

外物诱心，病在眼耳，圣教四勿，君子九思，皆以视听为先，戒声色也。佛虑心无定向，空即是色，教之看经以代色，击木以代声，使眼耳有定，心不外驰；色即是空，戒其小者，而大者渐立，为养其大体也。

养生送死，人子之大事，亦一己之大事也。事之大更有甚于死乎！毋意、必、固、我，圣之教也。无无明，亦无无明尽；无老死，亦无老死尽，佛之教也。无欲以观其妙，道之教也。不失其赤子之心，得原始反终之义，试于处大事验之，湛然光明。无得失，无死生，生为三教之完人，死即三圣之高弟。

天动地静，心动性静，道动理静。存心养性，致知明诚。动以生静，从有化无，如举足踏地，内而修性命，外而叙彝伦，以之治事则事治，以之平天下则天下平，大成圣贤，小成功名，内外两得。明心见性，修心炼性，元中了元，空中悟空。静以基动，从无测有，如执管窥天，即之也渺，探之也茫，成则道佛，不成则内外两失。

杨九畹曰：天道於穆不已，圣道纯亦不已，动之妙也。佛道戒妄动，故以寂灭说法，而其言究不能无弊，只缘识见太高耳。

佛说无，圣人不能反无说有；仙说虚，圣人不能反虚说实，第说无用以解脱苦海，说虚用以导气养生，转多障碍，易滋流弊。圣人即天理说虚，虚如天之太虚，空空洞洞，所见风云雷雨，天之作用，顺运流行，何障碍于天哉！即天理说无，无即心之四毋，活活泼泼，所为修举万事，人之作用，顺理流行，何障碍于心哉！

杨九畹曰：致中守一，如天之运，如水之流，如轮之转。乾之自强不息，中庸之至诚无息，即是曰无曰虚之的旨。

《易》曰：“形而上者谓之道，形而下者谓之器。”佛谓形甚危脆，乃造罪恶之物，假名曰身，沉于老病生死苦海，得灭如杀怨贼，如除恶病。是佛以灭形为道，儒以身修为道，形灭神存，身修心存，殊途而同归也。

圣教知行合一，知贯行之先，后知以表行，行以验知，本一身以达之家国天下。禅之行解相应，以知为行，以行为知，即知即行，即行即知，行不见诸事功，徒托元虚，易臻奥妙，心行路绝，语言道断，所以逊于圣教也。

道以天堂为荣华，佛以西方为极乐，以人世为疾苦，地狱为患难，诱人为善耳。富贵寿考，天堂也，极乐也。奔驰困苦，人世也。疾病囹圄，地狱也。三界在人世，三界在人心。心在于念，一念之善，地狱转为人世，人世转为天堂极乐；一念之恶，天堂极乐转为人世，人世转为地狱，举心动念，即是轮回，可不慎哉！

成圣，成道，成贤，成仙，在临终之一念，又在平素操持此临终之一念。天定胜人，人定亦胜天者，平素坚定纯洁，凝聚宏毅，瞬息无懈，炼成一片心如太虚，无生无灭，操纵自如，不撒手，不撒手，要撒手，就撒手，在我而不在天也。邵子所谓："思虑未起，鬼神莫知，不由乎我，更由乎谁。"毋我毋到冲漠万象，全体浑然自在，圣之不逾矩，佛之入定境界也。为学还须循序渐进，必有事焉。集义而勿助长为是。人当气体强壮，好动恶静，多入于邪；血气既衰，嫌动喜静，多入于空。总由志无定向，少一段格致工夫耳。

圣寝疾而议殡礼，佛涅槃而垂教诫。圣寿七十三，从心所欲不逾矩，佛寿八十二，自利利人，法皆具足，住世一劫会，亦当灭，会而不离，终不可得顺天命也。

道心，性也，天也，佛谓天堂。人心，情也，欲也，佛谓地狱。本此一心，生而聪颖，天赋智慧，言出礼义，日归道心，上合天理，辞务妍丽，日流人心，下堕地狱。友人有善诗者，丧子一痛而绝，移时而苏，述见王者使吏捧其诗稿诵之，凡有关世道精句，王者必点首赞好；凡生平得意艳句，王者必怒目叱之，皂衣即以水喷面，其冷彻骨，甚于挞楚。诵竟，痛诫，使还。吁！古圣神道设教，或非无因也。

平平录卷之四

心性篇第四

立国大本，首在人心。治世大纲，救正人心。人乃天心，心乃人心，性乃心心。二气细缊，化育成形。一以宰两，左气右精；两以化一，融精凝神。函三抱一，一乃元贞，元贞维何，虚灵至性，至性至中，无臭无声，神生良知，神权良能，知能生意，意诚通神，物来自鉴，达理通情。心阻于念，善恶支分，分之于念，会之于情，根于精气，为魄为魂。魄魂附体，魄浊魂清，善自清虑，恶从浊萦，无善无恶，神明至性，通天彻地，贯一道成。

数生于一，理倚于数，一以生万，一即性也。开辟古圣，只一身一性一气相感。今之众身，皆古圣之化身；众性，皆古圣之一性。圣贤道佛，尽其性耳。希尽其性，希一其性；希一其性，希尽其心；希尽其心，希五常得中，五常得中，即一其性，即天之性，即人之至性。圣贤道佛，莫不成于至性。知中，则知天，不知中，惟知其甘、知其美，食色之性也。恋其生，恋所生，禽兽之性也。因时生灭，万物之性也。好恶无常，气质之性也。希一其性，勿任其性。希圣、希贤、希道、希佛，希一其性。

大哉乾元，万物资始，气之始也；至哉坤元，万物资生，形之始也；形气浑合，性之始也，太极也。太极生两仪，两仪既兆，五行斯彰，五行各生一脏；五脏既成，五德亦寓焉。是性禀于天地，合而为一，分而为五，再分而应万理万事者也。一失其正，是谓任性。欲尽其性，希一其性，是谓知止。

性，君也。意，相也。心，政令也。情，百官也。志，帅也。气，士卒也。精，仓库也。神，万民也。欲，盗贼也。念，物议也。修身如治国，君明臣良，政简令易，文修武备，足兵足食，自然民安盗息，横议不生，故《经》曰："壹是皆以修身为本。"一身之万理万事，无可形容，故圣人作《易》，演太极，而两仪、四象、八卦、三百八十四爻以该之，居则观其象而玩其辞，动则观其变而玩其占。读书考古，博之以文也。穷究万事，归于一理，约之以礼也。知行合一，犹之约三百八十四爻、八卦、四象、两仪，而归于太极也。性曰君者，乾之体，养之如九五之尊，曰飞龙在天，刚健中正，以居尊位，君之体也。人不知尽性，是不知有君也。意曰相者，坤之体，诚之如六五之贵，曰黄裳元吉，乃顺承天，资生万物者也。心曰政令者，正之如离之象，重明以丽乎正，乃化成天下，君之用也。情曰百官者，贞之如比之象，五阴群尊九五之一阳，辅而从之，永贞无咎。志曰帅者，持之如夬之象，五阳强盛，于决一阴何有？然须名正其罪，尽诚以呼号其众，相与合力，尚有危厉不敢安肆，然后利有攸往也。气曰士卒者，练之如师之象，五阴群从九二之一阳，师出以律，令出法行也。否臧凶，犹暴其气也。精曰仓库者，实之如损之象，山泽通气。初九急于济上，而不顾其私，九二贞于自守，而不贬其节，犹之知识未开，纯阳体也。六三，损非类，而致同德之孚；六四，损其疾，而见资人之益，犹之受室治事，而不驰于外务也。六五，受天下之益而元吉，人君之德上九，益天下而贞吉，大臣之道，犹之老而闭关也。神曰万民者，抚之如蒙之象，小民何知，犹童稚而未达乎事理者，养之以全其生，教之以成其德。欲曰盗贼者，息之如坎之象，初六习坎，入于坎窞，凶，习失其道，亦犹教之失其道也。然外虚内实，有孚心亨，未有不可教者，亦犹之未有不可除之欲也。念曰物议者，感之如咸之象，九四，贞吉悔亡，憧憧往来，朋从尔思，咸卦，三君三民，四独远阴，二体交感，以通其志，未尽感极，不能至于无思，然天下何思何虑？精义入神，而念一无念矣，故《经》又曰："修身则道立。"

水一、火二、木三、金四、土五，数之理，数之性也。肾得天一水之气，毓为智囊，过则诈，不及则愚。地用土之五，防水之一成六，合天一为七，以齐之成智枢，为天理之枢纽也。心得地二火之气，毓为礼窟，过则离，不及则灭。天用土之五，消火之二成七，合地二为九，以纠之成礼节，为天理之节文也。肝得天三木之气，毓为仁本，过则腐，不及则痿。地用土之五，培木之三成八，合天三为十一，以一之成仁德，使万物各得其所也。肺得地四金之气，毓为义府，过则愎，不及则迂。天用土之五，养金之四成九，合地四为十三，以散之成义纬，赏善罚恶，以立功立事也。脾得天五土之气，毓为信基，过则硁，不及则崩。地用土之五倍土之五成十，合天五为十五，以伍之成信守约，仁、义、礼、智，咸使得乎其中，以成其性，天命之谓性也，人能于五常无过不及，非率性之谓道乎？

地凝五行之质，天含五行之精，精运五行之气，人禀之，凝而成质，含而成性，天命之性也。五脏各禀其性，分含其气，发为五常，犹之五将无统帅主之，权不归一，各任其性，气质之性也。必攒簇以攒其五将，修炼以炼其五将，约归统帅一权之中，将帅一心，率性之道也。有其德，有其位，君相之权，尽其道以教之；有其德，无其位，圣人之心，乐得天下英才而教育之，修道之教也。

五脏，五行之质；五常，五行之精。固其精以全其质，知养无行，修命未修性也；正其心以尽其道，知行无养，修性未修命也。知行合一，穷理尽性以至于命。

天地气运，顺轨消长；万物形神，顺气生灭。当生者旺，所生者相。生我者休，克我者囚，我克者死。因有旺相，始有囚死，克即贼也。故释谓五行曰五贼，道谓五常亦曰五贼，过犹不及，失中之谓也。圣贤道佛立言，教人于五行、五常、五伦，必求得中者，从有为而后至于无为。有为，用也，情也。无为，体也，性也。又于体用之间，与之以权曰心，有用无体则妄，有体无用则诞，体用无权则邪，权其体用则正。

譬意曰相，文献律例该之。譬念曰物，议在天下。廷议，朝议，清议，在人身善恶交界该之。心一而二，流而为欲；心二而一，还而为性。夫念其为物议乎，其为萌蘖乎？

意曰立意，心之苗也。念曰举念，心之枝也。人有二心曰念，界于善恶之间者。

念者心之枝，意则心之干，性则心之根，情则心之花。善者性天雨露，恶者欲海风波。

情曰心之花，千枝万朵。生一情，心上添一关。作关论，锢蔽难攻；作花看，去留在我。

人在气交之中，人无非气，犹鱼在水中，鱼无非水。心在人中，犹人在气交之中，心无非人。性在心中，犹心在人中，性无非心，性即仁也。此生生之谓易，太极之理，生物之原也。

日凝五行之精，性含五常之精。月则映日而华，心则印性而明。是性同日，心同月，气则同天也。气养心性，如天之系日月也。闭目，精神憩息；睁目，精神贯注。目之所到，精神所到，如日到天中，月到天心，一尘不染，普照万方。苟非理入目，嗜好萦怀，则光蒙而明晦。非日月无光，云雾迷之也；非心性不明，私欲蔽之也。

万物有生气，便是生。性无生气，存其质，性未灭，而气亦未尽灭也。譬如灯然，油，精也；炎上，气也；光明，神也，合之性也。油尽光灭，精神既散，物性始灭，而后气始尽归于天，仍同健运，无所谓静也。故程子曰："人生而静，以上不容说，才说性，便已不是性。"何故不容说？何故不是性？朱子曰："不容说者，未有性之可言。不是性者，不能无气质之杂。"程子又曰："论性不论气，不备；论气不论性，不明。若悟彻性气妙理，静以上不容说者。物未生，气犹在天也，才说性，便不是性者；物既生，天命之谓性，乃禀其气也。"总之，性即气，气即性，故圣经、贤传、道经、佛典，一以贯之曰气。

杨九畹曰：气贯于天地人身之中。天地有此气，故有阴阳；人身有此气，故有心性。气沴则阴阳逆，气妄则心性乖。故养气炼气，皆所以修心性也。

气存性存，气绝性灭。气未绝恻隐、羞恶、辞让、是非之心，气主之性也，人皆有之。全其所有，尽其心，尽其性矣，即善养浩然之气也，所以立命也，事天也，知天也。

火性炎上，水性润下，木性曲直，金性坚刚，土性沉潜。人禀五行之气以成性，性即气也，多偏而不纯。道一也，一其性而已。修道以一其性，以一人之性教也。教，即道也。道，即性也。三者一也，函三抱一。炎上而不暴，礼也；润下而不流，智也；曲直而不折，仁也；坚刚而不愎，义也；沉潜而不险，信也，不可须臾离也。

人心、道心，非有二也。危，殆也。微，幾也。心之未发，与天同体，幾焉而殆者，即存乎其间矣。岂道心易为人心哉，人心不复为道心耳！幽厉之亡，非道亡也，幽厉不由也。人心道心之说，亦犹是而已，二人心道心而求中，乌乎可？《孟子》曰："仁者，人也，合而言之，道也。"

中，性也。和，情也。操中和者，理也。权中和者，意也。纵中和者，念也。失中和者，欲也。统性、情、意、念，而守中和者，心也。明德者，仁也。仁者，天命之性也。本不忍之心，体验万事万物，明明德也。不以形体分彼此，亲民也。只求当为不计得失，止至善也。皆人所得乎天者。

气禀于天，气在性先，是谓先天；形成于地，性在形先，是谓后天。性气相维，精足神完。性，一也。气，两也。以一主两，性以宰气；两以化一，气以载性。

嗜好，人心所固有，亦道心之作用。人心道心，同此心也。一心能成万，二心不能成一，行同而情异耳。以理应物，一心也，尽其性也；纵欲为己，二心也，灭其真也。天理人欲如临歧，只在差一步。

杨九畹曰：嗜好，欲也。嗜好理，便不是欲。饮食男女，欲也，得其正，即是道心；玉帛钟鼓，理也，失其正，即是人心。道心为主，人心为辅，无人心，则道心无由见。《尚书》下一人字最妙，见其为人之所本有也。危之云者，危其失乎人也。尝谓《尚书》人危道微，《论语》克己复礼，两相发明。《书》就众人言故曰人，就本体言故曰道；《论语》就一身言故曰己，就功用言故曰礼，视听言动，皆人心之所发见也。四勿则道心也。允执厥中纯乎道，乃所以成其人，天下归仁，一于礼，乃所以还其己。

万理归一，头头是道；万事执一，件件为殃；道合其性，殃生于心。性浑沦沦地，性非性，非非性，非无性，非有性，非无性，非性非有性，非性，道即性，性即道；心活泼泼地，心非心，非非心，非无心，非有心，非无心，非心非有心，非心，殃生心，心生殃。

人心险于二，不险于一。此一而二、二而一之间，乃性命存亡分界。存其一，我固有之也。一而二，外物夺之也。存其一，亡其二，真存常存，真亡不亡。

此一而二、二而一之间，乃无用中之有用，感应神化之故，消息只是个无。

心纯而不杂，一杂他物，分为一千一百一十心，则非心矣。如思、如想、如恩、如欲，思则有界于心，思邪则淫；想则有助于心，想极则病；恩则因其心，恩多成怨；欲则欲其心，欲多成劳。

放心则心驰于外，由于不放下心，至于放不下心。以致放心，求放下心，须从有物有则、操存省察，到义精仁熟。无物无则，囫囵天理，然后放下心，放下心而后能存心。存心如明镜无尘、止水无波，物来自鉴，皓月无云，万里长空，即儒之神，佛之果，道之丹。我还我心，无事而已，何神、何果、何丹之有？

浑然天性，称尺也。仁义礼智，称之星尺之寸也。执称尺者，心也。准称尺者，气也。别重轻长短者，理也。两得其平者，德也。养之有素，纯全于中，寂然不动，廓然大公，物来顺应，感而遂通，是谓天性。

人要存上心，又要放下心，有心存心；存上心来，无心放心。放下心了，心不为心存，心不为心累，非放不下心而存心之为神，能放下心而不累心之为神。不执理以逐物，物来则应；不越理以生机，机动则迎。神乎！神乎！

杨九畹曰：存上心，是这个心，放下心，仍是这个心，存是放下这个心，放是存上这个心。

人所不可舍者，性耳。除性之外，无不可舍，舍一分，净一分，舍至于无可舍，而犹舍其无可舍，方见本来面目。

不失其赤子之心、浑沦之性也，如保赤子慈爱之心也。以慈爱之心爱浑沦之性，如保赤子，日喜其长而不见其长，犹学之不见其上达也。日惧其丧，心诚求之，收摄葆聚，下学之日用工夫也。尽慈爱之心，日不见其长，而月见其壮，年见其立。见其行，见其成，是谓下学而上达也。

天性有诸内，血性形诸外。处常天性，处变血性，天性所以修道也，血性所以立道也。知痛痒之谓仁，血性也。人莫不有至仁，一时天良发见，转念犹豫，逡巡畏缩，知身家之痛痒，不悟至性之痛痒矣。夫劳苦倦极，未尝不呼天也；疾痛惨怛，未尝不呼父母也。苟能充之，足以保四海；苟不充之，不足以事父母。

人动云不伏气，是不知命，何以尽性！欲求立命尽性，须伏其气。孟子发明养气，泄太极奥妙；发明性善，阐无极精旨。

说到事，说到物，说到理义，说到善，皆一心该之。格者，格此心也；致者，致此心也；明者，明此心也；穷者，穷此心也。豁然贯通，一而已矣。

不见性无息、理无息，见气无息，同天之健运无息也。持其志，无暴其气，终日乾乾夕惕。若应接事物，心随呼吸，无一息肆，无一息滞，是谓乾德，是谓天理流行。

性，即理也。理一而事不一，事有善恶，理以一之；性一而行不一，行有善恶，性以一之。

心如止水，如明镜，止水不能无波，明镜不能无尘，贤者之心也；心如皎日，如皓月，薄蚀不能损其明，云雾不能掩其光，圣人之心也。

人心，只此一点虚灵耳，凝聚曰精，妙化曰神，仙狐成真，凝聚其心也；灵魂作圣，妙化其心也。夫凝聚妙化者，常知常存，常主于理之谓也。无事役心，败丧精神，涉于正助矣。心如死灰，不睹不闻，又涉于空寂矣。惟视理之所在，融而为一，自然虚灵不昧。动而不动，程子所谓静亦定动亦定也。

一心纷营，是扰乱也，不可谓动；万念皆灰，是寂灭也，不可谓静。专主于一，健行不息，惟不息，此为真动；惟专一，此谓真静。动静互根，天地之经，乾坤之精，圣人之诚。

有至性，必有至情；无至情，必无至性。顺理，情转为性；违理，情流为欲。

儒曰中，释曰空，道曰元，皆性也。人，为天地之中；心，为人之中；性，又心之中也。方之于物，犹果核。然心犹核，性犹仁也。存养者，全其核，布其种；失养者，咀嚼之而已矣，践踏之而已矣。

诚于中，心犹核，性犹仁。形于外，意萌，心芽，念枝，情花，恶则华而不实，善则实而必果。果复其核，以一生万，众善齐归，善明而初复矣。果遍天下，众不惜而独惜之，布其种，天下归仁焉！夫仁亦在乎熟之而已矣！

心染于物之谓情，物生于心之谓兴。譬如镜然，想相为尘，兴也；识情为垢，情也。二俱远离，如何不证无上妙觉。故六祖偈曰："菩提本无树，明镜亦非台。本来无一物，何处着尘埃。"

人禀五行之气孕，而性具焉，生而情蓄焉。仁义礼智，性之表也；喜怒哀乐，情之表也。而心则权于性情之间，精而不杂，一而不二，如天之圆，如日月之明。约其情以合其性，否则性滞为理癖，情流为人欲。

杨九畹曰：性是心根基，情是心作用。不养心，即失性情之理，性情不正，说怎么养心？要知非性情之累心，乃心之累性情也。心之为累，不能权也。如何能权？曰先致其知。

米面谷麦之仁，天地寄草木以仁育万民者，食其仁而爱及草木，用还天地。推此一念，纯任自然，以充其量，仁民爱物之道也。

性作形看，处常如春秋，处变如冬夏。冬寒，贫贱也；夏暑，富贵也。天地自然之气，在所处者何如耳。率性，则我能化育万物，万物不能浸淫于我。

性如琴瑟，心如音律，情如节奏。师旷谱之，成太古之音；赵女弹之，成郑卫之声。音在于人，情在于行，行同而情异耳。静无立意，动无他念，诚也，师旷之音也；常多妄想，变多贪私，伪也，赵女之声也。

百岁形骸，赁宅而居。性，家法也。心，宅主也。五官，奴隶也。心为五官所牵，主为奴役废家法矣。食家之子，闭户潜修，不出户庭，一身计也。明目达聪，经营四方，秉家法为国法，为天下法。先立乎其大者，一正而无不正，一世计也。

性最幽静，如寝室内藏真神；心最昭灵，如厅堂内藏识神；情最活泼，如门户内藏游神。道如宫墙，理如锁钥，凡事物之理，有一审处得中，如开一锁钥，知中而力求得中，好之者也，入门矣。悟中而处于是中，乐之者也，升堂矣，居中而不知为中，化之者也，入室矣。

游神，邪正交亲；识神，邪正交战；真神，邪不胜正。

心之权，知而已；身之职，行而已。心主一身，端拱化行天下，身同百司尽职，仰事一人。心，君也。身，臣也。知不能尽行，行不能如知。为君难，为臣不易。知之难，行亦不易也。知行合一，其道之全体大用乎。

百卉，根藏于土；百行，仁含于心。培之厚者，发干发枝，自生奇葩异果；养之纯者，及事及物，自立盛德伟功。根朽则干枝同朽，仁丧则事物同丧。

义，仁之筋骨也；礼，仁之体肤也；智，仁之精神也；性，仁之命脉也；情，仁之容色也。不仁，则通体痿矣，医以痿为不仁，旨深哉！

心虽方寸地，其间层岩叠嶂，巨壑大薮，最易藏垢纳污，魑魅魍魉，无所不有，必须简畀至理循良大义猛士适中镇抚，不时巡察，一遇私欲宵小溷迹，立刻扫荡。勤求九思吏治，敬守四勿法度，剔奸除弊，不避气质豪强，抚善安良。切忌意念烦扰。主静以表端天下，行健以救正人心，力挽颓风，期臻上理。苟涉怠荒，罢斥职守，群邪乘间袭据，必至养成内患，大肆猖獗，无可救药，即使奋厥神武，大张挞伐，劳民伤财，致亏元气，可不畏哉！

性之郛廓，仁也；仁之郛廓，心也；心之郛廓，情也；总其郛廓，德也。无郛廓，无归宿矣。

应事接物，羞恶辞逊。是非心皆从恻隐心流露。仁包四端，元含四德。

杨九畹曰：人之五常，即天之五行。仁为春，春属木，四时递嬗，七政分躔。而木为岁星，十二年一周天，运岁功而不忒。仁也者，其天之岁星乎！

无臭无声，寂然不动，心之体也；有物有则，感而遂通，心之用也。

心在朝市，与声色同瞬；心在田园，与木石同居；心在山林，与鹿豕同群；心在天下，与万物同体；心在上古，与圣贤同志。境外无心，心外无境，凡心也；心不碍境，境不碍心，圣心也；境中无心，心中无境，天心也。

至仁寓至义，至义成至仁。礼智生于仁义，仁义则该于礼智。

天地之心，运万物而不见其心；圣人之情，顺万事而不用其情；心情迹绝，天理尽见。

仁，人也，人身之元气也。一家有一家之元气，一国有一国之元气，天下有天下之元气，皆仁也。存其仁，则元气足，元气足，则身立矣，家立矣，国立矣，天下立矣！故曰：元者，善之长也。

性无为，贞静幽闲，无人心诱之，不至于放僻邪侈；情有为，忧勤惕厉，无道心止之，渐至于流连荒亡。何以止之？止于仁、敬、孝、慈、信。

在物为理，物之理，心之善也；在心为善，心之善，物之理也。明善，格物之理；穷理，明心之善。

物秉气偏，其性昏，爱所生，恋其生，蜂蚁知君臣，鸿雁别夫妇，得一隙之明，守其天也。人秉气全，其性明，具众理，应万事，为气禀所拘，物欲所蔽，失全体之明，汩其天也。物守其天，不如人；人汩其天，不如物。

湿，水性也，水之动静不一，湿则一也；燥，火性也，火之明暗不一，燥则一也；善，人性也，人之知愚贤不肖不一，善则一也。水而不就下，火而不炎上，人而好人之所恶，恶人之所好，此之谓失其本性。

墨子兼爱，情也。仁之用，非体也。有子曰："孝弟也者，其为仁之本与?"得仁之体者，亲亲而仁民，仁民而爱物。性以生心，心以生知，知以生意，意以揆情，情归于理，无他念间阻。有体有用者，仁也，恻隐之心，仁之一端也，以兼爱为仁，未得为善扩充者。

心若笼鸟，阖则跃，辟则扬矣。饲之既驯，依笼为巢。觉巢逸而日休，扬劳而日拙。心与天通，出亦非外，入亦非内，不操亦存，舍亦不亡。知其乡矣。

人心本自虚灵。智如池沼，迎风生浪，贵在于止，止则定而自明；愚如垢镜，昏暗无光，贵在于磨，磨则净而自明。即物穷理，在平时；豁然贯通，在一旦。若压浪求定，锉镜求净，非特不能生明，亦恐有伤心体。

存心，如武夫守土；养性，如女子守身。血溅疆场，寸土不移；之死靡他，一心不二。

一气相感，本支百世不易。然四世而缌麻绝，五世而袒免，六世而亲属竭，遗泽浸微。五世而斩，重身家而不究性命者，愚莫甚焉！

平平录卷之五

明善篇第五

审处万事，不外于理；穷究万理，不外于心。学问之道，事与理与心三者而已。忠君、孝亲、弟长，事之先务，理之切要，心之开端。赤子之心，未有不知敬爱父母兄弟者，良心也。本此一点爱敬之良心，不为世故习染，不假一毫作为，顺应万事，即《孟子》之尽心，《大学》之致知，阳明之致良知，皆《中庸》之尽性也。人皆具此良心，诚不丧此良心，建诸天地而不悖，质诸鬼神而无疑，考诸三王而不缪，百世以俟圣人而不惑，能保全者，谓之道，谓之德，不必外求也。舍此他学，即是异端；离此他问，即是邪说；昧此而为，即是冥行。

天生万物，物不一而性一。性之定论，天理也。明明德，明天理也；止至善，止天理也；尊德性，尊天理也。天命，命天理也；率性，率天理也；修道，修天理也；尽性，尽天理也；明善，明天理也；执中，执天理也；精一，精天理也；致知，知天理也；格物，格天理也。天理，人所共有，人所共知。天人之学，通天彻地，尽于天理二字。

杨九畹曰：朱子注《中庸》，性即理也；注《论语》，天即理也。务词章之学者，非之曰天命之谓性，岂理命之谓理乎！强词夺理，正由昧于天理耳。

道统十六字，《大学》三纲领、八条目，《中庸》三十三章，《道德经》五千余言，《佛经》五千余卷，说不尽天理二字。阳明先生以致良知三字为独悟，至道正宗，当其身，人多诋为禅学。若以天理二字发明圣道，讨论性命本原，救正人心，即道经佛典，亦不能外是，不但智者不敢议其非，而愚者亦能明其义也。

承注曰：《乐记》云，"不能反躬，天理灭矣！"此天理二字，出自汉儒之确证。而世之攻诋程朱者，转引说文，理从玉里声，以理为玉之理，是直不知六书有假借也，乌足病程朱哉！

动物未生，知觉先生，禽兽爱其生，恋所生。犬守义，鸡守信，得其一端一隙之明耳。人自初生，五性全备，知如新月，日渐生明。月行十五日，人至十五岁，光明圆足时也。能于此时立志于学，戒慎恐惧守其知，博审思辨充其知，障翳全消，如月之望。生知、学知、困知，皆此知也，故曰及其知之，一也。

杨九畹曰：论工夫，圣人亦是学知；论心性，下愚亦是生知。

天、地、人，共此无妄之气，同此无妄之理，理其气曰三才，为运行之道，余皆物也。天运七政，地运五行，人运万事。性心意虑，理也，感于物，故性心意虑亦物也；圣经贤传，理也，通于物，故圣经贤传亦物也。物交物，故须格物。力攻圣经贤传，而不反诸性心意虑，玩物丧志矣！必物格而后知，以性心意虑浑合乎圣经贤传，运其理以应万事，内圣外王之道，故明善工夫，舍格物无从入手。

最难得者才德。上于知者也，禀天地真一之气，困之不败；不堪造就者，暴弃，下于愚者也，触天地乖戾之气，诱之难成。而中人感天地清浊之气，在可成可败之间，故圣人立言，皆教中人之法，智愚与贤不肖，皆不能出其范围。

真妄止争一念，物我原无二理，妄则物自为物，我自为我，物我为敌，悉成冰炭；真则物可为我，我可为物，物我同源，两无扞格。去妄存真，神而明之，潜通造化。

理无形而难明，物有迹而可证。物非所经，绌于历炼。坐于庙堂，不知草莽之痛痒；起于富贵，不知贫贱之瘠苦。即使性本生知，行足高世，未尝即事穷理；天下之理，多有未明，未尝即理应事；天下之事，多有未谙，举措究涉疑似。听纳不免蔽欺，学者必于格致诚正修齐治平之道，孜孜讨论，明无形之理，证有迹之物，方能完全己德。故《大学》之道，在明明德。明字，当与格、致、诚、正、修，五字会看。

以寸心为斗室，不能不常常洒扫；以五德为五谷，不忍不粒粒爱惜；以功力为炊爨，不可不餐餐精熟。扩而充之，为宇宙遍洒扫，同爱惜，普精熟，安一己以安天下，修身治世之道，成己成物之心。

廓然大公，物来顺应。公于万物者，仁也。公生明，明察秋毫，则无情而违仁矣。隐恶扬善，明而公者也。

心即理也，理即心也。不见心见理，即其理见心。畏人责理，独不畏人诛心乎！己心即是人心，人心即是天心，未有天怒人怨而清夜自思己，不愧怍者。

心之理，我之性；物之理，物之性。以我之理体物之理，即是以我之性体物之性，物我一体，仁也。我之理有不一，如有尺无寸，理精于一，而物之理或有不一，于是我心之义生焉。裁制其物之不一，归于我心之一，是为推己及人，仁民爱物之道也。

人性止此一理，原无有二，杂以人欲则二矣。还其无杂，自能全体浑然，故惟精是惟一之功。一者，一于天理也。

道心为主，人心每听命焉。只一心也，心不复听心命，人听道命耳。道心，即中也，此心无时不中立，静中减去一分人欲，长出一分道理，动时敬循一分道理，磨灭一分人欲，不计得失，人欲自净。存养公正，道理自生。

愚夫愚妇，同此心，同此理，同此情，同其德也。人情之外别无天理，循天理，圣之宗；逆人情，学之贼。

说到天理，愚夫愚妇，乱臣贼子，未有不知而且畏者。而人情溺于偏私，遂至不畏天理。要知在天曰天理，在人曰人情。天理，即人情也。理达乎情，方为至理；情本乎理，方为至情，此谓尽性。

承注曰：公曰理，私曰情，在己为情之私，在人即理之公，同体而异用，同行而异情。

曰中、曰仁、曰义，性之本体也；曰静、曰一、曰敬，心之作用也，总之天理也，不必孜孜讨论体用，只此天理二字，在人口角，天不可欺，理不可悖。果能知而行之，举世皆圣贤矣！

杨九畹曰：圣贤之心与赤子之心，皆纯乎天者也。完赤子之心，以成圣贤之心。

尽至性所禀之天理，体物而不遗，精气妙化之良知也，格在内者也；穷万物同禀之天理，顺应而不悖，神明莫测之良能也，格在外者也。本此天理健运于心而不息，一点灵明之气，无少昏昧，其乾元之旨乎！

物格，则心上不着一物，而后无物不有自然。溥博如天，渊泉如渊，无入而不自得，知之至也。

朱子曰："即凡天下之物，莫不因其已知之理而益穷之，以求至乎其极。"极者，人情物理之极，即良知也。王阳明初认格物须逐物穷理，至于格竹致病，是逐物非格物也。继而发明致良知，仍归朱子格物本旨。

不忍践一虫蚁，折一草木，即此一念之知。扩而充之，以求至乎其极，成仁民爱物之心，是谓即物穷理，朱子之本旨也。于莫不因其已知之理，已知二字，见之若谓事事物物，逐一测度，即使心不惮烦，而力亦不给，必至舍本齐末、骛外昧中，明德亲民之学乱于后世矣！仁、敬、孝、慈、信，皆莫不因其已知之理而益穷之，以求至乎其极者。

定性无内外已难，无将迎更难，物来顺应，谈何容易，必敬以直内，义以方外，执定敬义为主，步步不离，任他横逆患难，皆气化运会使然，与性天无涉，所谓知止而后有定也。

流行曰气，凝聚曰精，妙化曰神，融而为一曰性。明觉曰知，主宰曰心，发动曰意，感通曰物，统性、知、心、意、物曰理。不曰致性、致心、致意、致物，而曰致知者，性生幾也。知萌芽也，萌芽初生，气幾甫动，而心尚浑涵其间，一点灵光。性之善，心之良，无得失，无功利，致此良知，则心自正，意自诚，物感顺应，妙化无穷，知幾其神乎。而物则内而性知心意之理，外而天地万物之情，必穷究情理。不为私欲蒙蔽曰格，故须物格而后知至，犹萌芽出土，吸天地雨露之气，而干，而枝，而花，而果。修齐治平，本此灵光一点，通天彻地，是明善，即致知也。穷理，即格物也。

天地有恒，日月寒暑往来，平澹无奇。恒则久，人而无恒，饮食起居、喜怒哀乐，矜奇骋异。无恒则暂，于是祟生于心，是谓孽障。心一放平，一看澹，则无孽可障，故至诚如神。

风、云、雷、雨隔于下，太虚之皎日自若也；喜、怒、哀、惧战于中，本心之良知自若也。往往静中能守，而动则失措者，有静功无动功也。心无动静，动中有至静，静中有至动。动中有至静，溥博如天；静中有至动，渊泉如渊，能于人情物理多阅历，自然动亦静，静亦静。

静中修养，空空蹈虚，易流幻妄。良知，知之始觉也。觉而即行，不计险阻艰难，一心向往，故阳明曰致良知。觉而不行，佛之圆觉也。动处察幾，步步踏实，止于至善。致知，知之彻识也，识其往迹，博学、审问、慎思、明辨、笃行，而到无他转念，故圣曰物格而后知，至识无尽藏，圣之默识也。

承注曰：良知，本觉也。致良知，以始觉合本觉也。本觉赋于天，不假修为，如孩提知爱，少长知敬是也。始觉因乎人，必待扩充，如乍见入井，平旦好恶是也。

幽能视明，明不能视幽，静胜动也。静中观理，动处察幾，理简幾繁，以静待动，任百事纷纭，心自安贴，事归妥适。

学问之道，集义为正宗，必有事焉，是集义也。勿忘集义，体天之道，健运不息；勿助集义，体地之道，静养不摇。义集则塞乎天地，资深则左右逢原，不患无经济，特患无学问耳。

视、听、言、动，气也。非礼勿视、听、言、动，理也。气归理，则清明在躬，志虑如神；气离理，则放僻邪侈，无所不为。颜子克己，孟子集义，存养之道也。

理，静也，亦动也，在止于至善，止于理而已。颜子克己，曾子省身，去私则理存，随事泛应，无不合乎天理。止于至善，而无间于动静也。舍动求静，落于空寂矣。

静中存养，动中省察，总不外事物之理。以理存养，所以御外也；以理省察，所以治内也。

暴戾之气不可有，义理之气不可无。义理不明，不足整纲饬纪，挽颓风而起末俗，以致嗫嚅畏缩，蒙蔽虚灵，馁气也。子曰："修己以敬，醇乎至理，元气也。"朱子曰："曾子刚毅，故能独得斯道之传。"上蔡称孟子强勇，以身任道，子思之气，他无可考，孟子所云："标使者出诸大门之外，皆本乎大义正气也。"苟非理明义正，徒事贯日冲斗，乃湖海之豪气，与义理之气，差之毫厘，失之千里。故周子主静，程子主一，朱子主敬，皆直养之切要工夫。

考古究其得失，证今辨其邪正，人事上磨炼，天理上忖度。蓄一分理，克一分欲。蓄理蓄到无生无灭，系于命；克欲克到无身无家，累于心。天机畅达，物我一体，即克己复礼之一日，静亦定，动亦定。

妄念发动，其间一点天良，未尝不随机萌动，只为短于养气。妄念一肆，不可遏灭，故妄念、妄想、妄言、妄作、妄为，皆妄气也。天雷亦气也，无妄则对时育物，一归于正。

所行是，便是善；所行非，便是恶。能知非，便是善；只知是，便是恶。古之君子，行年五十，方知四十九年之非。今之自以为是者，自诩为君子，薄人为小人，试将日之所行，清夜思之，胸中有几件是处。

王简曰：吉一而凶悔吝三，言凶之数多于吉之数也。然吝则必凶，悔则必吉，悔字仍当作吉看，盖悔即吉之先见者也。

应物多偾于耳，较视言动为最切，迩言尤为最亲，听而不察为害最烈。视因听而邪，言因听而躁，动因听而妄，多听少信，多察少发，隐恶扬善，又其至也。

杨九畹曰：只因理有未明，遂致中心无主，一言入耳，即足以惑之矣。何以明理？曰多读书。何以治心？曰善养气。

一点灵明之气，彻天彻地，潜通鬼神。一念违理，变为乖戾之气，干犯天地鬼神，无所祷也。故戒慎恐惧，何时可已？曾子窥得心体大端如此，故曰慎独，又曰任重而道远。

口之别味，鼻之别臭，目之别色，耳之别声，一触便知，良知也。美者好之，恶者恶之，毫无欺妄，自得好恶之正，诚也。心之体道，亦如耳目口鼻，声色臭味。好恶之切，未有不知而好之，好而乐之者。

情欲所以切磋琢磨心性者，亦启聪明，亦耗聪明，视其质底何如。穷理，穷情欲中之理；绝欲，绝义理中之欲。欲中有理，以欲绝欲，欲即是理；理中有欲，执理为理，理即是欲。知言曰："天理人欲，同体异用，同行异情。"

人本自明，天不必自明，即以其人之明以了其不明，则人自明矣。体天之道，亦不须自明，即以其物之明以还其明，则己自明矣。明则诚矣！不因物之明，而明者虚也，不因物之明以还物者，伪也。

大圣大贤，无不郑重改过，以求自新。汤曰："苟日新，日日新。"仲虺赞汤曰："改过不吝。"子曰："加我数年，五十以学《易》，可以无大过矣！"颜子不贰过，子路人告之以有过，则喜。君子之过也，如日月之食；小人之过也，必文，理欲之分而已。不堕于欲，则归于理；不循于理，则流于欲。不必纵欲违理，始谓大过，即一事之微，一物之细，心有所向，即是欲，有欲即见理不明，举措失宜矣，故明善所以诚身也。

失中之谓过，人非圣人，孰能无过，自知之，不惮自改，上也。人知之，肯为我告，喜而改之，又其上也。善言，讽过也；诫言，规过也；厉言，斥过也；恶言，毁过也；甘言，文过也。人无不知其过者，良知也，有过力改，良能也。闻过而喜，致良知也。闻讽、诫、厉、恶、毁言，而不形于颜色者，致良能也。知而不自改，知而畏人言，自弃也；知而自以为是，告而以人为非，自暴也，下于愚而不移者。

悔过则心常惺惺，在明明德，本于《太甲》曰："顾諟天之明命，知之事也。过必悔，而后能改。"颜子克己，曾子三省，本于《康诰》曰："克明德，勇之事也。知过必改，而后无过。允执厥中，精一日新。"本于《帝典》曰："克明峻德，仁之事也。"明明德工夫，莫先悔过，改过以至无过，非三达德真正学力，不易言也。

明明德，克己也。克己，改过也。在止于至善，改恶从善，亦改过也。无隐微之过，而后止于至善也。人未有不知其过者，亦未有无过之人也。蘧伯玉，君子也，犹曰欲寡其过而未能；成汤、孔子，圣人也，犹曰改过不吝。可以无大过，不能无过。常见己过，知过必改，即是克己工夫。颜子不贰过，故夫子曰："克己复礼。"世多虚谈性命，徒说义理，自以为是。故夫子曰："吾未见能见其过，而内自讼者也。"已往之过，不能追悔，然修省当由病原处从头责实；将来之错，未露形迹，然惕虑当从幾微上斩断孽根。目往触物，物来触目；言从口出，言从耳入；身以牵心，心以牵身，皆现在之病原孽根也。即事即物，平心静气，审处现在，不种将来之孽根，永杜已往之病原。

人心虚灵，苦于气盛填实，以致本体日窒，惟下其气以平之。能下故大，大而化之者，以下故虚，虚故灵，适还其本体耳。

自小生自大举，凡忿懥恐惧、好乐忧患，以及骄矜侈汰、怨尤雠仇、慷慨激烈，皆自小致之，其病由于量不扩充。量生于器，器生于识，识生于理，识与器量有大小，惟穷理则大者益大，小者亦大。不失赤子之心，仁也。养其大体，义也。养至于无小无大，则化矣。

逐外物而遂其所欲，常情之乐也。反身而诚，仁者不忧，知者不惑，勇者不惧，性分中之至乐也。

敬胜怠者吉，怠胜敬者灭；义胜欲者从，欲胜义者凶。敬义生于勤，怠欲生于懒，养德养身，一勤足以该之。

承注曰：民生在勤，勤则不匮，勤则慎，慎则清。推斯言也，虽以之治天下可也。

君子有三畏：畏天命，畏大人，畏圣人之言。畏君子也，天命人不知，天命发为雷，物与无妄。畏小人也，无论君子小人，如时在霹雳声中立，主敬也。《易》曰："天下雷行，物与无妄，先王以茂对时育万物。"

承注曰：尹和靖言，敬有甚形影，且如人到神祠中致敬时，其心收敛，更着不得毫发事。此较和靖语尤为悚切。

人心空其有，而后能实其无。心如天地，空也；理如万物，实也。空极乃实，实极乃空。言行由至性中流出，自然涵天盖地。

愚人患无所见，聪明人不患无所见，特患不肯向切己处痛自琢磨。所见即是病，自非剥落净尽，何由得知本来面目，若一味护短，纵良友提撕，善言滋益，终于锢闭。盖天下之物，皆具于心，而吾心之知，不能无蔽，惟于蔽有未穷，故其知有不尽，惟其知有不尽，故其心不能皆具。学者即蔽之所在，一一研究以求其故，而一旦豁然贯通焉，则吾心之全体大用无不明，而众物之表里精粗无不到。既明之后，又须锻炼稳实，保任严密，此体始为我有。《丹经》所谓“首尾武，中间文”者是也。小有觑测，即涉走作，久必视为泛常，旧病复发，无药可医矣！

君子之心，大而涵覆，小而敬畏；小人之心，大而放肆，小而褊狭。同一大小，器识各异。

杨九畹曰：克念罔念，止争一念。而所殊霄壤，只在公私间区别耳。为一身矜理，理即是私；与天下同利，利即是公，公私不系于事，而系于心也。观君子小人，要在心上看出，方能无误。

教人立志，念念循天理，精于内，发于外，即笃行也。行生于念，念有善恶。行生于意，意主于诚，诚即良知，良知即至性，至性即仁，仁即至理。行合至理，理至无善恶，则无欲矣。一日克己复礼，有克尽己欲之一日，则天下归仁焉！

心不能无所向，向于正曰志，向于邪曰淫，向于中曰志，向于外曰欲，向即尚也。士尚志，仁义而已矣。阴阳家言：“向吉则吉，向凶则凶。”术犹尚所向，志可昧所尚乎！

耻，伦常之范围，行藏之枢纽，听命于心者也。心明则知而不为，心蔽则为而不知。

杨九畹曰：耻最是性善之发见处。愚夫愚妇、大奸大恶，自知己错，无不即见于面，其交关全在知上。但修己须有耻，待人须全其耻，缘耻挟心之刚气，气平则明，气盛则又蔽耳。

纵谈时，耻语言放肆，知缄默；纵意时，耻兴趣豪迈，知收摄；纵欲时，耻嗜好卑鄙，知节制；纵怒时，耻任性粗暴，知检束，近乎勇者也。

爱生慈，哀生悲，仁之著也；喜生欲，恶生怒，义之泛也。惧心之良，为仁义之枢，喜近于乐，七情无乐，乐泰也。周子曰："见其大，则心泰，心泰则无不足，无不足，则富贵贫贱，处之如一。"

情之所触，慈生悲多。泪目属肝，肝主仁，泪即仁之流露也。恶而有泪，性尚未泯，犹可复也。恶而无泪，仁机绝矣。

心虚则无所不入，诚意则方寸填实，不使一切外物乘隙扰吾灵府，时刻打扫，成一座端正明堂，常使心君泰然。应事时，好善，如好好色；恶恶，如恶恶臭。赏求至公，罚求至当，百年如一日，而后谓之直，养无害，塞乎天地之间。

人为物欲所蔽，如患闭结。克己，消药也；复礼，补剂也。元气，仁也。天下归仁，元气足也。一日克己复礼，天下归仁。病除则元气自复也，四勿加意调摄也。

声色货利，性之四凶，四凶不戕，性乃灭亡。无事勤省察，动以翕静；有事究存养，静以制动。夫省察，静中之存养；存养，动中之省察也。方寸之间，治得其道，小于芥子，无隙可乘；治失其道，大于寰海。在在贼薮，克己，剿除廓清也；复礼，平格功成也。贼薮胥化，端拱而治，击壤兴歌，何思何虑。

养气如太虚包天地，不为万物生烦恼，伏气如蛰虫潜无声息。放量如天地容万物，不为一物生忌刻，约量如斗斛，较其多寡。

学而时习之，志于学也；不可须臾离，志于道也。不逾矩，夭寿不贰，舍生取义，杀身成仁，至死不变。朝闻道，夕死可矣，志于死也。为学首重在志，立志，学之始也；守志，学之终也。死，止也，止于死也，在止于至善，死而不死，与天地同流。

人身块然一物而已，物我相依，交好一生，百岁光阴，如驹过隙。声色货利，非物之役我，乃我之累物也。欲求我不为物役，非礼勿视，非礼勿听，非礼勿言，非礼勿动。

承注曰：无我而后不为物累。凡吾之大患，为吾有身之说也。无我而能与物同，一日克己复礼，天下归仁之说也。无我而能与物同，自不为物累，圣人无己，靡所不已，会万物为一己者，惟圣人之说也。

敬畏操存之功，无入而不自得，久则自然襟怀洒落，一涉心求其洒落，则旷荡放逸、纵情肆意，转多憧扰。

制心莫先于色相，发如烈火，动则力挫之。夫动气也，气伏风息则火灭矣。首制其一，他无不可了之事也。

平平录卷之六

博约篇第六

佛曰明心见性，如日月对照，参归于望；道曰修心炼性，如日月交会，悟归于朔；水到渠成，成道成佛，金丹大觉。圣曰穷理尽性，博之如望，存心养性；约之如朔，日往月来，盈虚消长，为圣为贤，天根月窟。

约而不博，坐井观天；博而不约，游骑无归。博，立功之具也。约，立德之本也。志道、据德、依仁、游艺，并行不悖，志学章，圣人现身说法，工夫次第，无余蕴矣。

尊德性，约也，不得谓之堕于空寂；道问学，博也，不得谓之失于支离。子思作《中庸》，千数百言，包括一语，不曰道问学而尊德性，而曰尊德性而道问学者。尊德性，体也；道问学，用也。有用无体，则流；有体无用，则窒。用乃体之工夫，体乃用之主宰。晦庵未尝舍体而逐用，象山亦未尝废用而全体。象山言德性，理简而工夫切，体天道也。晦庵言问学，道密而著述富，尽人道也。后世非陆者，议其空寂，偏于用也；非朱者，议其支离，偏于体也，皆学者之流弊。

尊德性而道问学，后儒妄论两贤异同，亦如阳明之论晦庵格物也。夫阳明格心之物，格意之物，格知之物，本晦庵之莫不因其已知之理而益穷之，以求至乎其极之说也。专逐外物，徒滋驰骛，昧于一源矣。

学之不明，工巧富丽，蔽于辞章矣；博闻强记，蔽于训诂矣；

力辟佛老，蔽于道学矣。辞章训诂，博之以文也，道学，约之以礼也。淫于辞章，泥于训诂，心不专一，志无定向，博之蔽也。圣人于《经》言理，于《易》兼言理数，使即理数以明格致诚正修齐治平之道，如日用饮食，老妪可解，庶足救正人心，乃避如水火，舍数言理，则又约之蔽也。

为学须从本原做起。婴儿初生，甫学言笑，即使学立学行；甫立行，即使学奔学负；能奔负，即使长行万里，则躐等矣。圣人到位天地育万物，亦从志于学时格物致知，养未发之中得来。

学问之道，莫不由勉强而至于自然。十五而志于学，七十而从心所欲。求乎上者得乎中。文王学尧舜，颜曾学孔子。世无生来之圣贤，亦无学得尽之圣贤，勉强求上，习之不已，不为圣贤，亦成君子，患在自暴自弃耳。

文章功业，一了随了，所得者德。德因才成，德因才灭；才因神运，才因神乱；神因性清，神因性浊；性因气定，性因气动；气因于义，义役于理；理集于德，既得其德。生曰动，斡旋文章功业；死曰静，收拾天地造化。

无眼、耳、鼻、舌、身、意，无知无识，凝神也。毋意必固我，有知无识，凝精神也。气运精神，大而化之，气精神融也。颜子功力，气精神已融，近于大而化之，尚虑或泄，故圣人因问仁而教之四勿，固精神也。精约神，神御气，气宰形，如临深渊，如履薄冰，不可须臾离。持其志无暴其气，曾子、子思、孟子所得之心法也。近有务汉学而鄙宋学，务宋学而鄙汉学，更有以宋明为失于讲学者。然同一学也，守圣贤片言，笃而行之，足以继往圣、开来学。知而无行，矜考据，夸理学，逞妍丽，炫词章，反为人心之害。天为命识，非以著述博声誉。夫人之相知，贵相知心。读书论世，亦贵知古人心。学问之道，理有未融，而行或能以副之，行有不能，而理适足以病之。先生功名既立，即所知所行发为言辞，悉从险阻艰难中磨炼得来者，为学不验之行事，则是学问事功分为两途，所学何事？

承注曰：罗念庵作《王文成祠堂记》，言其学术，详且切矣。

而此章意旨，与公尤有相解于形迹之表者。夫道为公器，言岂一端，天下之理，与天下人共见之。但当论其真不真，不当论其同不同，比而同之是乱也。彼黜陆王为禅学者，转眼销沉，名随身灭，何撼树蜉蝣之纷纷耶！

《易》明于四圣，至汉当秦火之后，不无残缺。汉儒之孜孜穷数，其势使然，非偏于数，短于穷理也。至宋穷理势所必然，资数于汉，可以不必言数矣。

杨九畹曰：读书最不可偏执。读《易》如无《书》，读《书》如无《诗》，又须读《书》知有《易》，读《诗》知有《书》，方为得益。恶甘喜辛，是丹非素，非偏执之病乎！世之以汉学宋学分门户者，何为也哉！

典谟训诰，发泄天人之道，圣人视之，已无余义，故曰述而不作，信而好古，曰默而识之。学而不厌，诲人不倦，何有于我哉！汉以后相继著述，流传天下，大者许见其大，小者许见其小，取裁不一，悉资身心，乃剽窃之，攘为己有，攻击之，炫为己长，又有以攻击为剽窃、剽窃为攻击者，视圣心为何如哉！

杨九畹曰：圣人读书，天地之公心；后人读书，名利之私意。公故以意逆志，无不贯通，私故群相聚讼，讫无一是。

天地与植物以声，与动物则全其声。五音八音，皆声也。声入节律，始和成音。言乃心之文章，言即音也，心即律也。音如节律，一音即一珠，五音贯珠，太古之正音，故音无频奏，言从心发。一言如一珠，慎言如珠，天地之正声，故言勿妄发。

眼耳鼻肾手足，一阴一阳之谓道，而口一焉，舌一焉。乾为首，坤为腹。口与舌处天地之中，出纳之令，口司之。言乃心之声，舌司之。口舌得乎中，天地泰而身泰，万物成而事成。失乎中，非口舌之正义也。老子曰："多言数穷，不如守中。"

习俗畔道难于挽，至道在心难于守，岁月难留易于过，美质难得易于流。人生一世，舍富贵而甘澹泊，家贫亲老，不近人情，天赋其才，不从举业误入歧途，有志圣贤，只须守定此心，是求在我，静习举业，如天生地成，道并行而不相悖也。分心外驰，急于富贵，无益于得，而转夺其志矣。

不能见解自己学问是非，必好论古人是非；不能省察自己行事是非，必好论今人是非。不求身体力行，徒快口舌，是以身谤也，过莫大焉。能立志省察自己是非，何暇论人，自不薄今人爱古人矣。

非精不能一，非博不能约，非格不能致，是格也，精也，博也，致与一与约之功夫也。或外事来感，或内自有感，但凭学力识见，尽心审处，不杂一毫得失毁誉之念，次第应之，功夫纯熟，得时措之宜矣。

学问之道无穷尽，学而思，思而学，无由启迪，胸中不免窒碍，偶得良友讨论，互相问难，借以发挥，愈见精神。贤如颜子，闻一知十，无所问难，孔子犹曰："非助我者也。"

艮其背，不获其身，忘我也。行其庭，不见其人，我忘我而物亦忘我也。我忘而物亦忘，安往而不与物同体哉！君子素其位而行，不愿乎其外，素富贵行乎富贵，素贫贱行乎贫贱，素夷狄行乎夷狄，素患难行乎患难，无入而不自得，以思不出位故也。曾子曰："视其庭可以搏鼠，乌能与我歌矣。"诗曰："在彼无恶，在此无射。庶几夙夜，以永终誉。"君子未有不如此，而蚤有誉于天下者也。

无事冥然空寂，涉于忘；一意欲速求效，涉于助，久则遇事，茫无头绪，纠缠纷扰，徒劳一生，终成迂腐。有才之士，多为学术失宜，常受此症。须知义者，宜也，主宰群动，千变万化，无所不宜，必时时精神毕集，思其所以仁敬孝慈信。止于义而不迁，所谓必有事焉，是集义所生者。

尊于人者不高，不尊，高无所基，必危。高而不危，以下为基也。

怨尤仇雠，由于不相下。江河所以为百谷王，海所以纳江河，大地所以载海，下也。

体物而不遗，神之格也。干事而能立，人之格也。人同一心，心同一理，得志，将百万，宰天下，与未遇役二僮同一格也。诚不足以格之，不能使其畏敬而不怨，奉承而不慢，则不足以将百万宰天下矣。至诚感神，有苗来格，上天下地，同一理，同一心，得其一，罔不格矣。

经传，师也。诸子百家，友也。他如绮丽文辞、传奇小说，皆艳心而诱我日趋于下流者，尝于力攻典籍义理验之，初甚畏惮，畏而离，离而疏。偶忆淫辞艳句，心花一开，情荡神怡，通体爽适，雅趣日生，邪念随起。贫穷徒涉妄想，富贵竟践实迹。迨磨以岁月，觉典籍味厚，化师友严惮，变父兄亲爱。择交亦然。故著述务益人身心，处友勿诱人匪僻。

精一之学，不必屏除睹闻，只要心无功利萦系，不但子史诗文，足以扩充格致，即当前之事，无往非实学，非天理。一萌功利之念，即使日谈仁义道德，而去道远矣。

承注曰：功利生于有我，有我即与物为敌。无往而非我矣，无我而后能无物，无物而后能我与物一。我与物一，正谊明道，不谋利，而利成，不计功，而功著。千古豪杰处治乱安危之机，当邪正消长之介，大而生死出处，小而爱憎取与，往往差之毫厘，谬以千里者，未有不坐此也。君子之于天下也，无适也，无莫也，义之与比，圣人之所谓义，曷尝不利，而非世之所谓利耳。《易》曰："利者，义之和也。"又曰："精义入神，以致用也。利用安身，以崇德也。"

人材不一，圣人教不躐等，各因其材而笃焉，体天道也。道源本一，一而不一，不一而一，殊途同归。后世分考据性理词章，愈驰愈远，道益不明矣。

战国时尚从横功名之士，矜奇逞异，著书立说，汗牛充栋，天厌诡谋险策，诱丧人心，因纵秦火。秦政之罪，不在焚书，而在并焚六经与坑儒也。典谟训诰，圣经贤传，天留之所以救正后世人心。汉儒负笈千里，偶得残篇寸帙，珍若至宝，老儒宿士，记述不无错漏，好名之徒，又复剽窃窜易，求书而书益滋敝。迨贾长沙、董江都、司马子长、刘子政、杨子云辈，从而芟伪存真，东汉诸儒，相继弥缝，犹未能参透性命至理，非汉儒之逊于宋儒也，苦于抱残守缺也。由晋魏六朝而唐而五代，仲淹、退之继述而外，其间奇才异能，亦多著作，无如圣经贤传与诸子百家，萃处杂厕，人心不知尊崇，无所定向。至宋而程子述之，朱子注之，千数百年，至圣道统，昭然如揭，非宋儒之逾于汉儒也，日益深，义益精，而识益廓也。道明而陆王继起，虽小有异同，相反适以相成，后之生才，即有驾前贤而上者，程朱作证，千古如日月经天，江河行地，难越高深。苟鄙汉学而宗宋学，鄙宋学而宗汉学，非昧一身性命，则荒六经根柢，致高才博学，失所依据，不至背经叛道不止。夫经传典籍，在天地如日星，在人心如师友，不能尽师而师，尽友而友，取益于师友，为天地救正人心，上也，为一身立功名，次也。至于盗袭之树帜称雄，既背师友，而又斥其未师之师，未友之友，不仅宋儒之罪人，即汉儒之罪人，亦圣门之罪人，后世之罪人矣。

杨九畹曰：书经秦火，后至宋而理学昌明，乃天地否泰剥复一大运也，迹有微显，理无异同。韩子论文曰："惟其是而已矣。"读书亦然，后儒分门别户，入主出奴，何足知此！

道以言立，言以理立，理以行立。人不易，言不易，行亦不易。天生万物，甲虫之麟，羽虫之凤，不易有；传世之圣，治世之贤，不易生。心法如珍摄颐养，顾一身性命；政事如布帛菽粟，充四体温饱。佛道言如珠玉文章，粲如花卉。天之七政，顺轨而行；地之五行，应运而化；人之功德，尽性而成。七政、五行，功德相应，而后麟凤育焉，圣贤生焉。三代以下，道统继述，皆相去数百年而后贤圣相承，非天之吝于生才也。上古人心醇朴，圣道昌明，迨周德既衰，诡谲变诈之言，充塞天地，犹之魏晋迄宋，数百年间，绮丽浮诞之词，盈溢宇宙。秦政之焚伪于前，程朱之注真于后，兴废虽殊，皆气化之使然者。而两汉注疏，与前明讲学，又其焰后清风，香遗余芬也。其间诸葛武侯、李令伯、阮嗣宗、陶渊明、韩退之，道德功业，固一时杰士，然言关世道，亦仅《出师》《陈情表》《咏怀诗》《归去来辞》《原道》诸篇，至曹子建、范蔚宗、谢灵运、沈休文、庾子山辈，亦天生聪颖，诚能心法、政事、文章兼而求之，未尝不可追踪曩哲，其如精文章不究性命，热功名不务根本，以致流为悖谬，六朝五代之衰残，为文辞所误，在道之不立，而不在气数也。又大鉴、马祖、黄蘗、临济、沩仰、睦州、云门、陈希夷、张紫阳、白玉蟾、邱长春、张三丰，亦皆间气所钟，非不知圣教为万古经常，以皓首穷经，不能越孔孟之高深，或入佛，或入道，谈空说妙，亦足救正人心，本古圣神道设教之一法，天为之，非人也。

俗以高头讲章为诟病，因鄙宋学，不知程朱于四书身体力行，独有心得，集注性理，启迪后世，本自明显，乃遵宋诸儒，拘文牵义，哓哓解释，转不如陆王之学，专指心体，直捷了当，足以增长识力，见诸事功。然无论汉学宋学，总宜阅历人情，言其所能行，不言其所不能行，由一事一物，设身处地，即有形之言，穷无形之理，不为文字所拘，悉归平实，庶不愧为学者。

仲尼没而微言绝，七十子丧而大义乖。夫微言，以一言救正人心，如解倒悬。言出大义，虽亦饥食渴饮，然已逊于微言矣。三代而下，多务妙言奇言险言，言益精而行益艰，义日乖矣。子长其深得人心惟危、道心惟微之精旨者。

理如明镜，触物而后有象。周公制礼作乐，二帝三王时无触，而周时触之也。孔子删述六经，周时无触，而列国时触之也。后世学者，不患无所触，特患理不明。理明则小见小形，大见大象，无往而非道也。著述礼乐六经，先辈发之不胜其发，诵诗读书求其克欲循理，论世知人足矣。

辞乃心之令，文乃心之声。畅所欲言，江河之文也。欲讷于言，金石之文也。言不泛滥，文必精彩。文不必求深，言深文自深；言不必求立，道立言自立。

杨九畹曰：顺理成章谓之文，理至则文自至。惟本于性情而后能理至文，不本性情，虽强附于理，亦必不工。

不言而喻，理胜于辞；多言而辨，辞胜于理，辞胜者诎。

立言本于理数，如百果之花香，久而实足供口腹。立言工于妍丽，如众卉之花，华而不实，徒供耳目。艳耳目者莳众卉，厌口腹者植百果。所尚既殊，虚实迥别。

言行关系治乱，文亦随之。盛世多纯正之文，尚行不尚言；衰世多华采之文，尚言不尚行，以行任使者治，以言任使者乱。求于行者多贤，求于言者多诈。才不足，坐论道者多溺职；德不足，求治急者多扰攘。下民乐于无事，胥吏喜于有事，见事了事，了事无事，无事则民安衽席矣。

盛衰不关气数，在道之立与不立耳。自古立贤无方，科第取士，其法固良，然衡文为第一关键也。性与理一也，心无二用。朝野舍浮靡而究性理，则上有道揆，下有法守，故文章为立国之大纲。

岁考乡会殿试法，汇取群策，用其优长，荐登仕版，待贤纳言之道也，必用其言，得行其道。资才德以表端士习，敦道义以救正人心，平天下之第一要务也。若以文章为敲门砖，是以科名为钓饵，主司为执竿者，士尽鱼鸟乎！文风不正，则士习不正，士习不正，则人心不正，非天下之大患哉！

今之乐犹古之乐，今乐务声调，不关风化，犹俗学务词章，不究德行，所以乐逊雅颂，学逊圣贤矣。

识见深远，始于考证，成于阅历；识见浅近，溺于嗜好，熟于世故。志大识大，器小见小。识大，用心必深；见小，出言多妄。

视物多可欲者，内必轻；视人多不善者，中必狭。立其大则轻外物，见其大则小万物，故不宏毅不足以任道也。

杨九畹曰：精义则能立其大，明理则能见其大。义理足而浩气充，斯之谓宏毅。

情适于怀曰兴，在天地，鼓荡风云雷雨；在人性，鼓舞喜怒爱欲。不兴，其艺不能乐学。

胸中潇洒，自得泰然乐趣，验之乐声，澹而和者，怡人心志；澹则无欲，和则无躁，凡音之起，由人心生也。

居室不宜过广，人胜室则兴，室胜人则衰，无闲室，无闲人；治家不宜使逸，事浮人则勤，人浮事则惰，无闲人，无闲事，自无闲非。小人闲居为不善，可畏哉！

杨九畹曰：小人蛊惑人主，尝曰不可令一日间声色货利日不暇给，而正言正士，自不相入矣，此小人之智也，知此而正用之。程子曰："人主一日亲贤士大夫之时多，近宦官宫妾之时少，则德自进，不可尧舜其君哉！"

徵为火，为礼，为事，属心；羽为水，为智，为物，属肾；宫为土，为信，为君，属脾；商为金，为义，为臣，属肺；角为木，为仁，为民，属肝；发于言，见于行，言即心之音也。故言事贵实，实则人信，而后其言行；言理贵平，平则人听，而后其言著。谈兵见诸战阵，谈理见诸行事，无战阵，无行事，纸上谈理与纸上谈兵何殊焉！

坎为水为云，巽为风云，上于天曰需。需，养也。风行水上曰涣。涣，散也。养之厚者散之溥，养之薄者散之竭，不养不能散。义理须日酝酿以求其熟，不散亦无所养，意见须日洒濯以求其生，出于无心，而成于有序，乃为至文耳。

两端始有中，中立而后平。行文之法，切忌人云亦云，人然亦然，文前之已然，文后之未然，文旁之必然，文面之当然，文中之所以然。理之所有，人心所能到，已然之未然，未然之已然，必然之必不然，当然之不然，所以然之所以不然。理之所无，人心所难到，然物莫不有至理，心莫不有至知，思之思之，鬼神通之。阴阳合则适中，奇耦合则适平。心无挂碍，中也。气无躁妄，平也。身同万类，心同天地，空也。心空则灵，仁之机也；气平则静，智之机也。机生慧，慧生神，神而明之。人云我不云，人然我不然；人不云我云，人不然我然，勇之用也。读书无勇，不能攻破义理，虽万卷，奚益？

杨九畹曰：八股，耦数也。前明作手，皆由前一股生出后一股，即八卦互生之理也。

诗以道性情，其要在于立志。性无巽顺，言无醇厚，情无恻怛，言无慈祥，委婉见涵养，洒落见抱负，其称名也小，其取类也大，其旨远，其辞文，其言曲而中，其事肆而隐，因贰以济民行，以明失得之报，诗乎诗乎，知比兴者谁乎？

书为六艺之一法，其末节耳。然精神贯注于作字时，亦露一斑。有精神之谓贵，其人福泽厚，力量大；无精神之谓浊，其人福泽薄，力量小。精神关系命脉一事，少精神，百事无长进，岂特作字而已哉！

运用之妙，书法一大端也。心一气一，气即力也，曰骨力，曰腕力。不运腕，则通体骨力无从而注于指。笔法即指法，指法即腕法。腕无法，则窒于运而拙于用。腕之四面向背适中，阴阳合矣，外直内曲，刚柔济矣。闲时悬肘平腕，拈指书圈，静运而动，用之自然挥毫如意。

作字，不知运用腕力之妙，故怠于临池。腕节四面，六脉张，则阴胜阳衰；侧掌弛，则刚弱柔强。幼稚入手，须使阴阳得中，刚柔适宜。老大炼习，亦应归正。欲求归正腕力，闲则凝神端坐，用念珠一串，百零八珠，两指拈珠，如执笔管，平胸运力，空摩永字八笔，一笔一珠，随意轮换。盖左足踵筋贯右拇指，左足趾筋贯右食指，阴阳跷维，四脉相通，运用日久，体直腕正，自然身使臂，臂使腕。腕运通体筋骨之力归于两指，其余三指助之，五指齐力，贯于豪颠，指法活泼，跌宕转侧，随意布置，无不自如，则乐于临池矣。

承注曰：用笔，圆中方，方中圆，则环劲而绰若有余；结体，疏中密，密中疏，则超逸而化于无痕。力到锋尖，故渊而微；神行字外，故峻而正。身能到腕，腕到，腕能到笔；笔到，笔能到锋；锋到，锋能到墨；墨到，墨能到纸；纸到，刚纸用柔笔，柔纸用刚笔，使字胜纸，勿使纸胜字，未有不传者。

书法运右腕，力在左足踵，山泽通气也；射法运前腕，力在右足踵，雷风相薄也。头直体正，天地定位也。精神贯注耳目，水火不相射也，皆通于拳法。

《易》冒天下之道，至圣系《易》而后言数者，有所归究其实，惟三式为最，太乙明天道，六壬明人事，奇门明地利，不见载之典籍者，盖民可使由之不可使知之也。夫数所以前民用者，上穷天时风云雨阳气候之源，下通山川地理境域之道，中知人事存亡得失之理，有理有数，有始有终，尊卑尽职，贵贱有差。政教中出，以播四方四时，序三光，明寒暑，平内外，治国乃不忒。然以理济世者多吉，以数著名者多凶。不知天道，不明人道；不尽人道，不合天道。

杨九畹曰：天道，吉凶也。人道，善恶也。为善去恶，即趋吉避凶也。无心为恶者吉，有心趋吉者恶。

希夷传《周易》三图，由河图洛书发明四圣不言之余义。遁甲起于《周易·乾凿度》，地道也；六壬起于《吴越春秋》，人道也；通于《周易》，前人发之已详。惟太乙，天道也，以九戴东南，一履西北，左三东北，右七西南；二四为肩，二居正南，四居正东；六八为足，六居正西，八居正北；奇归四隅，耦归四正，取一为元首正位，后天乾元之尊。乾，先天艮位。数起于《连山》，是谓三式，演法各殊，其理一致。

后天流行八卦，统四维、八干、十二支，分二十四节气，分八宫，壬子癸同坎，丑艮寅同艮，甲卯乙同震，辰巽巳同巽，丙午丁同离，未坤申同坤，庚酉辛同兑，戌乾亥同乾。布六甲，壬子同子，列甲丙戊庚壬五子；癸丑同丑，列乙丁己辛癸五丑；艮寅同寅，列丙戊庚壬甲五寅；甲卯同卯，列丁己辛癸乙五卯；乙辰同辰，列戊庚壬甲丙五辰；巽己同巳，列己辛癸乙丁五巳；丙午同午，列庚壬甲丙戊五午；丁未同未，列辛癸乙丁己五未；坤申同申，列壬甲丙戊庚五申；庚酉同酉，列癸乙丁己辛五酉；辛戌同戌，列甲丙戊庚壬五戌；乾亥同亥，列乙丁己辛癸五亥，形家谓之透地六十龙，每五龙之中曰杂气，余四十八正气，用审入首地脉，而杂气分隶节气之中，各取一卦，是为穿山七十二龙，其实即七十二候。候，卦也，用审后龙山形。大雪在壬，甲子曰坎，丙子曰困，戊子曰师；冬至在子，戊子曰蒙，庚子曰解，壬子曰解；小寒在癸，乙丑曰涣，丁丑曰涣，己丑曰未济；大寒在丑，己丑曰遁，辛丑曰渐，癸丑曰艮；立春在艮，丙寅曰小过，戊寅曰谦，庚寅曰旅；雨水在寅，庚寅曰坎，壬寅曰旅，甲寅曰艮；惊蛰在甲，丁卯曰无妄，己卯曰颐，辛卯曰随；春分在卯，辛卯曰噬嗑，癸卯曰震，乙卯曰屯；清明在乙，戊辰曰噬嗑，庚辰曰震，壬辰曰复；谷雨在辰，壬辰曰大过，甲辰曰巽，丙辰曰升；立夏在巽，己巳曰鼎，辛巳曰大过，癸巳曰巽；小满在巳，癸巳曰巽，乙巳曰恒，丁巳曰蛊；芒种在丙，庚午曰丰，壬午曰家人，甲午曰离；夏至在午，甲午曰离，丙午曰明夷，戊午曰既济；小暑在丁，辛未曰革，癸未曰离，乙未曰革；大暑在未，乙未曰明夷，己未曰晋，丁未曰豫；立秋在坤，壬申曰观，甲申曰坤，丙申曰否；处暑在申，丙申曰萃，戊申曰萃，庚申曰坤；白露在庚，癸酉曰兑，乙酉曰归妹，丁酉曰中孚；秋分在酉，丁酉曰损，己酉曰归妹，辛酉曰履；寒露在辛，甲戌曰兑，丙戌曰履，戊戌曰履；霜降在戌，戊戌曰夬，庚戌曰大有，壬戌曰需；立冬在乾，乙亥曰大有，丁亥曰大壮，己亥曰夬；小雪在亥，己亥曰需，辛亥曰泰，癸亥曰乾。形气合则脉气通，皆出于奇门。凡地理各书，胥载卦例。形家又曰卦例无关地理，是自相矛盾也。透地六十龙，求卦，以节气分九宫，冬至、小寒、大寒，一二三；立春、雨水、惊蛰，八九一；春分、清明、谷雨，三四五；立夏、小满、芒种，四五六，为初候，顺除六为中候，再除六为末候。又以甲己在四正为初候，在四孟为中候，在四季为末候。又以戊管甲子十时，己管甲戌十时，庚管甲申十时，辛管甲午十时，壬管甲辰十时，癸管甲寅十时，为直符，按候顺布节气，候中加丁、丙、乙，布遍九宫。用直符宫卦，加逐时，顺宫布到，地支所落何宫，逐卦轮至节气宫，得卦。审龙入首，究吉凶悔吝，除杂气十二，曰龟甲空亡，甲癸十二，曰孤虚空亡。取乙壬丙丁庚辛，三十六正气，立向，夏至、小暑、大暑，九八七；立秋、处暑、白露，二一九；秋分、寒露、霜降，七六五；立冬、小雪、大雪，六五四，则逆求之，出于奇门。凡地理各书，胥载审龙卦例，又曰奇门无关地理，是又自相矛盾也。

圣人系辞曰："君子居则观其象而玩其辞，动则观其变而玩其占，变化备于卦爻，用决吉凶。"太乙出《易·连山》，变七政为二目、四辅、八将，用测天文；奇门出《易·乾凿度》，变六仪、三奇、八门、九星，用测地理；六壬出《易·稽览图》，变四课、三传、贵人、禄马、身命，用测人事，是谓三式，而演禽焉，钱卜焉，皆通于《易》，以决吉凶者。总之，事在两可，占其二；理有一定，不占其一；一则得，二则惑。

杨九畹曰：人心之气，天地之气也，气一动而数变焉。故古圣以卜定吉凶，不疑而卜。气妄动也，气妄则卜亦妄，妄卜必惑，惑必偾事。

恒星七十三年移一度，谨按钦颁七政历，道光壬辰年，角初入辰二十三度，距帝尧二十一载。六纪，下元甲子，四千一百六十九年，角初在午二十七度，八年至壬辰，移五十七度，八年矣。故晋虞喜考岁差立法，角初入辰三度，今之坊售罗经，角初仍列在辰三度，相沿至今，无人更正，用于阴阳二宅，取验吉凶，懵懵也。

上古齐元甲子，十一月初一，甲子日，甲子时。冬至七政、齐元日月合壁，五星联珠，会于元枵，是为上元，则甲子不起角，而起于虚明矣。甲戌起参，甲申起氐，甲午起室，甲辰起鬼，甲寅起尾，如冬至上元，甲子日，甲子时。坎一宫，阳一局，伏吟坎卦，戊子持世，得箕水豹，禽星法曰："七元禽星会者稀，日虚月鬼火从箕，水毕木氐金奎位，土宿还从翼位推。"坎卦戊子箕水持世，则毕月乌管局，即以毕月乌加于坎一宫，阳顺阴逆，由毕月乌以次布觜于坤二宫，参于震三宫，井于巽四宫，鬼于中五宫，柳于乾六宫，星于兑七宫，张于艮八宫，翼于离九宫，接轸又从一宫布之。每宫布足七星，先见月水金日四星全者，为金水月相逢。

卜筮，乃博学、审问、慎思、明辨、笃行之神兆也。理所必行，不疑何卜。事有两可，卜以决疑。卜筮之神，一己之神也，得失能动心，不能惑神。子曰："鬼神之为德，其盛矣乎！"叹美诚之不可掩，诚则神，至诚感神，体物而不可遗也。天下之理，有大于卜筮者乎，今人用以占求名利，则惑矣！各种传奇，在天地长淫导奸，世俗喜尚，传闻闺阃，大坏人心。作其书者，或偶逞一时抱负，或借端发泄胸中指谪，以致流毒人间。秦火以前，如此邪淫者，不知打扫凡几也。至郑卫之诗，有疑圣言放郑声，郑声淫恶，郑声之乱雅乐也。谓非删定旧本，似涉疑误，圣言声也，非言诗也。郑卫之诗，正圣人留以惩戒后人者，合之雅颂，如作《春秋》寓褒贬之意，在善悟者体之耳。

平平录卷之七

经权篇第七

经，仁也。权，义也。根于性，而见诸行义之所在，顺理而决，嫂溺援之以手，义之所在也。汉儒以反经合道为权，故程子非之。经以达权为极，执一不化，即无以立功立事，能必其适时措之，宜乎？子曰："可与立，未可与权。"

权非反经，反经为术，可暂而不可久。权不离经，斟酌以权其重轻，委曲以权其缓急，斡旋以权其始终。事不归于正，权之使归于正；事不归于经，权之使归于经。托权交邪，化经从正。

尽性，五德归经；穷理，五德归权。不忍为者，仁也；不忍不为者，亦仁也。如曾子出其妻，舜不告而取。不当为者，义也；当为而为者，亦义也。如夷齐避纣，箕子就封。不敢为者，礼也；不敢不为者，亦礼也。如文王事殷，武王伐纣。不可为者，智也。不可不为者，亦智也。如孔子去鲁，武侯六出。而信则权中之经，统贯四端。人从言为信，成从言为诚。一成不变，是谓至诚；无言而成，是谓大成。

杨九畹曰：以太极言动静，互根之中，中也。以五常言信，即中也。太极生两仪，不生三，得一则三；两仪生四象，不生五，得一则五。河图洛书，纵横皆十五，都是此理。十干戊己居中，十二支，分四正四隅，而土以一墓四，非一分为四，以一贯四也。

权以辅德也。用物而不用于物之谓权，用物而不自用亦谓权，能取人善以资己善，公己善以使人善，则人善而己无不善，用物而不自用也。为政以德，譬如北辰，居其所而众星共之，无为而治。舜之所以为大知也与，以其不自用而取诸人也。取诸人以为善，是与人为善也，故君子莫大乎与人为善。

性天，心地，德耕，义耘，智时，信生，礼茂，仁种，中秧。秧生于中，殃生于失中。五星失度，天有旱涝；五行失宜，地有瘠薄；五常失中，人有祸灾。旱涝瘠薄，天地之运行也，天地不能反经而从权；祸灾，人心之积毒也，人能化权以归经。

圣人之怒，怒其理；圣人之权，权其事。怒不在己，不致怨；权不在人，不入邪。

自古奸雄，人以权术推之，非也。权与术，行同情异，相去霄壤。道心人心之分，圣贤驭之以诚，权也；奸雄驭之以伪，术也。圣贤有权无术，奸雄有术无权，权大而术泯，术甚而权灭。

三代而下，儒衣作圣，始自孔子；杀人混一，始自秦政；匹夫为帝，始自汉高，皆英雄也。然秦绝二世，汉纪四百，圣人烝尝万古，有道德胜于富有天下，天所不能禁，人所不敢争故耳，英雄不求为圣贤，是天下之戮民也。

处大事，有见到言到而行不能到者，非力不足，气不足也。有见到言到行到而不能立断者，非气不足，识不足也。见到言到行到能立断，而不能融洽于众情者，非识不足，理不足也。理足而后识足，识足而后气足，气足而后言足，而众情不洽者，未之有也。

赏罚之权，君相主之；黜陟之权，上官主之；大小禄位，人自享其父祖之余德与己身之修积耳。德厚自得，援手者不应引以为惠；孽重自失，执法者不应逞以为威。德未尽不能强抑之，徒结彼怨；孽已深又复文致之，徒丧我德。勿违天为虐，违天为虐不祥；勿代大匠斫，代大匠斫，鲜有不伤其手者。

理直气壮，胆大理屈，气馁胆怯。济五常，非胆大不能果行；处五伦，非胆小不能尽敬。临敌，非胆大不能决胜；料敌，非胆小不能如神。一味胆小，不能充其气；一味胆大，则无所不为。胆包于义理气勇之中，故圣贤不言胆。

道德成，功名易；功名成，道德难。功名有，富贵易；富贵有，功名难。富贵怜贫贱易，富贵怜富贵难；贫贱怜贫贱易，贫贱怜富贵难。道德功名，甘澹泊易；富贵贫贱，甘澹泊难。易，顺也。难，逆也。逆而求之，道也。

乘除之法，列在算经，天地用之。春生，夏长，乘也；秋收，冬藏，除也。尧舜用之揖让，汤武用于桀纣，伊尹用于太甲，比干用之谏而死，箕子用之为之奴，周公用之诛管蔡，孔子用之，不脱冕而行，微服而过宋；郭子仪用之，单骑见虏；今人用以较量锱铢，亦末矣。苟能善用乘除，则是非立辨。考往古来今，合天地为一大盘，而乘除之，何患不成顶天立地奇男子。

历考往古出处，失守之徒，皆博通今古英雄豪杰，非不知忠孝节义，为经天纬地之事，一失其正，则流为悖谬。由于读书习文章，不务根本行事，热功名，不究心性，致生妄念。妄念一生，无所不为，妄人也，已矣。

秦政坑儒无姓氏，总其名曰儒，死得其所矣。一忠一孝，一节一义，天地为之显以留其名，光昭史册，隐以荫其后，子嗣必昌。将以劝后之来者，当为而不为，愚哉！

天以气健运，地以节顺行，气节运行，天地生物之道。苟失其养，如消长失序，其能寒暑合宜，臻万物于上理乎？达气节，顺天道也；守气节，尽人道也；失气节，背天人之理，五代之所以旋得旋失也。

世谓治乱兴衰，如寒暑循环，其实盛衰无关气数，在道之立与不立耳。天生蒸民，命之君，宰天下，命之性，宰一身。礼乐征伐，自天子出。礼乐，所以叙彝伦也；征伐，所以辅德刑也。履中蹈和，本于性，一身之礼乐也；祛伪克欲，主于心，一身之征伐也。能知本原，性通天心，知敬知畏，赏罚有主，是天下国家一身治乱兴衰，关于道而不关于气数也。

汉高祖立国，惩于六国之强，迁天下巨室十余万户实长安，聚财为强干弱枝之谋。宋太祖立国，惩于五代之弱，选天下强壮三十六万为禁军，聚力为强干弱枝之计。财聚则国富而久，力聚则国强而暂。老成谋国，当务聚财为上也。

富惩于秦隋，强惩于三晋，遂至因噎废食，言利则群非之，命将则钤束之，明季之弊政也。富家在于俭，富民在于因，富国在于道，强兵在于练，强将在于贤，强军在于一。

宋太祖都汴曰，百年后民力疲矣。初选天下强壮三十六万实都城，本强干弱枝之谋。然强于一时可，贻谋后世则不可。耗有用之财，养无用之兵，一旦财用不给，奈何？然终宋之世，忠义叠出，无汉之割裂，无唐之跋扈，由太祖善驭功臣，抚养士卒所致，天道好还，不其然耶！

法立于义，君子行之，小人变之；法立于利，小人行之，君子变之。法宜于昔，宜修于今。法创于今，宜权于道。法以人立，人以法立。废法立法，法必非法。法宽法立，法密法废。周礼污于二王，有治法，无治人；汉高约法三章，有治人，无治法。

杨九畹曰：法者，治人者也。人者，行法者也。法必得人而后行，人必守法而后治。法废而天下无人材，人敝而国家无良法，故曰徒法不能以自行。又曰：遵先王之法而过者，未之有也。

王道使民以时，纾民力也。今之赋税地丁，民力画一。便民之法，胜于上古，而犹若未纾者，民不累于国，而累于官，官不累于职，而累于法也。耕田而食，凿井而饮，不识不知。顺帝之则，以化寓教，以教寓法，化行而教不知，教行而法不知，使民由之，顺其则不可，使知虑其扰。王道无近功，无形迹也。天之四时行，百物生，何形迹之有？安其业，则身安，守其职，则法守，身安法守，则民力纾，民力纾而国力不纾者，未之有也。

承注曰：《诗》曰："谁能亨鱼？溉之釜鬵。"毛公曰："亨鱼烦则碎，治民烦则散。知亨鱼，则知治民矣。"老子曰："治大国若亨小鲜。"盖公曰："治道去其太甚。"申公曰："为治不在多言，顾力行何如耳！"孟子曰："徒善，不足以为政；徒法，不能以自行。遵先王之法而过者，未之有也。"

民力不纾，非耗于地力，耗于物力者半，耗于人力者半。耗于物力者，礼不立；耗于人力者，治不立。

励精图治以除弊，所以处变也；清净无为以临民，所以安常也。王者之民，忘其有政；霸者之民，乐于从政；衰世之民，苦于有政。悦以使民，民忘其劳；悦以犯难，民忘其死，其惟东山乎！

治世同于治病，手到病除，上古之良医也。病益杂而医益庸，即得良医亦无他法。先以药治药，后以药治病。以法治民，治非其法，先以法治法，后以法治民。以官教民，教非其官，先以官教官，后以官教民。

桀纣亡于人心沮丧，怨由一身所构；汤武兴于人心归附，恩非一行所结。公论在天下，恩怨在人心。不约而同者，天理也。

治道通医，古法，辨症也；权宜，用药也。今古情形不一，气体虚实各殊，庸医泥陈方，明医用良药。

承注曰，《五代史·周臣传论》曰："胜者所用，败者之棋也；兴国所用，亡国之臣也。"治道之因革损益也亦然。

养先于教。养吏而后察吏，养民而后教民。《洪范》曰："凡厥正人，既富方谷。"孟子曰："无恒产而有恒心者，唯士为能。若民，则无恒产，因无恒心。苟无恒心，放僻邪侈，无不为矣。"

竭大法力，救正人心，如乞丐济贫；秉大权衡，转移风化，为长者折枝。

久安本于长治，上古之善政也。至汉犹二千石，爵关内侯，汉继五霸，王道久废。霸者急功于一时，王道安世于久远。善人为邦百年，亦可以胜残去杀矣。善人教民七年，亦可以即戎矣。宰其民者久而后亲，亲则无间，无间则治，治久而后安。

为政，剔奸除弊，不能无谤，不善者恶之也。畏谤因循，中于私也。无私好恶，久自谤息，何畏之有？

清所以别浊也。江源清而流亦清，河源浊而流亦浊，水性无分于清浊，而所出之处不同。江不能使浊，河不能使清，犹人之性无分于贪廉，而所存之心不同。然同一心也，廉根于性，可养为道心，贪溺于情，则流为人心，公私之分耳。公不间于私，私不间于公；贪不容于廉，廉不容于贪。正一己以范群邪，严堤防以杜横流，亦犹之春不秋狝，秋不春蒐。为政之道，芟其宜除，去其已甚耳。

明生公，诚于中；公生明，形于外。廉生惠，福之本；清生刻，祸之基；取合乎义，道之用；舍必中礼，德之源。贪蓄身家祸，廉积子孙福。

天洁而清，地洁而灵，月洁而朗，性洁而贞，体乾金阳长之义，所以成己也。天洁酷晴，地洁不毛，月洁不雨，性洁多孤，失坤土阴生之义，非所以成物也。

国以民为本，民以食为天。菽粟本民命之原，耕三余一，备凶年也。酒有饮礼，酿亦古制，禹恶旨酒，不为酒困，帝圣亦深诫之。秦之终南，环亘千里，隶数府厅县，嘉庆四年，制立重镇，宁陕厅城驻兵二千，时任总兵。大兵后饥察酿耗，杂粮百倍兵食，谋之提刑会衔禁酿，常典也。复周历村市，面与民约，沽勿与值，酿停而粮价顿减，岁歉而食不歉。以此知耕足敷食，其所以不足者，酿耗之也。然上禁酿严，而承禁不善，转饱胥役囊橐，又法行而滋法弊矣。夫法非不善，视行之何如耳。治得其人而兴，治失其人而废，不益验哉！

昔任汉中镇，适南山厢匪甫靖，镇城内外商贾云集，窃风肆起，罗致惯窃某，补以兵额，充捕职。彼复荐盗魁某，亦致之。获偷者交吏起赃，嘱其薄惩，令从捕役缉，后案无获，按期加重比杖，三获而后释之，窃顿息。

孔子生而宣明其道，孟子生而继述其统，为万世师表，无法不备。王道足食，不外井田。笔之于书，论无流弊。自井田之法废，天下无均财之政，使孔孟生于秦废井田之后，汉求遗书之前，必另有经画垂教后世。后世以周程朱张之贤能为前圣注为国理财之经，未为当世画为民足食之法。然自汉唐以来，治得其宜则兴，治失其宜则废。兴废可考，而治法无可考，总之虽无一定之经，亦有一定之权，在治之何如耳！动谓农桑未讲，田野未辟，生齿日繁。试思田野农桑，古犹是，今犹是，后世亦犹是，断无毁庐树桑、海外辟田、减丁求治之理。财帛本在人间，苦无均财之法耳。经固有定，权亦未尝无定。家富不养食家之闲子，国富不养食国之闲人。闲子食家，富虽堪供，须防饱暖生淫逸；闲人食国，富难遍给，或致饥寒起盗心。古人重恒产，士农工商当使分寻执业，各谋生计。故卦序曰夬，姤阳不极，阴不生；曰剥复，阴不极，阳不生。富者不剥，贫者不复，天地阴阳之道也。权以济经，经以济权。古之圣帝明王，治世不外乎此。

天地运化，五行生育，万物人生化育之中。夫财者，才贝也。货者，化贝也。才，运也。化，销也。贝，宝也。金玉珠翠、书画古玩属焉。衣冠也，礼乐也，锦绣皮币、笙歌珍馐属焉。冠婚丧祭，任其有无。以财运财，以货销货。财货流通，溥美利于不言。花攒锦簇，便富贵正所以剥富贵；还醇返朴，宜贫贱正所以穷贫贱。富贵十不能一，剥而能复，不患其无赖；贫贱十不止九，穷斯滥矣，难禁其为暴。立法宽大，万物生于含蓄；察见渊鱼，草木不生洁室。非为弛禁令，为水清无鱼也；非为纵奢侈，为均财货也。一切裁抑，只资银钱交易，布帛菽粟，为民生计，五行用其一，而废其四矣。

宦富久必灭，商富久必折，农富久益积，德富久益实，化诸富为德，与子孙遗泽。

积金伤滞，丧金伤德，故商宦难久；种谷偏劳，食谷如恒，故农久益富。与其农转为商为宦，未若农与商宦悉转为德。

理财之道，为一家计，如为池沼，蓄之使注；为天下计，如修堤防，畅之使达。百货流通，脉络条贯，则元气自足矣。治法判自秦汉，井田未废，上操地利之权，为民理财，以天下为一家，俭而自足。井田既废，地利失权，民自理财，俭则富益聚，而贫益众，遏之不流，是鲧之治水也，几何其不壅而溃哉！

杨九畹曰：圣贤教天下行俭，原非欲其积财不用也。故定为礼制，尊卑有等，皆损上益下、裒多益寡之道也。俭不中礼，当世羞之。今则以商贾蓄积为俭，以刻取以啬守而贫者，益无生路矣。

为天下理财，不患寡，而患不均；不患贫，而患不安。贫穷者，莫不各有生计，求于繁华，窘于简朴；富贵者，莫不各有定分，守于简朴，耗于繁华。畜马乘，不察于鸡豚，伐冰之家，不畜牛羊，百乘之家，不畜聚敛之臣，均也。道千乘之国，敬事而信，节用而爱人，使民以时，安也。均其所安，富贵谨于礼制；安其所均，贫穷乐于劳苦。一身之元气，天下国家之元气也。使各安于生计，自各足于元气，均无贫，和无寡，安无倾。

性气精神，运于内工，作之主也；耳目手足，运于外工，作之具也。天下之工众矣，工不一，天之降才亦不一，人各因其才而专精于一。聪慧者工文学，愚鲁者工杂艺。弱巧工细，强笨工粗，瞽工于耳，聋工于目，跛工于手，挛工于足。人无废事，世无废人。试观身家温饱，必性定气平，顺命力作之人；衣食艰窘，必神疲精惫，矜骄慵懒之辈。世多废人，人多废事，众庶无以资生，大有亏于治道。故上宜以殚力教下，下宜以尽职奉上，不以劳逸分轻重，不以清浊别美恶，相资相助，通短融长，共臻上理，同享升平。

良贾深藏若虚，利之所在，有隙可乘，难禁其不盗。因人所利而利之，则财不绌；与人同利而利之，则人不争。

繁华在天下，如同室博弈，财帛不出户庭，所以均温饱也。

俭，美德也。以之训贫，体生育之教；以之规富，启悭吝之心。勤以逃贫，惠以守富，两得之道；积以致富，丧以陷贫，一定之理。彝伦叙而天下平，无关于俭，亦不在于奢，绳以礼制而已。

俭，美德也。为天地生民惜物，上也；知物力之艰难，次也；为好名济物，为一身惜福，又其次也；其下悭吝，最下贪刻。俭生惜，惜生爱，爱生吝，吝生贪，贪生刻，大失俭之本义矣。夫俭在圣心一端耳，而志之大小相去悬殊，诚能即一端逐事逐物以充其量，为天地立心，为生民立命可也。

子守家财，不尽诚实之子；官守国财，不无攘夺之官。国财分贮州县，责在长官；家财分藏儿孙，责在家长。大吏考其成，严君享其福而已。防微杜渐，须调处得法。丧败之原四，浪饮啄也，骛争竞也，宿娼妓也，荡赌博也。亏空之原八，食指之众，嗜欲之兴，钻刺之行，交往之繁，穷乏之累，妻妾之奉，宫室之美，车马之盛。孟子曰："是亦不可以已乎，此之谓失其本心。"

人生，衣食而已，到老不饥不寒，夙世何修，始能得此。千笼万箱，不过一暖；盈仓充廪，不过一饱。试以四季衣裳计之，中等不过三百六十金，下等不过三十六金，十年计之，日合一钱，日合一分。稍纵口腹，妄费一钱，妄费一分，原不为多，不知食去一日之四季衣裳矣。好衣者必爱惜，穿不穷，好吃者不爱惜，吃必穷。节用而爱人，圣人发明治国之要领，节用以济物，亦为人克己修积之慈航也。

道以逆成，事以顺行。逆以治内，顺以驭外。以逆处人，以顺适己，求顺而无所不逆矣。

刚断多残刻，偏于义也；慈爱多优柔，偏于仁也。仁以义断，义以仁辅。天之刚健，运于秋冬，义也；中正，运于春夏，仁也。赋之于人，仁不背义，义不背仁，体天道，成四时之序。

治世犹之栉沐，身体发肤不敢毁伤，勿使腻结，结难理矣。腻结而后理之，发亦血余，痛痒相关。解而沐之栉之，所伤于固结者不多矣。乱民如乱发，情不通，腻不净，理不顺，结不解。剿利于将，快于一梳；抚利于国，全其一脉。发于首，民于国，一也。募乡导，购贼从，听自首，礼乡贤，勤宣论，理至而未有不通顺者。

夹谷之会，以理为调停；合纵连横，以诈为调停；廉蔺相下，以势为调停；鸿门间走，以顺为调停；白登脱围，以权为调停；平勃释怨，以利为调停；东海逊储，以让为调停；撤帘归政，以情为调停；阳明焚书，以恩为调停。调停在事功，大者成之大，小者成之小。

自小，自大，自任，自信，自是，五贼也。贼其贼，则贼矣。服其贼，则小亦慎独之近功，大亦大体之作用，任亦英雄之本领，信亦至诚之进境，是亦主敬之初基。化其贼，则小至于无可小，胜于芥子纳须弥；大至于无可大，胜于太虚容天地；任至于无可任，胜于至圣担道义；信至于无可信，胜于四时循消长；是至于无可是，胜于五行互生克。我无贼，则贼为我用矣。

周公，文王之子，武王之弟，成王之叔父，任冢宰之权，而犹一饭三吐哺，一沐三握发，以待士，平易近人也。平，地道也。易，天道也。天地之道，易简而已矣。易则易知，简则易从。易知则有亲，易从则有功。有亲则可久，有功则可大。《诗》曰：“天作高山，太王荒之。彼作矣，文王康之。彼岨矣，岐有夷之行，子孙保之。”

以诚感天，复其初也；以诚感鬼神，同其道也；以诚感君子，同其性也；以诚感万物，同其情也；以诚感小人，别其径也，不得已以诚驭之。

功利生于道德，原泉混混，不舍昼夜，盈科而后进，放乎四海，有本者如是。功利出于世故，七八月之间雨集，沟浍皆盈，其涸也，可立而待也。

命定于数，行准于理。命同造舟，行同运舟。舟之大小厚薄如造化，数主之；篙橹樯帆如修积，理主之。波涛险易，风也；吉凶悔吝，运也。至于守礼存诚，主于心；乘风破浪，主于舵。心定舵稳，行合天心，天合人心，利有攸往。

命禀于天，二气如双丝，一身如傀儡，天系之。一动一静，善恶天必知之。气与天通，即心与天通也。人当体天之心为心，使一气交融，惟天所命，顺受其正。

心常求得，偶失之，出于意外，则惊，卒然临之而不惊。失本意中，得属意外，早有成算也。

杨九畹曰：得不在意中，失自不在意外。无贪于得，故无惊于失。

羡人之富贵，人心也；乐我之贫贱，道心也。怜人之妄，仁也；戒我之纵，义也。在己惟性，在物惟理，处物惟仁，处事惟义，斯人心安而道心显。

求济于人，恩也。受者天不加罪，与者天亦加赏。挟故勒索，怨也。得者天必加罪，失者天必加赏。逆来顺受，自合天理。

战国之民，罢于奔走；秦政之民，酷于赋役，几不聊生。为汉驱民者，秦也。汉，尧裔。帝尧德垂万世，至秦而高祖崛起，盖有由来。除秦苛政，救民涂炭，草创规模，贻谋鸿远。诸吕擅权，几危社稷，一节入，军士皆左袒，德在人心，非太尉力也。新莽何人，乃自比于周公，一时贤士大夫，为其所欺，噫！妄人也已矣！

魏武才略，足以制服司马懿。而懿之智不在武侯下，武侯之所以胜懿者，公正博大之气也。天假以年，因土为食，因民为众，推恩立信，军威日壮，而贼气日夺矣。尝于定军山，见汉上居民，当寒食节，先扫祖茔，清明日，黄童白叟，无不箪食壶浆，拜扫耶墓，秦人呼祖为耶，即侯墓也。恩信及物，民到于今称之，岂关才智哉！

中古人才，莫盛于北宋，天之眷宋亦笃矣。天地气运，有祥和，有乖戾，化育有君子，有小人。用才行政，如四时有序，循序消长，祥和自致。苟寒求骤热，热求骤寒，则乖戾勃生。夫循序消长者，君子之大道也；骤寒骤热者，小人之权谋也。王介甫亦北宋人才之流，能与多贤休休赞翊，道德事功，不与韩、富、司马并驾齐驱乎？无如热一时之功名，以权谋而牢笼君心，压倒群策，急行其志，顿变祖宗陈法，言利如桑宏羊，嫉贤如李林甫，矫伪如公孙宏，专制如商鞅，谓乖戾所感，天岂副其才耶！社仓保田雇役，后世犹行之，不仅一得之长，乃狃于自任，决裂至此。天生群贤，为国家用，使各展其才，不难继往开来，立一代之宏规，启万世之太平。而以一人妒之，蔽贤当世过犹小，致后世动以为戒，往往君子不得竟其用，小人得以逞其奸，介甫之罪也。

平平录卷之八

审机篇第八

圣人序卦至晋，以人道言之。人君当阳而治，照临万方。安国之侯，上承君德下济之光，宣其文明，上下同德，用锡马蕃庶，昼日三接，不亦美乎。然晋，进也，物既至于晋盛，恃进必有所伤，故继之以明夷，使知常保其明也。伤于外者，必反其家，故继之以家人。言物既伤于外，知反于内，而后得所安，然家道穷，则必乖戾不和，故继之以睽，使之知睽，而治之使和也。乖必有难，言物既睽，乖不和，必有蹇难，故继之以蹇，使知理其难也。物不可以终难，言难极当缓散，故继之以解。解，缓也，以缓散其难也。缓必有所失，言物太缓，必散漫懈弛而有所失，故继之以损，使知增益也。损而不已，必益，故继之以益，使知益己之德，而顺盈虚之必然也。益而不已必决，言物无长益之理，益而不已必至于决，故继之以夬。夬，决也，以明盈则必消，当决持盈之道而保其益也，可不畏乎？

五行三百六十度，土度一百一十，水度六十三，火度五十六，金度六十八，木度六十三。火资土销，金资土养，木资土培而外。水在地下曰师，师，众也，众载于下；水在地上曰比，比，辅也，群辅于上。非水之能载辅乎地，由地实御之也。地，君也；水，民也。师之象曰，君子以容民畜众；比之象曰，先王以建万国，亲诸侯。师，刚中而应，行险而顺，以此毒天下，而民从之。比上下顺从，师比之义，犹人身之经络血脉也。下令如流水之源，令顺民心，以欲从民，则经络调和，血脉流通，而元气自足矣。

事物到心，幾必恻隐，仁也。知幾其神，仁之至也，配木，属于春。幾动如黄芽出土，温养含柔，辞让生焉，礼也，配火，属于夏。以次配义于秋，配智于冬，得金水收藏之性。心之羞恶，至是非而止，人心止于是非，善恶之原，好恶之司也，犹之有司判案，是则如律，非则干法。

潜息之谓根，伏萌之谓幾。幾本于隐微，莫见乎隐，莫显乎微，人不及见之之谓幾。照于未然，知幾也；察于将然，见幾也。幾，善恶之基，吉凶之原。慎独幾之根，诚意幾之芽。见幾而作，知幾而止，其神乎！虽然，拔本塞源之说，不明于天下，未有能知幾者。

防微杜渐，治世之大纲。微者著之端，渐者甚之基。既著且甚，如火燎原，扑之益炽，因势利导，甚极自败矣。

避重就轻，欲盖弥彰。以屈求直，欲扬反抑。郁极而伸，张极而弛。权衡适当，贵乎知幾。

不行而至，不见而知，神化也；不为而成，不言而信，诚著也；不疾而速，不感而通，幾先也。

无见者多暗，恃见者多蔽；乏才者多滞，恃才者多忌。无成心之见，见不足以尽之；无矜心之才，才不足以尽之。觉，光明也。圣之觉，日也。大贤之觉，月也。众贤之觉，星也。英雄之觉，烛也。常人之觉，电也，皆善觉也。恶觉，磷也。

诚不足于中者，远嫌疑；诚足而养不足于中者，亦远嫌疑；诚足养足，而所如不合者，亦远嫌疑。诚不足于中，瓜田不纳履，李下不正冠；养不足于中，思与乡人立，其冠不正，望望然去之，若将浼焉；诚足养足，而所如不合，君子见幾而作，不俟终日。不诚于中者，必有歉于外；无累于外者，未必尽有得于中。知进退存亡，而不失其正者，圣人乎！

嫌疑为私伪之渐也。避嫌怀疑，伪之著也；嫌疑为公，诚之萌也；无嫌无疑，诚之著也。召公嫌居摄，子路嫌见南子，贤者犹不免焉。无嫌无疑，其惟圣人乎！心无蔽则理自明，理既明则疑不生，穷理去蔽，所以释疑于怀，渐归于诚也。而嫌则圣人不言者，如声嫌于耳，臭嫌于鼻，触于心者，有气无形，大而化之，至于无声无臭，至矣。

理无质，理归一。理一为神，神极不返。物有质，物戒聚，物聚为祸，物极必返。

客气害良知，小不忍则乱大谋。利令智昏，客气乘之也。工师，绳墨也，木从绳则正，屈以绳己。绳墨诚陈，不可诬以曲直，直以绳物。

杨九畹曰：屈以绳己，己不入邪，直以绳人，人不受屈。仁、信、知、勇、严，大将之道也。博学之，审问之，慎思之，明辨之，笃行之，君子之学也。淮阴，将才耳，归汉，智也；破楚，勇也；阻谏，信也；酬漂母，赏胯夫，仁也；将百万如指臂，严也。然请封假王，未慎于思；诡谋下齐，致烹郦生，未审于问；不知效姬吕之留身辅国，未博于学；不请从军伐代，未明于辨；羞哙等伍，未笃于行。大将之才则有之，而君子之学惜未也。子长论其不学道谦让，与周召争烈，宜矣。

淮阴，英雄也。汉高，英雄之主也。周公太公，以亲亲而摄冢宰，以勋旧而膺太师，遣子之国，犹不免于流言。淮阴以羁旅之臣，初则请封于齐，继则脱然之楚，为主谋，下三秦，捷垓下，战必胜，攻必克，算无遗策，为己谋则当局而迷，独不思日近日亲，日远日疏，固人之恒情乎！吁！大风之歌，非不欲得贤才而任使之。狡兔虽死，走狗何烹，为其啮人而后烹之也。求随征代，何祸可及。不羞绛灌，何嫌可启。高祖之忌，不减黥彭；淮阴之死，不在女后。

圣贤不失为英雄，英雄难以为圣贤。昭烈能忍于弃新野，走乌林，不能忍猇亭之师；淮阴能忍于辱胯下，乞漂母，不能忍绛灌为伍，英雄也。武侯当昭烈之世，不将兵，留侯处功成之后，辞重赏，英雄而贤者也。昭烈曰："君才十倍曹丕，嗣子可辅则辅，如其不才，君可自取。"武侯曰："鞠躬尽瘁，死而后已。"武侯知昭烈，昭烈不知武侯。淮阴曰："多多益善。"高祖闻淮阴死，大惊，既而大喜，高祖知淮阴，淮阴不自知。贤哉留侯！老子曰：“功成、名遂、身退，天之道。”

老氏曰：“功成、名遂、身退，天之道。”夫天道刚健中正，运行无息，遂生育，春也；成长养，夏也；退谦抑，秋冬也。万物收藏保根荄，任霜雪寒冰不彻骨。精神不凝聚，春回不鬯茂。然一阳而后三九，天寓仁于保任之中，爱物之心至矣，在万物之保任为何如耳。如以急流勇退为高，洁身乱伦，岂忠臣事君之义耶！张睢阳曰：“未识人伦，安知天道。”嗟乎！天道人伦，非二也，人慎勿歧视哉！

触物方员皆六面，浮面迎面，人我皆见；左右两面，旁观者清；而背面，则非置身空际，眼光四射，断不能见；至于底面，有若事机，静如山立，动如环转，活泼泼地，静以理胜，动以义胜，则面面透彻矣。

古今人情事势不一，周公去上古二千余年，思兼三王已有不合，仰而思之，夜以继日。孔子又去五百余年，删《书》断自唐虞，继世有因有损益。今又二千余年，情事变迁，亦有宜古而不宜于今者，贵在随时变通。若新莽、介甫，则胶柱鼓瑟矣。

善恶生祸福，祸以刑恶，福以报善。灾疠伤人，天自了之；刀兵杀人，假人了之。善者成功，恶者同劫。兵凶战危，吉者吉，凶者凶，善恶攸分，天心良苦矣。苟贪天之功为功，杀人者死，律有明条，千万生灵，逞其荼毒，百身其可赎乎？古之大将多短折，三代为将，多不昌者，或由于此。

大将将兵，运乎一心，委职使佐，分任其责可也，防嫌使副，是掣肘也。唐之观军容使，非前鉴乎！

任军旅大事，集将佐及有谋士，各抒所见，缕列条目，以次举行，宜先者不致失机于后，宜缓者不致妄施于先，集思广益之道也。

性如止水，因风生浪，浪犹心也。情如流水，得防而止，仍还其性，防即法也。常安于性，变激于情。变乱起于仓卒，靖乱在于措置。小变随时扑灭，如鼓迅雷；大变突起鸱张，如网脱兔。人心乐于久安长治，思乱者少，被迫者多，因其性，顺其情，据险团练，峻城固守。资民力以卫民命，杜其裹胁，是谓坚壁；笼刍粟以资民食，绝其掳掠，是谓清野。招徕胁从，散彼党，收录凶顽，为我用，是谓攻心；击其所必救，捣其所必顾，彼强我守，伺隙始战，出其不意，攻其无备，是谓攻势。推诚驭众，不敢安肆，调和兵将，强不凌弱，勇不侮怯，智不诈愚。兵聚势强，兵分势弱，聚以摧其盛，众擎易举；分以荡其败，各图立功。机要先迎，势要后夺，是谓务本。功必上达，达必至公。罪必立惩，惩必至当。赏求服人，罚求甘心，是谓至赏不费，至罚不怨。功成不争，功高不伐，是谓养德。

兵贵神速，岂易言哉！神生于机，速争于先。理以守己，数以克敌。天时，理中之数；地利，数中之理；人和，包括乎数理者也。兵凶战危，家国利钝，将士存亡，成败呼吸，直者昌，屈者殃，理中之数也。汉据关中而兴，楚归彭城而灭，维翰拒关而败，临淮守河而胜，数中之理也。数理兼到，始能以少胜众，以弱克强，又岂易言哉！非大智不足以惑敌，非多方不足以扰敌，非据险不足以抗敌，非牵制不足以罢敌，非截食不足以困敌，非蹈隙不足以胜敌。故大敌不可废多法，而小敌亦不可无法也，运用之妙，本乎一心。以一心一众心，非守如处女，坚贞无瑕，不足以感人；非动如发矢，百发百中，不足以信人。静以审机，机动则迎。将有臧否，兵有吉凶，路有正歧，时有迟早。心以运理，神以验数。数生于理，理倚于数，是谓理以守己，数以克敌，机迎于先，速出于神。噫！岂易言哉！

马战长于克步，步战长于应马。无马队，步队之势不张；无步队，马队之勇无恃。约步队，在善其操；驱马队，在善其纵。以长击短，以短破长。用兵外夷，彼长于马，我长于步。操步队奇正变化之权，首在于势，势在于地，趋则动掣彼肘，守则无虞我后。攻心则多方诱抚，彼为我用，不求速利；攻势则步步为营，彼为我罢，不贪近功，不得已而后战。拒险，固军心也；忍敌，挫彼锐也；虚声，惑彼心也；诱致，罢彼力也。彼动我静，彼作我息。我无隙可蹈，彼有隙始击。队队拒马，列前短技护之，三百步内外，大炮击之，百步内外，枪箭继之。犄角环顾，更替叠进，马队勒于左右，得势冲突。步队坚壁力持，为马队应，以不战为战，以不胜为胜，破外夷之长技也。

杨九畹曰：此法可通治海盗。夷地旷衍，海道辽阔，聚则力并，犹易对仗；散则肆逸，最难兜顾。而外夷远来，海盗匿藏，均无积粮。利在联络卡伦口岸，聚兵坚拒，使之不得冲突，又多方以误之，久而贼疲粮尽，外夷则惰而遁归，海盗则急而抢岸，皆一鼓可平之机也。惟不阻群议，不责期限，方能奏功耳。

西域军中《论战守策》曰，驭众难于御侮，南路八城，分守数千里处，常声息相通，处变各自为战。兵额有定，不及回众千分之一。商旅无定，视主将为归宿，用商旅与兵力等，兵力守法度，商旅守资财也。历考往古李牧守代，租税入募府，重赏之下，必有勇夫。然莫妙于定远守玉门，不费而军民群夷翕如也。观临别告任尚曰，君性严急，水太清无大鱼，察政不得中和，须荡佚简易，宽小过，总大纲而已。甚矣！万里孤城，军民以主将为倚毗，政令严急，如芒刺在背，取指臂效，难矣。川壅而溃，不更可虑乎，是驭众之不易也。至于外侮，彼有五短，我有五长，以我之长，击彼之短，无有不克者。劳师图远，彼劳而我逸也。坚壁清野，彼饥而我饱也。彼散处虚，我拒城实，势之不敌也。彼乌合散，我团练整，心之不敌也。彼客我主，形之不敌也。兵宜聚而不宜散，常则分布卡伦，盘诘奸宄；变则笼束兵力，守勿与战。峻城深池，修战具，收人心，贼至初夕，遣枪炮金鼓各一分，投声扰之，次夕如之，再如之，则彼知而不为备，然后分遣兵力，旁剪散处者，越夕又扰之，又间出剪之，武侯惊走魏武之法也。彼疲而奔，我则击其惰归，故曰御侮易于驭众。

杨九畹曰：汉唐多边患，病在无事则与夷争利，致开衅隙；有事则好大喜功，穷兵黩武，遗害腹心。《左氏》魏绛劝和戎，是治边之第一善策也。

承注曰：守边之法，不难于兵，而难于食。耕战相需，兵民并用，以守则固，以战则强。遍历南北，虽形势不同，坐而制胜之术，无有过于此者。

乾隆六十年春，率乡里少壮子弟六百名随征，勘定苗疆。同时苗目田老观亦率子弟，收集降苗与同，到处招安，剿抚兼施，得以收功较速，凯撤后，各归本业，安顿亦易。内地教匪，因地方不善办理，查缉株连，牵混良莠，群起倡乱，强悍之徒，穷迫无赖，乐于趋附。惟随处招募乡勇，使为向导，出奇冲锋，力与兵等。军中添一精壮，贼中减一凶顽。粮饷恤赏，既较兵例减半，又无行装军械车马之需，更无阵亡遗眷半饷之累。立功拔入官阶，果敢用补兵额。奏凯散遣，止须按兵行装，酌赏一半，资其归籍，亦即各安生业。第驭兵驭勇，法同情异。驭兵严而勿刻，驭勇宽而勿纵。骁悍者近之，激以恩义；诚实者远之，布为腹心。勇多骄生，兵多耗费，勇三兵七，奇正适宜。

道光丙戌夏六月，逆裔张格尔叛，陷回疆西四城，号称百万。钦承上命，集劲旅三万六千，于阿克苏讨之。将士多虑众寡不敌，余曰，用兵之道，论屈直不论众寡，知己知彼，百战百胜。

我国家定鼎百年，关外先有噶尔丹之乱，圣祖视中外如一，劳师克平于昭莫多。既而准噶尔逐渐强横，鱼肉回疆，幽羁波罗尼都霍集占于伊犁，携属万户往耕，供其菽粟，复苛征牲畜、子女玉帛，刮地无遗，而眷属十口一甲，设温把什约之，旬征一帛。回众内迫苦虐，外遭步鲁特安集延浩罕频入劫掠，而准噶尔又远莫能顾，几不聊生。天夺其魄，讷睦尔萨纳来归，白其状。高宗如天之仁，大兴士马，擒达瓦齐，定伊犁。释波罗尼都霍集占，遣官护归，出之囹圄，安之衽席，薄议包茅，准列附庸。乃不思报德，戕我天使，丧心背理，莫此为甚。于是移师申讨，再定回疆，南北两路，悉归版图。逆裔萨木萨克，幸逃显戮，魂游外夷，生子张格尔。我列圣网开三面，置而不问，未加追捕，一直而再直；张格尔以背叛余息，不思感悔，盖祖之愆，及身又叛，一屈而再屈。

高宗庙谟宏远，以北路拓土开疆，不能不驻兵镇守，而南路当大军进讨，回众尚知顺逆，倒戈内向，因人开疆，仿前代都护例，量为变通，遣兵戍守，抚字七十余年，居安于室，行安于路，国恩家庆，享其乐土。乃张逆入卡，一揭竿而悉众附从。致陷四城，伤残军民，又直在朝廷，而屈在回众也。天地气化，经营万类。刀兵凶劫也，结证人心之善恶耳。恶者遭劫而凶，善者因劫而吉。凶加叛逆，身首异处，吉荫将士，成功受赏。小劫如疗疥癣，大劫如医腹心。二人同功，后起者胜。扬威将军积功积劳，当代无出其右，无后起者明矣。杨制军、武中丞皆久经战阵，参赞左右各将领悉干城后继，而士卒中亦多方面大耳，功名正未有艾。且军中尊卑有节，长幼有序，席不重裀，卧不支榻，衣不锦绣，食不加馔，爱才不循资格，纳言不择尊卑，令肃法严，除逆抚顺，节次武功文献可征，不嗜杀人，油然太祖、太宗身经百战开国之遗风，礼也。凡我将领，皆受圣恩，帅德辅翼其间，调和上下，言如琴瑟和人心，行同金石励人志。行阵和睦，翕如五音贯珠，优劣得所，纯于清浊相济，乐也。是谓礼至无争，乐至无怨。此次万里远征，大军深入，凡我将士，如同舟泛海，脱有不虞，一溺而无有不溺者。人同此心，心同此理，无智无愚，生死关系，不患其不众志成城，谓之知己，不其然乎。回势虽众，被胁不少，性复怯懦，首鼠两端，一挫其锋，势成瓦解，谓之知彼，信不诬也。不更闻克敌之道，忠恕而已矣。中以宅心，中以推心，如我之心，如人之心，故能知己知彼，百战百胜。要知生死之义，试看幼稚、少壮、衰老各数人死，那能无疾而终，与其百病百磨，不如一刀一枪。要图成功，不在疆场，而在平素。独行独坐，最易安肆，诚能闲不首坐，步不履坦，留以让人，一让而无所不让，天必成之。众悦。

办流贼，非所论于雕剿也。贼皆化内黔黎，左道煽惑，慑之以劫数，诱之以小利，愚夫愚妇，从而附之。往往致乱之由，始酿于抚字失宜，继激于查缉株连。谚云：宁作太平犬，不作离乱人。片椽寸缕，人知爱惜，非至于生不如死，岂忍舍身家而蹈锋镝？变衅既成，初起犹恋家室，严究衅端，抚绥良善；罗致渠魁，剪其所恃；坚壁清野，以杜裹掠；收勇拔降，以散羽党。措置周详，不难扑灭。一至流窜，贼谓久反不离山，爰整其旅，追截抄顾，团练寨堡，运贮粮糈，委贤员绅士，董率办理，果能立功，秉公奖拔，自著成效。夫流贼，本吾民也；战流贼之地，本吾地也。犹吾民，则兵之心未易一也；犹吾地，则兵之勇未足恃也。心未易一，可乘在机。勇未足恃，能忍者胜。至用兵机，宜先锋哨探，须令有胆略之将士率之，迎机战守，迟速缓急，帅勿牵制。哨探之后，继以奋勇马队，再继以奋勇步队，又继以大马队，大步队，接以军帐队，另置步卒一队督后，备贼抄截。贼如夺据城池寨堡，或结寨险峻，围而攻之，则兵分见单，终至突围窜逸，非上策也。莫妙于极力蹑追，贼到兵到，不待修筑完固，一力攻夺。然贼之所长于兵者，无辎重累，行较速也；随地裹胁，众易集也；忍于残杀，阵易整也；别无生路，心易一也，兵惟拚命打仗，一死路耳。以短击长，不在力而在智。日逐兵行，哨探须周，朝行距贼半程，追之宜速，贼行半程，兵行一程，乘其无备，或可袭之。如贼先知结队相待，我劳彼逸，每多挫折。日中距贼半程，行之宜缓，薄暮立营，夜半发兵，黎明击之。贼如已知兵追，须抄道旁击其腹，使其首尾失措。如迎头遇贼，设伏待之诱之，战无不克。《战策》曰："穷寇勿追。"剿办流贼，转宜极力穷追，无使滋蔓。至弭变之法，正本清源，大法则小廉，讼理则政简，潜移默化，自安生业，此贤司牧事，非师武臣之所与知也。

雕剿用治化内群夷。大禹征苗，益佐之；汉征五溪，伏波宿将也，皆陷于地势，为其阻抑。群夷所处，峻岭深壑，自安本业，一旦变生，非抚字失宜，即构怨致衅，犹之气阻奇经，则血凝通体，八脉失调，气通血行，则脉调而疾瘳矣，不宜大张挞伐，劳师糜帑。练数千精壮，责之循良文武，扼驻切近城池，无虞糈供，抚其善良，剪其梗顽，亟肆以罢之，多方以误之，既病而后以大师继之，勿为群议阻成算，不责期限以奏功。

内地用兵，如疗脏腑；外夷用兵，如疗毒疡。治内病，须攻补适宜；靖内乱，须剿抚兼施。攻未尽，则多伤于补；剿不力，则多误于抚。外病生于气血凝滞，边衅生于恩信未孚。解毒兼顾元气，御侮不罢民力。内以剿寓抚，外以守为攻。

策励将士，主帅之权宜也。天之生材不一，才者，可使不可任；德者，可任不可使。才德兼备，上于智者也，天不多生。其次，使贪，使诈，使怒，使酒，使勇，使气，使愚，其法不一，不外义利之分。义之所在，所以策上智也；利之使趋，所以励中人也。中人才具有定，器量亦有定。虚其量，而使之自期得力；溢其量，则饱而扬矣。若上智，天岂多生哉！经略额公，深得策励之法者。

中外版图，山在西，海在东，江淮河汉，无水不流东。水通气通，气通教化行。河源出星宿海，在昆冈之南，即叶尔羌南面之玉山也。自星宿海发源入中国，由西宁、皋兰、中卫、宁夏，绕贺兰山之东出河套，流山陕，绕太行之西、终南之东，经潼关汾洛，泾渭诸水附之，转豫东南入海，明黄河也。另有暗黄河，古人皆未及察。惟圣祖仁皇帝，考河有两源，其一，一出葱岭，一出于阗。于阗即玉山迤北和阗河、叶尔羌河、英吉沙尔河、喀什噶尔河是也。至于乌什河喀喇沙尔河，即葱岭迤南之水，诸水汇于诺布讷尔海，即蒲昌海，伏而东流，越贺兰山，北出河套与明黄河会。是以出嘉峪关，南北两路经行之各处，戈壁或数十里，或数百里，一片沙碛，寸草不生，人行滩上，水流沙下，古谓流沙，或本于此。由喀什噶尔出卡，西行外夷千里，阿赖山即玉山，迤逦而西之，分枝山岭，六月积雪高万丈，远观山半一片雪窖，无飞禽走兽。道光七年丁亥夏，曾统步卒三千，铁骑二千，为缉张逆，结营山麓，仰登数十里，各夷群起，围攻营垒，大战五昼夜，悉击败之，全师而还。山麓迤西之水，西流喀尔提锦达尔瓦斯，归西海游牧之布鲁特，属浩罕山麓；迤东之水，东流喀什噶尔，归蒲昌海游牧之布鲁特，属中国。余故曰：水通气通，气通教化行，更有验于六朝立国建业，受南面诸水朝拱，而日南国万里来服，迤北维扬，咫尺之地，行得行失，水不归也。帝都北京在艮方。艮生万物，在天箕尾分野，箕之力在两臂。苍龙之尾，其力亦在两臂。都城立右臂，明陵立左臂。都城正南，正对安徽霍山，以分野考之，俨如文笔正朝午门，左有泰山，右有恒山，列为旗鼓。右有浑河横流而东，绕为玉带；

左有潮河，逆流而西，旋为包罗；再远小而滹沱河、漳河，大而黄河、襄江、荆江、洞庭湖、长江，层层横绕而东。两粤岭外诸水，亦横绕香山，统归于海。海之东南有台湾，正东有高丽，为之范围，共逼海水，气映天津、山海关，朝拱帝都，万国来朝，盖有由来。台湾列在版图，高丽世世附庸，一定之理。然仅化行中国，无关外夷，而外夷诸水，悉由北口以外归海。有长白山发祥祖陵，总中外而收束之。太祖、太宗未入关，而天下人心早已景从，又中外臣服之由来也。己丑春，上命卜万年吉地，曾奏对及之。尧都平阳，今之山西也。西阻大河，横亘而南，北带汾水，逆流而西，霍绛扼其东，天地之府库也。是时也，洪水横流，泛滥于东南，舟车不通，荒而未服。谋之庙堂，欲图展土开疆，择任才能，惟鲧为最，截枝就干，堵而逼流，民得移高就卑，耕植膏腴，乐土悉归版图，鲧之功伟矣。然天地五行三百六十度，戊己一百一十度，脾也；壬癸六十三度，肠胃也。良医治肿胀，导之使消。鲧以铢土拦度水，犹之用蓍术疗肿胀，其不阻闭也几希。禹有鉴于覆辙，反堵而疏。夫为防者，决之使导；为民者，宣之使言。水势就下，随地导流，至于海口，如尾闾之泄，变防为疏，大消小固，畅所欲行，千古治水之良医也。

清彻者，深于道义；幽沉者，溺于贪私。寡言笑而和蔼者昌，矜才辩而狂大者乱，德不足而聪敏者凶，才不足而气胜者悖，理不明者多疑，义不足者多迂。鲜仁者巧，少智者劳，自信者愎，自是者骄，自任者乖，皆鉴于古而验于今者。

罢玩，仁厚之流弊也；严急，操切之流弊也。德不足，固非成才之福；才不足，亦非成德之器。以理应事，如国手对弈，所胜者在无闲着耳。急非所急，缓非所缓，则失于先后矣。《语》曰："急事当缓，缓事当急。"八字真言，谨守勿失。

否而抑，泰而扬，常情也；如其情，常人也；逆其情，不为人所料，非常人也。

奔兢必不能行于贤者之门，自陷溺于不贤矣。行于不贤者之门，同媒蘖于不贤矣。然亦有媒蘖而成者，不知胥成于天，非人力也。抑有恃贤取嫌非贤也，不贤者嫌之，贤者亦不免不嫌之也。

小人之伎俩，在投人所好。一有偏好，则乘间袭入，受病无形，去偏好，所以克己，外邪无从浸淫矣。

邪祟伎俩，投其好恶而已。见而不见，闻而不闻，非光明博大，宏毅渊深，不能方寸有定，所谓静以制动也。

惟女子与小人为难养也，远之则怨，近之则不逊。圣人虑之最深，近在左右，又复寄为耳目，亲之信之，日与小人习，欲为君子，不可得也。君子言直貌疏，小人言甘貌佞，勿喜甘而恶直，勿近佞而远疏。以言考行，积行验心，圣如帝尧，试舜而后用之，不遽信于四岳之举，况吾人之于左右乎！与小人而谋君子，其不至君子之日远者，几希。

杨九畹曰：左右近习，非必欲害君子，其见识局量使然。亲信小人，亦缘己之见识局量，与小人相近耳。亲君子，近正人，自然见识日高，局量日大，小人之言，格不相入矣。

居家勿信妇言，处世勿信流言。疑人于前，安知不改过于后；信人于现在，安知不改节于将来。以言取人者妄，以貌取人者盲。于伦常观其性，于取舍观其心，于七情观其量，于事功观其才德，于精神观其善恶，于动静观其终始。纯而不杂，圣贤也；略小务大，英雄也。任人以德，使人以才，义以使贤，利以使愚，心有规矩，世无遗材，穷则用量其身，达则用量天下。

杨九畹曰：观人之法宜方，用人之道宜圆。观人方则无误用，用人圆则无弃人。以天地为规矩，以心为运用，而天下各就其范围矣。

无益无损，无损无益。有益有损，有损有益。饮食所以养身，身转伤于饮食；声色货利所以悦人，人转戕于声色货利。惟能损之又损，始能益所当益。当益而益，未若无益而益之为愈也。益者祸之胎，损者福之基。

天地，道有变迁；人事，理有离合。风云雷雨，偶隔于中，吉凶悔吝，或阻于势。天地之气无常隔，人事之情无常阻。因于气，顺于情，至中之道也。

非经大逆，那得大顺，大顺防大逆。略逢小顺，或至小逆，小逆寓至顺。盈虚消长，天地无作为，顺其气而已。人情苦自抗抑，何陷溺其心哉！

易明羑里之中，道立陈蔡之后，书显秦火之余，□□□后大顺。道在万世，而犹千锤百炼。人生一世，又当何如？切磋琢磨，视质底何如耳。

圣贤立言，垂教后世，无法不备，惟处横逆，虽圣贤亦窘于无法。无法之法，惟有置之度外，不惟不憎，转觉可悯，见如不见，闻如不闻而已矣。处生死患难，亦复如是。

平平录卷之九

叙彝篇第九

五行之精，上映五星。五星之运，下赋五性。五性之德，发为五常。五常之理，贯于五伦。天数二十五，阳明之德性也。伦常著于外而易见，德性隐于中而难明，其实即五脏之精，人未尝反身体验耳。脾土主信，贯四端，信即诚也。递生肺金、肾水、肝木、心火，生生不已，体泰身强，永无偏胜之病。信以生义，义以生智，智以生仁，仁以生礼。礼生于仁，无傲无慢；仁生于智，无煦无滥；智生于义，无徼无诈；义生于信，无愎无愤；信生于礼，无欺无伪。德统于五，性归于一。

杨九畹曰：古今圣贤千言万语，只为平天下起见。人人亲亲长长而天下平，故须从五伦做来。舍却伦常，更修甚么心性。

天下无心外之理，无心外之事，必有事焉，理即心也，事亦心也。理一而事两也，非理不足以定事，非事不足以见心，两以化一，一以宰两。事莫大于国家，君以礼施，亲以慈施，君父之心也。臣以忠报，子以孝报，臣子之心也。心心相印，求在内者也。一本天理，子无不孝，臣无不忠。一杂人欲，知有身而不知有亲，知有家而不知有君，忠孝二于君亲，失其本心矣。

气生于父，质成于母，先天也。气育于天，质养于地，后天也。天地一父母，父母一天地，故三党修而后彝伦立，彝伦叙而后天下平。

为君为国，不矜智谋才略，断断无他技，休休如有容，正大知谋大才略也。矜知谋才略者，岂古大臣之体哉！

立德，立言，立功，死犹生也；误国，败家，丧名，生犹死也。怕死，急求立德立言立功；贪生，切莫误国败家丧名。

管子曰：“礼义廉耻，谓之四维，四维不张，国乃灭亡。”又曰：“下令如流水之源，令顺民心。”故论卑而易行，王佐才也。子曰：“管仲之器小哉，惜之，非鄙之也。”

孟子对齐宣王好色、好货、好勇，将顺扩充，务引其君以当道，得立言之妙，由事父母几谏揣摩得来。王阳明谏迎佛疏，旁引曲喻，开陈善道，又从《孟子》扩而充之。昌黎请焚佛骨，极力排诋，使人君无以自容，未免戆直，处友且须忠告而善道，况于君上乎。

王彦章武人耳，曰人死留名，豹死留皮。人谓激一时之忠义，其见小；不知维天地之正气，其道大。岳忠武曰：“文官不爱钱，武将不怕死，天下太平。”吁，亦一言而为百世师乎！

武将不怕死，激一时忠义，慷慨赴死易；文官不爱钱，忘终身温饱，从容就义难。

杨九畹曰：近世见为善者，辄曰好名，不知圣贤所恶于好名者，为无其实而盗之也。名者实之宾，修名不立，君子耻之，没世不称，圣人疾之。人不好名，其异于禽兽者几希，武穆二语，本千古至言，而近世乃言徒知洁己，无益于民，徒知弃命，无益于国，是不知廉耻纲常之谓何矣，真不好名之人哉，噫！

明季江阴诸生许用，典史陈明遇、阎应元，倡义守城，阖城殉节，立祠专祀，百有余年矣。一日陈阎二公降乩，友人有责以逆天命，致丧阖城生灵者，二公无言而去。吁！忠则忠矣，死而为神，犹昧尽性之理耶！忠孝所以维持世道，世道关系忠孝，不关系盛衰。君亲，天也。忠孝，性也。世之盛衰，命也。笃尽忠孝于衰世，转移盛运于方来，正所以尽其性也。尽性即知命，知命即顺天。如此答之，友将何辞以对。

承注曰：世道关系忠孝，而不关系盛衰，犹心之存亡，关系善恶，不关系生死。

严生疏，亲生慢，亲而不慢，严而不疏，敬之至也。

顺亲为孝，曰亲，亲则易慢，曰尊，尊则易敬。子之承欢，臣之对越，尊亲之别耳。合承欢为对越，对越为承欢，忠孝由至诚流露，自然有承顺而无忤逆矣。孝者信于友，而后获于上，获于上而后得行其道，以平天下。百行孝为先，其本乱而末治者，否矣。

仁，从人二声，二人亲也。慈爱有甚于亲乎，体亲之爱，为万物之爱，仁之至也。

古之孝者，皆生于性，成于形。惟泣杖出于至诚无形，当推为第一。

五伦聚处，常曰仁义，自然日近日亲；常曰利，必至日久日疏。亲亲，仁也。敬长，义也。趋利则争，争则疏。

圣曰，大杖则避，小杖则受，全天伦也。申生之死，视舜之完廪浚井为何如？误矣！申生逃而不死，返国于齐桓之后，相继匡辅王室，东西媲美，宋襄不得列于五霸。

古无蔑伦之道佛，老子子宗，魏将，五世孙解，汉胶西王太傅，佛受室生子，而后出家证果。后世盗袭其教，舍彝伦而走捷径，独善其身，各失其正，成者少而败者多，与吾儒之背经叛道，同一流弊也。

按道祖子宗，宗子注，注子宫，元孙假仕汉文帝，假子解，子孙显达于世。佛祖未出家时，取妻耶轮陀，生子摩睺罗，出家十二年，归与妻子复聚共语，送终父母时□甚悲痛，及语鹫子教诸天神之说，多孝悌忠信，语皆不外彝伦，乃后世不事心体力行，强制情缘，鳏居苦炼，谓为离尘捷径，岂佛老教哉？曾在张掖，有马蹄寺七世修行，近八十岁，法台华言住持者来谒，究其实，无甚了悟，探其源，则曰十五岁以前，仅识夙世所执念珠木碗，读过经卷而已，不言十五岁以后，则袈裟底下大事可知矣。察其功，除念经外，或坐，或眠，或拜，恒守一事，终身不变，别无他法，吁，七世事功止此，可惜也。

三纲，以道合者也。昆弟朋友，以义合者也。凡迫于穷祸患害而合者，必迫于穷祸患害而离。道合者，以道止之；义合者，以义处之。迫者情也，合则安之，离则任之。

嗟乎！人情莫重于生死者。俯育之爱尽于情，仰事之诚尽于性，性情无二理。知性情，始可论服制焉。丧服曰，慈母如母。传曰，慈母者，何也？传曰，妾之无子者，妾子之无母者。父命妾曰：女以为子。命子曰：女以为母。若是，则生养之，终其身如母，死则丧服如母，贵父命也。礼，慈母齐衰，今律易斩衰，从母服也。夫生而无子，生而无母，人情之大痛也，无子而抚之如子，无母而事之如母，无子而有子，无母而有母也。生而母殁，终身不见母，见慈母如见母焉。慈母如母，爱慈母，爱其母也。不以母事慈母，又不以慈母之服服慈母，是终身为无母之人矣。无母则无父，无父则无身。人无母无慈母，而又有使之不以慈母如母服者，是率天下而皆无父母之人也。夫人终其身为无母之人，终其身有母而如无母，而又听忘其父母者使之无母，是天地之戮民也，可不痛哉！

承注曰：古礼丧有二，三年服无二，斩衰，统一尊也。若服慈母，则礼经律文，实无二议。

五脏，属五伦。心，礼也，君也，不敢欺，欺干国法。肝，仁也，亲也，不忍欺，欺违天理。肺，义也，昆弟也，保之以成其义。脾，信也，朋友也，全之以成其信。肾为智之基，合于夫妇一伦。天一生水，五行居一，三纲为首，妇道从一而终。古人无故不出妻，出必有所归，诚慎之也。然闺阃中易狎亵，亦易肆虐，妻党难与争，乡邻壮其雄，每见有昧心背理者，大亏隐德，常多悔吝，犹之水涸于下，五脏损一于身，安乎？况夫妇和而家道成，理亦宜之，至于妇道阴之纯，顺之至，本具温柔巽顺之德，虽强暴难化之人，亦有以化之，可不慎欤！

土在天地之中，分旺四季，生万物。脾在人身之中，运化饮食，滋百骸。信在五常之中，约束四端，应万事。友在五伦之中，调和伦类，正五常。不得于君父，友能解之；不得于昆弟，友能和之；不得于夫妇，友能救之。离能使之复合，合能使之益亲，是友之于伦常，犹信之于四端，脾之于百骸，土之于四季，达道中第一关键也。

道者性之理，智者见之谓之智，仁者见之谓之仁，而愚夫愚妇，无所见，无所闻。所行有能合乎理者，即道也。节义每出闺阃，于贞妇贞女见之。彼妇女何知？贞者，性也，矢其贞者，尽其性也，不二而已矣。求尽其性者，作贞妇贞女观可也。

教育子弟，养德如轻尘叠堤，炼才如坠露添流，年益长而才益充，德益薄，流洪堤薄，非成才之福。

人事常变，如万里黄河，静而秋泛安澜，动而横波巨浪。礼义廉耻，堤防也。养其礼义廉耻，修堤防也。礼义生于富足，廉耻根于品节。富岁子弟多赖，凶岁子弟多暴，非天之降才尔殊也，其所以陷溺其心者然也。

德行诚于中，事业形于外。高爵厚禄，与积谷拥金，富贵也，于事业何与焉！片言解纷，息事安人，消患未然，而上无闻，隐被其泽，而人不知，是谓事业，庶几可遗于后嗣者。

古圣先贤，圣帝明王，成己成物，有一定之道，成家成嗣，无一定之法。然法虽无定，而心不能无定。有心成之，可成现在，难成未来；无心成之，不成现在，必成未来。有心，欲也。无心，德也。德以成之，自得其得。

家人有严君焉，不在激烈，而在风度。风度生于宏毅，用以薰蒸陶冶子弟中，即使少间，无状下流，相感销铄，不致日流于邪，推此为身家之心，为国守职任事，自然修举。

刑不废于国，亦不废于家，用以辅德也。纯刑而散，废刑而乱，恕刑而治。

葬者，藏也。择地以藏亲骨，为一脉相感，得气而昌，失气而绝。堪舆曰形家，犹胎也。藏期曰日家，犹生也。罗镜曰法家，犹教也。三者缺一不可，为人子者，皆当知之。大地天成，攸关礼数；小地人为，宜尽孝思。今天下之人，皆功德在天地之古圣明王，忠孝节义名贤之子孙。

旧仆备顾问，知家之遗范也。然处事久，言多回护，家有弊政，宜一力整理。如谓家政久弛，不痴不聋，不作阿翁，岂身患沉疴，忍讳疾而忌医耶！

唐人咏和亲诗，有“社稷依明主，安危托妇人”之句，非也。人君宰天下，视中外如一家，亲亲而仁民，仁民而爱物，联姻娅，叙亲亲也。使天下皆亲亲，仁孰大焉。

要知前世因，今生受者是。人生否泰，本于父祖，然同为子孙，世德优厚，自然普荫后嗣。有兄泰而弟否者，父祖德尽于先；有弟泰而兄否者，父德笃钟于后；有兄弟同否泰，而已不一者。父之善恶专遗于身，莫不皆己之夙世所积，与父祖之善恶相感而成也，至于一身。人皆性一生心，心以生行，心不一，而行因以不一，而又生否泰。善以化父祖之恶，恶以灭父祖之善，善以承善，恶以继恶，善无不善，恶无不恶，自作孽，不可活。自求多福，祸福无不自己求之者。圣人立言，不曰因而曰自者，自即因也，示人以自省也。要知后世因，今生作者是。

衣食，养身之道也。礼乐，成身之道也。伦常，立身之道也。缺衣食，失于养；废礼乐，害于成；乖伦常，病于立。爱锦绣珍馐，而不知爱礼乐伦常，何以成立！

平平录卷之十

保生篇第十

三教圣人立言，首明心性，使人皆知自爱，重在保身、修身、立道，道立则已。至圣七十三寿，道立万世，寿万世矣。颜子早死，未达一间，已臻复圣。朝闻道，夕死可矣。后人才德识力，远逊圣人。圣人年十有五，而志于学，后人力学至六十有五，或能企及。因年加勉，而立，而不惑，而知天命，而耳顺，递至百二十岁，能否从心所欲不逾矩，犹未可必。然不学终未能也，学之为言效也。效法古圣先贤，穷理尽性，明善复初，所以修身也。道佛言性命，言修炼，言因果，诱人以力胜天，运用益寿，亦以希圣也。

花甲一周，人生大关。历久岁月，精气枯弱，至六十而神思如恒，可增寿一纪，既增而不觉疲惫，又可再延。越六十而渐衰，非寿征也。生知学知，困而学之，尽性致命，曷计岁月乎！

魂乃气之阳神，如月之盈；魄乃形之阴精，如月之亏，先天八卦该之。月至晦，阴精足而魄满，纯坤无光，至朔与日合，感阳而孕。初三阴极阳生，坤生一阳变震，阳神一线，新月如钩，成地雷复，是谓天根。初八坤生二阳变兑，月上弦，阳神居半，成地泽临。十五坤变为乾，日月对照，望日而圆。至十六阳极阴生，乾化一阴变巽，阴精下陷，满月微虚，成天风姤，是谓月窟。二十三，乾化二阴变艮，月下弦，阴精居半，成天山遁。三十日月再交，又合朔。月之盈亏，人之精神如之，皆七日来复，七日往姤。复卦先天坤居一，后天震居三，抱一函三，合四成金；姤卦先天乾居九，后天巽居四，四生九成，四九皆金，故道曰金丹。坎离乃日月之本体，故虚而不用，于上弦之后，下弦之前，运取月中真水，用消心中妄火，温养天性，道之功力也。穷理尽性，存养天真，力除心中妄念，儒之神力也。神耗则魂散，精枯则魄飞。

月轮一片，映日而明。望前望后，与日斜照，有上弦下弦，正望始圆。月行赤道，道正无斜，犹人之性，性正无倚。月之盈亏，七日来复，七日往姤，由复而临，而乾，而姤，而遁，而坤；人之生灭，阳极阴生，五千四百日一变，而姤，而遁，而否，而观，而剥，而坤。月一轮转，人一轮回，顺天地自然之气运也。月之盈亏，在于轮而不在于道；人之生灭，限于数而不限于性。圣教正心、诚意、尽性，止于无恶，则止于善。旋乾转坤，逆成其道，形灭而性不灭，不屈为鬼，则伸为神，轮回不息，自免轮回。

望前子正，月欠天心十二度；望后子正，月蹉天心十二度；月到天心处，正望之子正中也。

月行一日，人越三秋；月一轮转，人生耄耋，天地之常运也。人多未能臻上寿者，动胜于静，知过于仁也。当为而为，有意为之，生于心，用知也；无为而为，无意为之，本于性，体仁也。动如水流，往滋万物；静如山立，万物来生，动劳静逸，知乐仁寿。

阴阳二气，鼓舞万物。动植飞潜，于天地之中，偏于阳者，气胜，动物也；偏于阴者，形胜，植物也；阳而偏阳者，飞物也；阳而偏阴者，潜物也；阴阳适平者，人也。一气成性，二气成形，形一而生，神一而智。形中又含始气，阴阳再合成三，三为众阳之宗，得乾卦内外六爻纯金之体。阳数以九为极。六九足五千四百日，至十五岁，阳极阴生，一破其阳而姤，男而精通，女而癸至，是为月窟；又历五千四百日，至三十岁，再破其阳而遁；又历五千四百日，至四十五岁，三破其阳而否，阴阳各半；又历五千四百日，至六十岁，花甲一周，四破其阳而观；又历五千四百日，至七十五岁，五破其阳而剥。顺养者，剥未尽而一阳在上，众阴所载，至诚静摄，寿享期颐；失养者，剥及于上，自失所覆，变坤而灭。能剥而复，是为天根，故圣贤道佛，不计岁月，穷理尽性，朝乾乾于天根，夕惕惕于月窟，明善求复其初，由复而临，而泰，而大壮，而夬，而乾，还内外六爻纯一之智，全纯一之神，元亨利贞，与天地同流。

夫惟上智，神胜于形。慨彼万类，神不胜形，自弃自暴，冥顽不灵。中知下知，形神或停。要求全神，莫先逃形。逃形云何，日日新，时时醒。

虚灵之气有夙由，天地之气有盈虚，祖宗之德有厚薄。三者适一，使山川之气，毓于骨血；沙土之气，毓于肌肤；草木之气，毓于毛发。水气毓于肾，火气毓于心，木气毓于肝，金气毓于肺，土气毓于脾，五脏六腑，一而二，二而一，奇生偶成，有厚薄，无纯杂也。生之者，神也；成之者，形也。形神既合，精气储备，诞而成人，与天地同其德曰三才。才者，德之用也，运行而已。天以至诚运万象，地以至静顺天运万物。人能以至诚至静体天地，运万理，应万事。虽无百年不坏之形，而神则未有不与天地同流者也。圣贤道佛，莫不从至诚至静得来。

三才一磨耳，浮者动，沉者静。主动静者，在天北辰也，在地中土也，在人心也，在磨亦曰磨心，皆运行无息。天地运四时，人运万理。天地运水火风雷，人运哀惧喜怒。水火风雷，益万物而无损于天地者，气运之也；哀惧喜怒，伤万事而常损其身体者，气触之也。心如北辰，取譬高渺；心如磨心，浅而易见；心同天地，以才运德。苟空劳旋转，动无止息，立见磨灭矣。

动阳静阴，动生静成。动以生静，静以基动。动往而生，静来而成。无动无静，有静有动，静中无动，动中有静，动而静，静而动。念动心转，一而二，二而一，乾旋坤转。动往静来，方寸之小轮回；暑往寒来，天地之大轮回。轮回无息，自无轮回。

人生脐缕连于胎胞，状如莲管，受母呼吸之气，先结脐，后结肾，左气根，右血源。由肾结尻脊，上至第三节，结尾闾关，第七节，结肾堂，第十一节，结元枢，第十二节，结夹脊关，第二十二节，结陶道，再上二节，后结枕骨，曰玉枕关，再上结元首，曰百会穴，下结明堂，结山根，再结鼻祖，分双窍，然后儿通母气，母通天地气，天地通太虚气，窍窍相通，是谓先天之气。以次递通咽喉、膻中、中脘、五脏、六腑。百骸既成，胎气既足，裂胞而生，剪断脐缕，一点元阳落于脐轮，曰天心，又曰虚灵一窍。自此口鼻呼吸，汇于中脘，乳食滋生，成后天之气，与先天之气，日离日远。欲求反本还原，惟有仍寻有生旧路，屏除放僻邪侈，转为正心诚意，持志以神，运气微微，用力吸自阴交穴，提起循尾闾夹脊，玉枕升到百会穴。再从百会穴呼，由明堂、山根、鼻祖、咽喉、膻中、中脘，下到虚灵窍中，略为安顿。又复循环上下，周而复始。吸咽精液，是谓一提即吸，息息归脐；一吸即咽，阴阳相见。总念今生得一时生，尽一时生，得一日生，尽一日生，昼夜百刻，二万二千五百息，日偷刻半余工夫为之，合周天三百六十五息有奇，功久，精运神，神运气，三关自然气通。循环周流，无出无入，用以立命，用以尽性，性尽命立，自成大道。

六脉一息五至，一刻二百二十五息，脉一千一百二十五至，一时九千至，一日十万八千至，以四五除之无零，皆合乾卦九五刚健中正之义。能调息一刻，存养省察，得一刚健中正；能审处一事得中，一理得中，即各得一刚健中正。不计岁月，积久有善无恶，自成乾象纯阳之金，即金丹大道也。调息用以参赞造化，是谓天机。天机，神也。得中用以存养心性，是谓知机，知机其神乎。

息，一呼吸也。一息尚存，犹能反本还原。息乃生气，而非止气，命根也。息，如宿火于灰；精，如蓄炭于火，灰暖火活，潜息葆精，休息益气，安息存神，故释曰反息，道曰踵息，圣人曰至诚无息。

初运神，分三段，调息各三十六，子丑寅该之。随凝神静息，抱一约三十六息，数合卯，为沐浴。沐浴，洗心涤虑也。再运神，分二段，调息各三十六，辰巳该之，阳息也。继运神，分三段，调息各二十四，午未申该之。随凝神静息，抱一约二十四息，数合酉，为沐浴。再运神分二段，调息各二十四，戌亥该之，阴息也，加五度四分度之一，合周天之数。呼降吸升，阳火进，阴符退，日久功密，气通天地，流行自如，潮应天地之子午，兴起形体之子午，适可归源。道谓药物谓烹饪，其实气精神融也。

王简曰：调息之道有三，自阴交穴而逆运丹田，运之于外也；呼降而吸升，葆之于中也；神藏戊己，而圆转法轮，周之于胸也。说者言人人殊，其次第火候多有不同，而大端亦尽于是矣。

天元一气，生万物，气附焉，性具焉，命基焉。气即真乙之壬水也。气生精，精生神，育而成质。故凡物有质即有油火，引则燃，燃即生焰，是油即精也，燃即气也，焰即神也。气在人身，一阳结于左肾，为流行之气根；二阴结于右肾，为通体之血海，是谓命门，同司气血开阖之关。先天真乙之气，后天流行之气，命门三焦之火，心肺共其一，肝肾共其一，分暖上下，脾居中部，专其一薰蒸谷食，以生精液，充流行之气，养流行之气，以炼真乙之气，生精化神，以复其元，是之谓真气、真精、真神也。扩而充之，成圣，成道，成佛；耗而散之，为昆虫，为草木。

火生木，日也。水生金，月也。土即地球也。日月出入，地球间之。水火既济，意土融之。心肾相交，脾土运之。义以通仁，至诚复之。杂念不净，真意不生，则意不能诚，仁义失中，道谓黄芽出土，诚之基耳。三光陆沉，温养子珠，五行攒簇止三，太极函三止一。

道曰炼己，炼离中己丑、己未之阴土；筑基，筑坎中戊辰、戊戌之阳土。心离肾坎，心肾相交，心火无妄，则已土无烈而虎伏。凝神自静，离中之真水下降，肾水无亏，则戊土无燥而龙降。命门火足，坎中之真火上蒸，内之水火既济，恒养之以了命，谓之前三乾之内爻也。心火礼也，肾水智也。尽礼即尽心，尽心则无妄，无妄则智一。智以济礼，外之水火既济，笃行之以了性，谓之后三乾之外象也。内外坎离相济，三成其为三，前三三与后三三，了到六爻纯乾，真金不坏，超凡入圣。

或问精气神何谓会？神气精何谓分？气精神何谓融？曰喜怒哀乐之未发。聚精，养气，存神，会之凝而为性，道之体也；发而皆中节，神察，气运，精断，分之见而为情。道之用也，内外如一，气通九天，精彻九地，神包宇宙，而为性情之德，道之全体大用也。百廿老人李庚绪，汉江土民也。甲子夏，与究养身之道，曰，天一壬水，生先天之气，地二丙火，生后天之气。气生精，精生神，神生智。精不免于摇，摇勿伤根；气不免于耗，耗勿伤本。两无所伤，根本日固而神日完，精气神会也；神益完而知益生，神气精分也。精神统摄于气，养后天之气，还先天之气，气精神融也。融而为一，至于百二。

日出而作，日入而息。动以消寒，静以息暑。戒饱乘饥，节饮除湿。夏不柄扇，冬不笼火。八者形安，时序矣；七情中和，气通天地矣。作文论道理，行事体忠恕，出言顺人心，接物务平易，神爕阴阳矣。诗三百，一言以蔽之，曰思无邪。

脾土主信，养有形之身；意土主诚，养无形之心。智生于肾，意之体也，象坎中之戊；礼生于心，意之用也，象离中之已。土在天地，由中宫分旺四季，化生万物；土在人身，由中部枢纽心肾，权衡事理。知以济礼，信以达诚，则彝伦攸叙，而天下平。

道本于气化，悟本于修炼。心在方寸，洞晓阴阳，折衷五常，维持五伦。精在脐中，净而勿浊，静而勿动，靖而勿摇。气在丹田，逊而勿骄，下而勿暴，息而勿闻，入道之初乘也。神者，形之精。形者，气之舍。心者，气之主。气者，神之根。精炼化气，气聚化神，炼聚丹田。神益炼而气益化，气益聚而神益灵，入道之中乘也。性，神也。命，气也，与心也，精也，各止其止，未能融而为一，终滞于有者，气犹未伏也。气不伏则有时而昏，即使精足气充神完，少有纵弛，客气乘之，为害益烈，须伏其气以全其命，同归于性，止于至善，浑忘其有，还之太虚，入道之上乘也。

气在天地，生一形分一气；气在万物，灭一形还一气。灵魂作圣，幽冥力持其气；仙狐成真，岩穴窃盗其气。有作有为，天犹不禁，能伏其气；不假作为，形存与天地融而为一，形灭与天地合而为一，自然无劫。

取坎填离，先从心上用功。心头少一件事，肾中添一分水；肾中添一分水，心头制一分火。肾中固一分精，心头生一分神；心头生一分神，胸中固一分气。气精神聚一分，宏一分，宏生毅，毅生淡，淡生定。

魄形之精，静于内而生情；魂气之神，动于外而生意。情顺则精固魄守，意诚则神完魂安，理直则气壮命坚。

心宜静而转动，身宜动而转静，动静之无常也。偏饮伤脾，过饱伤胃，饮食之无常也。昧性违天，任情违性，好恶之无常也。无常阳消阴长，消尽则灭；有常阴消阳长，长极则神。无常人心，有常道心。

数以济理，知之所以除妄念也。水旱疫疠兵火之灾，关系七政循环，气运使然，经纬不可紊乱，天地不敢挽回。人之吉凶悔吝，亦有生之气运主之，其能逃乎！权谋诡谲，枉劳精神，徒昧天良，惟理以济数，犹积谷防饥，保身防疫，敬慎逃兵火，可以化凶为吉，是谓人定胜天。

承注曰：程子曰："修养之所以引年，国祚之所以祈天永命，常人之至于圣贤，皆工夫到这里，则有此应。"至诚之可以前知也，亦然。

至道不可以情求者也，无福则无祸，无利则无害，无得则无失，无生则无死，福利得生，道致之，道守之。祸由于福，害由于利，失由于得，死由于生，祸害失死，情致之，情构之。道合于天，情流于人，戒慎恐惧，乌可驰情于瞬息哉！

鳏鱼难得，贪以死饵；杰士怀道，贪以死禄。得行其道，死于道矣。不尽其道，死于贪矣。

禀气成质，质生脏腑。得气之厚者强，薄者弱；强者寿，弱者夭。胎而母固其精，养其气，完其神，定其性。生而节乳养脾，勿触伤肝，勿努伤肺，勿纵伤性，权在父母。迨知识一开，勿妄伤心，勿欲伤肾，以至于老，权在于己。夭寿由命，虽天定胜人，人定亦能胜天。故五脏六腑，少壮不可偏伤，衰老不可偏保，所以致病者，不得其平也。持养平，尽其性，自能无疾而终。

天地之运行有低昂，万物之修积分善恶。形存二气运体，形灭一气还天。又复相感而形，贤愚贵贱，贫富寿夭，昆虫草木，随气而化。夫气化即轮回也，积而至于参天地之气，而不感万物之化，则成圣、成道、成佛。

人身最重五脏，五脏藏气精神。气精神包括性命，命即气也。养气即修命，说之人所易知。性在人身，难以言尽，其实性即情也。未发于外，浑然天理为性，一有知觉为意，权其是非为心，良知良能，不在性分，而在心意之间。既发于外，见诸行事为情，情得乎中，即为道心，即为尽性。失中，即为人心，即为私欲。如此说尽性修命，人自易知，是尽性之道，不外七情；求七情得中，不外五常得中；求五常得中，不外五脏和平；求五脏和平，不外气精神谨固；求气精神谨固，不外屏除邪欲。

一身关心莫甚于生死，要身不死，求心先死。心不死，则得失重而心惊，心惊则精摇，精摇则气耗，气耗则神散。心死神活，死生如一，夭寿不贰。

形与气日近日亲，日远日疏。天之运行不息，天行始健；人能运动不息，人体始强。动之所至，气之所至；气之所至，血之所至，气血流通，贯注内外，既免百骸偏枯，更保五脏完固。

闭口舌生泉，闭目心生露，泉涌露降，灌溉心田。养精气神，智慧自生。心火象离，离中虚，二阳包阴；肾水象坎，坎中满，二阴包阳。道家谓阳龙阴虎，能降龙，然后坎中之真火上蒸而就虎；能伏虎，然后离中之真水下降而从龙，是为取坎填离，水火既济。故曰，闭口舌生泉，吐纳咽之；闭目心生露，共滋心田。养精气神，智慧自生，伏虎从龙也。又少智多虑，水涸伤肾。肾窍精之关，精足生智，智以生明，明则诚，通天彻地，至诚格物，降龙就虎也。

风在天地，经传载之；风侵人身，医书载之，无余蕴矣。然风即念也，一念之善，春风煦物；一念之妄，狂风骤起，迷漫天地，性天尚可见乎！故百病风为首，百祸妄为先。

毒见于外，尚易疗治；疾隐于内，须知珍摄。迨至用药，不过补偏救弊。苟医非妙手，或误信庸医，抑医者三折其肱，而疾者一掣其肘，致成痼疾，则不可救药矣。

人生五运之中，饮食厌饱，日为六气薰蒸，火候一足，百骸未有不糜烂者。制妄气以清心火，平忿气以清肝火，节馋气以清脾火，销愎气以清肺火，绝欲气以清肾火，伏浮气以清三焦，使烈焰渐息，如釜底抽薪，自然六根清净，神而明之，存乎其人。

富贵火之光彩，强胜火之根苗，狠毒火之威烈，饕餮火之温暖，美色火之精神，趋避火之起伏，火性闪烁无定，至性坚贞不移。

果能戒慎不睹，恐惧不闻，自然气定精定，而神住矣。神仙长生之道，不外圣贤精一之理。圣贤穷理，理在人间，以理为长生；神仙炼气，气在天地，以气为长生，而形骸则未有不与万物同朽腐者。仁者寿，圣人长生之方也。老彭七百六十七岁而不衰，特禀赋之不同耳，今亦不在人间。

古人冬日饮汤，夏日饮水，适寒暑，解渴烦也。汤变以酒，禹恶旨酒，由来尚矣。酒有饮礼，经传载之。酒继以茶，芽取曰茗，晚取曰荈，杜诗“茗饮蔗浆携所有”，韩诗“茗碗纤纤捧”，好事者成饮癖焉。茶性苦寒，饮多少眠，久则伤脾，止清一目。茶又继以烟，于古未闻。又变水烟，一变再变，皆能损人神气而为害尚轻。至于倭烟，前明来自日本国，故曰倭片，又曰倭烟，南音近鸦，北音近乌，随俗呼之耳。彼地用以消瘴，亦犹中国之烟也，乃竟流毒中国。又近于烟之一变，耗财荡产，伤身罹法，为害益烈，人皆知之。而有故好之者，俾昼作夜，并日而耗，是以中国水土之身，试外洋水土之毒，迨至精枯神泣，仅余残壳，干功业而身不能立，求速死而气不即脱。《素书》曰：“绝嗜禁欲，所以除累。”夫嗜欲之累人，染于心者许自讼，败于行者许自新，而此烟一经薰染五脏中毒，纵欲迁改，其道无由。嗟乎，天地乖戾之钟，于斯为极，可不畏哉！

道谓人有三尸神，胃虫其一焉。夫饮食，五味也。偏好者，非性好，虫好也。虫偏于味，得之则生，不得则死。脾绝命绝，非脾绝，胃绝矣。非胃绝，虫绝则饮食不化，而命绝矣。虫在胃中，血所生者，与熟地亲，治其虫用熟地，投其所好，兼鹤虱草、沙苑蒺藜煎服，足以除之。偏好莫甚于误吸鸦片烟者，治其虫，仍须用生鸦片烟一钱五分，合一气三候之数，融无根水一碗，煮使君子仁三两，合三才之数，鹤虱草、沙苑蒺藜各五钱，合中土之数，共四两合四时之数，沙锅煮尽，烟水焙干，研极细末，待疾作，仍吸烟三两口以惑之，接用盐开水调服药末二钱，合二气之数，日服一次，晚以生熟地、当归、地榆、木耳末各三钱煎服，润肠，用导死虫出，不须三服，受毒最重之虫死，自然却烟而不吸矣。

书平平录后

天之五星，天文著之。地之五行，地理述之。人之五脏，内经备之。道之五伦五常，经传典籍该之。理倚于数，天地之数五十五，天人之学尽于五十五中，亦既详言之，精言之，无余蕴矣。然皆分言之，人于天人之道，未能贯于一，所以即事浅言，即物粗言，总理以合言者，欲明事物之理，原本于一，取一本万殊、万殊一本之义。噫！体圣言，致知、格物、诚意、正心固难，而言性与天道为尤难。天之七政，大观在上，地之五行，万物生成，明明有象有形，而难穷者，智者务于高远，愚者安于无知，然皆知其有心矣，知其有意矣，知其有物矣，知其有知矣。而曰格，曰致，圣经久失其传，至朱子始窃取程子之意以补之，即物穷理，可与智者道，难与愚者言。圣人立言，总以救正人心为先务，先成己，后成物，为成物，先成己。以黄帝之圣，在位百年，民怀其德百年，服其教亦只百年。尧之所以授舜，舜之所以授禹，心在天下，心在万世天下。禹之后数百年，汤伊尹继之，赖有典谟训诰。数百年后，文王周公继之，又从而演《易》，父作子述。又数百年孔子生而系辞，易道明，而万理万事万物，皆有所指归，更为之序《书》、删《诗》、传礼、正乐、作《春秋》，为后世人心救，用心良苦矣。复虑笔传难尽其旨，求如尧之得舜，舜之得禹，文王之得周公，耳提而面命之。于众贤中得一颜子，不幸早死，子哭之恸，恸其道无传者。许子贡，而子贡不能如颜子之身体力行。传曾子，而曾子不能如颜子之闻一知十。卒赖曾子继其道，以授子思子，作《中庸》，克绳祖武。孟子得其传于子思子之门人，门人孟子师也，曰予私淑诸人也，去孔子未百年，仅窃闻其说也。孟子力排异端，发明养气性善，其时管庄已各立其说，苏张亦各逞其辩，道统之所以不坠者，孟子之力也。迨汉唐迄今，群贤继述，千言万语，总不外于五常。五常得中，即正心诚意致知格物之脚踏实地功效也。道祖之设教外夷，佛祖之流教中国，亦本于圣道以救正人心，殊途同归，用心亦苦。佛道言天地，言性命。性不精言，不足以尽性；命不微言，不足以晰命。言到至精至微，原本于人心惟危，道心惟微，惟精惟一，允执厥中，十六字心传，何尝怪诞。苦于智愚不一，流为虚无，以至分门别户，互相诋触。由于不得其中，不精于一，道心愈微，人心亦愈危矣。窃欲即三教圣人发明五常至中之义而外，体其不及授受之余言，以言其言。凡人不能尽五常，以道心为微，岂五脏在人身，而人心亦不知爱耶！要知爱五脏，固精养气存神，自然精彻五中，气顺五行，神贯五星，道则全于五伦，理自尽于五常，无适非中，永无乖戾之祸，咸致祥和之福。故五脏不坏，入道之基也。铜仁杨芳诚村。

杨九畹曰：人无以平平为浅也，亦无以平平为易也。万事万物，莫不有浅，莫不有深，莫不有易，莫不有难，浅者此理，深者此理，易者此理，难者此理，一而已矣。子不观布帛菽粟乎，一棉一谷，其生也自根而干而叶而花而实，皆一分而两，两合而一，而此一而两两而一之中，纯固精融，生生不息，截分为两，而生理绝矣。圣人以棉为衣，以谷为食，象风雷之鼓荡，以弹击之，簸扬之；象日月之运行，以经纬之，舂杵之。器物备具，不可枚举，莫不有至一至中之处，为之主宰以成其用，截分为两，而器用隳矣。天地以一中生之，圣人以一中成之，惟其平也，知者见之谓之知，仁者见之谓之仁，百姓日用而不知耳。诚村先生作此录，畹适在原州，每公余闲谈，一有所悟，援笔即书，未十旬，集数万言。初非有意为之，既成颇不自信，意在求正知交。畹曰：先生之作，正妙在不雕不琢，粗枝大叶，应损益增减处，即生动流行处，自然而成，另得天地一种灵气，必求其工，转失本质矣。

承注曰：《反身录》云，朱济道力赞文王，象山谓之曰，文王不可轻赞，须识得文王，方可称赞。济道云，文王圣人，诚非某所能识，曰，识得朱济道，便是文王。至哉言乎！可谓八字打开当机，觌体分明直指矣。今人所以支离葛藤，于语言文字之末而求诸外，原自己不识自己也。诚识己之所以为己，本自高明，本自广大，与天地合德，而日月合明，圣非有余，己非不足，自然自成自道，岂肯自暴自弃。此数语最为卓识，注谓诚能自己识得自己，尽天地间事，莫非自己，非特不肯自暴自弃，即有心自成自道，毕竟是从私利上着足。盖天地本非大，人自大之；自己本非小，人自小之，不假安排，不施伎俩，而随时随事，息息与天相通，念念与人相见，是之谓道，是之谓真自己。读此录者，当从斯悟入，庶不惑于歧途。若守拘墟之见，存畛域之心，高者则议其入于元虚，卑者则訾其泥于浅近，恐门外钝置者，正复不少也。

附陈云心复书

陈起诗顿首诚村先生阁下：拜手书，读大集《平平录》，通天地人之道，敢明目张胆言之，与宋元来谈道诸子藏头露尾气象，大小悬绝。只此气象，便是道之所以为道。铢铢而称之，至石必谬；寸寸而度之，至丈必差。石称丈量，径而寡失，且夫石丈铢寸，计较而出，差谬寡失，有所取舍而为之，仍是铢铢称、寸寸度之见。知道者不然，言天下之至赜而不可恶也，极天下之至变而不可乱也。故曰：鸢飞戾天，鱼跃于渊，言其上下察也。孟子于问浩然之气曰，难言也。象山先生云，吾所知之理，罄南山之竹不能书，旨哉言乎！道本非罄南山之竹所能书，非象山先生所知之大且多也。知其不以大小多少殊，则知近之矣。此知不在学问，不在心思，自有生以来，能知者知，不知则不知。读尽古人书，呕尽心头血，求一隙之知不可得，故曰难也。揣量摩拟之工，口耳思虑所入，一指可以障泰山，两鼠斗于隙中，焉能辨其是非。韩文公云：非天小也。诗谓此四字惊心动魄，起膏肓、发痼疾之药石，读《平平录》者，当理会此气象。若理会某章某句，学我者拙，似我者死，混沌凿窍，韩卢逐块，可以一笑，诗所见如此。

大君子许赞一词否？起诗顿首。

平平摘录

伏羲氏画先天八卦，成一圈，以象三才，在天万象，在地万物，在人则万理万事，皆包括其中。其大无外，其小无内，不可思议，故无语言文字。

帝尧于先天八卦中，静玩之而有得，以圈天地也，人身也。其中所包者，天之七政，地之五行，人之五常五伦，咸须得乎其中。故于圈中点一点，曰中。

天地之中，人也。人之中，心也。心之中，性也，天理也。古篆中字，圈中一点，其点可上下左右，不使上下左右曰执，总在包罗之中。

气在天地，无损益于万物；气在万物，无增减于天地。调后天之呼吸，返先天之真一，气一道成，参天两地。

气之轻清上浮者为天，气之重浊下凝者为地。是气在天地之先，人禀其气以成形，故气在形先。人亦小天地。古圣建三极以教万民，本于先天八卦圈中一点，无极太极，包罗万象。道祖设教外夷，以无即是有，为长生之说以诱之，归于太极一点；佛祖设教西域，以有即是无，为寂灭之说以澹之，归于无极一圈。

粗浮，曰暴气。圆细，曰真气。调循任督二脉，圆而往来无端，细而上下停匀，益圆益细，益细益微，益微益真，真至毕真，丝丝息息，人生一劫，会至必灭，灭则寝息，佛谓圆寂，圆寂无极。

无极生太极，太极生两仪，阳奇阴耦。两仪生四象，阳加阳曰太阳，阴加阳曰少阴，阴加阴曰太阴，阳加阴曰少阳。四象生八卦，阳加太阳曰乾，阴加太阳曰兑。乾兑生于太阳，顺行乾一、兑二。阳加少阴曰离，阴加少阴曰震。离震生于少阴，顺行离三、震四。阴加太阴曰坤，阳加太阴曰艮，坤艮生于太阴，逆行坤八、艮七。阴加少阳曰坎，阳加少阳曰巽。坎巽生于少阳，逆行坎六、巽五。夫离生，谓中庸，同出图书。

曰执中，曰精一，曰祗承，曰日新，曰不闻亦式，不谏亦入，曰敬胜怠，义胜欲，曰思兼三王，曰好古敏求，曰愚，曰鲁，曰静，曰敬，曰穷理致知，曰先立其大，以至于致良知，道统流传，在当时好尚何如耳，好尚关乎学术，学术关乎治乱。

事有理到，而不必问数者；有数到，而理有不及者。故圣人注《易》明于数，而理始有所托。

察阴阳顺逆，知善恶起伏，数即是理，从理上悟出，理安于数，是正经学问。否则专事趋避，泥于数而背于理，转不如循乎理者之暗合乎数。

数生于理，天道也。理明于数，易道也。性命，经也。气数，纬也。作为，权也。

道如宫墙，理如锁钥。事物之理有一，审处得中，如开一锁钥，知中求中，好之者也，入门矣。悟中处中，乐之者也，升堂矣。居中融中，化之者也，入室矣。

仁义礼智信，五行逆克，裁成之道。春夏秋冬四季，五行顺生，化育之道。

仁，木也，旺于春正月，泰卦，外柔内刚。柔而无刚，非仁也。义，金也，旺于秋七月，否卦，外刚内柔。刚而无柔，非义也。礼乃天地万物，各具之理，圣人品节之由至，性中流露之纲常，规矩也。笔之于书，经礼三百，曲礼三千，垂为教化，一脉贯通。

初生知觉，良知也，明如新月一勾。月到望日，光明圆满。人年十五，知识充足于其时，戒慎恐惧守其知，博审思辨充其知，笃行之以验其知，生知学知，皆此知也。论工夫，圣亦学知；论心性，愚亦生知。

圣如孔子，年十五而志于学，三十始立，其间一十五载，潜心典谟训诰，学之易，体之难。经礼三百，曲礼三千，知之易，行之难，学而时习之，三十犹不自信，适周问礼于老子，至四十始不惑。由四十至五十学《易》也，非《易》不足以知天，非知天，不足以知命，且理倚于数，非数不足以明理。由五十至六十为鲁司寇，摄行相事，会夹谷，适卫适陈之楚，趋叶过宋，厄于陈蔡，备尝险阻艰难，益知天下事变迁靡常，而一心之至理有定，而后耳顺。越六十，删《诗》、定礼、作乐、系《易》，天理流行，不勉而中，不思而得，从心所欲不逾矩。以生知之圣，而进德工夫犹如此。

杨子偏于义，墨子偏于仁，只为不见全体本原，少偏不无流弊。孟子犹辟其为无父无君，今求如杨之独善其身，墨之爱无差等，且不可多得。

万物之理，寒暑往来，七政循环，要知来逆求往，要知往顺其来。人事衰旺，上应七政，故《易》曰："数往者顺，知来者逆。"《孟子》曰："千岁之日，至可坐而致。"不知数，不知天。不知天，不知命。

天不见其圆之极，地不见其方之处。方有形，圆无形，圆在天之外，方在地之外，包天地而方圆者，理也。曾子谓，天道曰圆，地道曰方。如诚天圆而地方，则是四角之不掩也。

天无形，三光形其形；地无形，五行形其形；人无形，百骸形其形；心无形，七情以形其形；性无形，五常以形其形。先天八卦，乾南之下，坤北之上，东之震离兑，西之艮坎巽，各三爻，虚含其中，共九重，是谓九重天。日月金水木火土星辰，各交缠一爻，递上九重至乾之下，而乾之上又三爻，共十二重天。释谓透过十二重心魔，证入金刚心中，谓纯乾也。乾之内三外三，谓之三十三天，七政星辰，惟月缠艮震，中爻皆两阴；星缠巽兑，中爻皆两阳。

推步，天之运也。占验，地之象也。晕珥虹霓雷电云雨，在地不在天，彗星虽地之象，上凝于天，然遇太岁，对太乙必见，亦系之于运。

阳极止于南之中，阴极止于北之中，日月至而却行一中也，因阴阳为转移时中也。阴阳之道，不同至于盛，而皆止于中，起于中。中即天地之心，善体天心者，时中而已。

明善复初，气归天真，精于一体，天道以成己也。顺承化育，气洽阴阳，燮于二体，地道以成物也。内以驭外，外以验内，合内外而体天地，本一身以为枢纽。

形与气，有纯有正，有偏有杂。纯无不正，有正而不纯者；杂无不偏，有偏而不杂者。圣曰纯，贤曰正，才曰偏，愚曰杂。

气之神，心也。形之妙，情也。形气之德性也，诚也。养心存诚，尽心明诚，守礼存诚，致知明诚。诚明义尽，诚存仁至。心为天根，复之象曰，复其见天地之心。气为天体，乾之象曰，天行健，君子自强不息。大哉乾元，万物资始，乃统天谓养其天根，以复其天体也。元者，善之长也。复之初九，一阳初生，仁也不远，复无祇悔。

轻清生性，重浊成质。气胜者，上知也。质胜者，下愚也。均者，中人也。天气本清，清不胜浊，变为乖戾之气，致成水火刀兵；人性本善，善不胜恶，流为气质之性，致成悖逆争斗。

廓然大公，物来顺应，体天之善因也。善因其物之因而因之，则无因而生是非，可造因乎。

天道善因，因而损因而益。禅家戒勿造因，不造因则善因无因而损，无因而益，与天地参。贤者因人，圣人因天。

万物感真乙之气，化于絪缊；资纯壬之水，育于精醇。先天之气，精神也。凝之成形，形中又含始气，阴阳再合，又生精神。后天之气，精神也。先天浑浑沦沦，无善恶；后天昭昭灵灵，有是非。

天不平以雷鸣，人不平以言鸣。雷不遍击恶物，言不轻加恶人。阳气上升，盛则晴；阴气下降，盛则雨。敌则气结，搏击成声则雷，恶极偶被雷击者，乖气相干也。至于正言训子弟，峻词饬官方，亦雷也。雷无宿鸣，人无宿怨。

精莫精于神，神命于天地；易莫易于气，气命于太虚。太虚者，天地之原。天地者，万物之母。量同太虚，心同造化。气分阴阳于屈伸，理别动静于隐显。屈而必伸，阴亦阳也；隐而必显，静亦动也。

争口气，与谁争？与天地争，形存无我，形没有我；与父祖争，形存一世好儿孙，形没百世好儿孙；与世人争，不辱于当时，不灭于后世。与万物争，禀与万物同，养与万物异。

佛曰明心见性，如日月对照，参归于望；道曰修心炼性，如日月交会，晤归于朔，水到渠成，成仙成佛，金丹大觉；圣曰穷理尽性，博之如望，约之如朔，日往月来，盈虚消长，为圣为贤，天根月窟。

佛氏说无圣人，不必反无说有。毋意必固我，顺理流行，用以修举万事，气之作用，无碍于心思。老氏说空圣人，不必反空说实，空空如也。叩其两端，而竭物理，兼尽无遗于鄙夫。

老氏之无，无欲以观其妙，有欲以观其徼。就心而言无，依旧有佛氏之无，以天地为幻妄，四大为假合；就身而言无，则极无孔氏之四毋。无而有其道，有而无其我。

无中求无，如梦幻泡影之渺，如露如电之茫，归于妄；有中求无，如梦幻泡影之旨，如露如电之机，归于真。

成圣、成佛、成仙，在临终之一念，又在平素操持此一念，坚定纯洁，凝聚宏毅，瞬息无懈，心如太虚，先已无生无灭，操纵自如，不撒手不撒手，要撒手便撒手，在我而不在天。邵子曰：“思虑未起，鬼神莫知，不由乎我，更由乎谁？”

《易》曰：“形而上者谓之道，形而下者谓之器。”佛谓形甚危脆，乃造罪恶之物，假名曰身，沉于老病生死，苦海得灭，如杀怨贼，如除恶病，灭其器而成道也。儒重修身，假我数年，修其器以任道也。

佛氏务上，近天道，引上知，诱下愚，使求乎上，其流弊在于渺茫。老氏务下，近地道，抑上知，破下愚，使退一步想，其流弊在于阴险。孔氏说中，尽人道，统上知中人下愚，求合乎中，其流弊在于执中无权。

圣教，知行合一，知贯乎行，知以表行，行以验知，本一身以达之家国天下。禅教，行解相应，以知为行，以行为知，即知即行，即行即知，心行路绝，言语道断。

圣寝疾而议殡礼，佛涅槃而垂教诲，圣寿七十三，佛寿八十二，自利利人，法皆具足，住世一劫，会亦当灭，会而不灭，终不可得。

三教本于一理，诚能穷得真知灼见，即天地之大道也，何必曰儒曰释曰道。

释道流弊在形迹怪诞与独善其身耳。而儒之功利，热中患得患失，无所不至者，求独善其身，不可多得。

老氏子宗，魏将，五世孙解，汉胶西王太傅，佛受室生子，而后出家证果，未尝灭彝伦也。

三教圣人，原本于一，后世分门别派，各生荆棘，互相排贬。《易》曰：“包荒，剪碍道之荆棘而已。”

三教各有流弊，非三教圣人所不逆料，亦所不必料。犹天之生物也，恶虫毒草，皆化育之，福善祸淫，由其自取。

富贵寿考，天堂也。奔驰困苦，人世也。疾病囹圄，地狱也。三界在人间，三界在心里，善则从地狱人世而升天堂，恶则自天堂人世而堕地狱。

《心经》曰：“无眼耳鼻舌身意，却内之六贼也。无色声香味触法，却外之六贼也。”为贼克其心耳，内之六贼，以身为首，故圣人重修身。

神泄于内六贼，曰眼耳鼻舌身意；外六贼，曰色声香味触法。佛教曰，无灭形以保神也。圣教四勿，凝神以炼形也。子绝四则，形全神融，与天地参。

心染于物之谓情，物生于心之谓兴，犹之明镜，想相尘忠告之义。

开天辟地，古圣一身一性，一气相感。今之众身，古圣之化身，性则古圣之一性。圣贤道佛，尽其性耳，希尽其性，五常得中，一其性耳。

愚夫愚妇，同此性，同此心，同此情，与天地同其气，同其理，是谓天理。顺天理，圣之宗；逆人情，学之贼。

天生万物，物不一而性一，性一一于天理也，人所共有，人所共知。天人之学，通天彻地，尽于天理二字。

在天曰天理，在人曰人情，人情即天理，天理即人情。理达乎情，曰至理。情本乎理，曰至情。欲循天理，不外尽情。公曰理，私曰欲。为己，人欲也。为人，天理也。同体异用，同行异情。

精气妙化之神，体物不遗，尽其天理良知也。格在内者，神明莫测之机，物来顺应，穷其天理，良能也；格在外者，天不可欺，背理，欺天也。理不可背，寡情，背理也。理即性也。曰中，曰仁，曰义，性之体；曰一，曰静，曰敬，性之用，心之体，总之天理也。天理二字，在人口角，心体之，免为小人，力行之，即为君子，驯至乎流行，则为圣人。

明德，天命之性也。本不忍之心，体验事物，明明德也。不以形体分彼此，亲民也。无为而为，止于至善也，人之所得乎天者。

有至性，方有至情，无至情，必无至性。循理，情即是性；违理，情流为欲。

处常，天性有诸内；处变，血性形诸外。天性用以修道，血性所以立道。知痛痒之谓仁，血性也。人莫不有血性，特为转念犹豫，知身家之痛痒，昧血性之痛痒矣。劳苦困顿，未尝不呼天也；疾病惨怛，未尝不呼亲也。苟能充之，足以保四海；苟不充之，不足以事君亲。

五行，五脏之质；五常，五脏之精。全其精以固其质，知而无行，修命未修性也；正其心以尽其道，行而无养，修性未修命也。知行合一，穷理尽性，以至于命。

地凝五行之质，天含五行之精，精生五行之气。人禀其气，含而成性，天命之谓性也。凝而成质，生五脏，各禀其性，分含其气，发为五常，各任其性，气质之性也。攒簇五行，牢笼五常，统归于一。率性之谓道也。

理一而事不一，事有是非，理以一之；性一而行不一，行有善恶，性以一之。

风云雷雨隔于下，太虚之皓日皎月，自若也；哀怒恶欲战于中，本性之天理良心，仍在也。

处常如春秋，冷暖适平；处变如冬夏，寒暑悬殊，在所处者何如耳。诚能平心静气，处变如处常，则我能位育天地万物，天地万物不能浸淫于我。

火性炎上，而不暴礼也；水性润下，而不流知也。木性曲直而不折，仁也；金性坚刚而不愎，义也；土性沉潜而不险，信也。兼而体之，性之道也。

水性湿，虽动静不一，而湿则一也。火性燥，虽明暗不一，而燥则一也。人性善，虽知愚贤不肖不一，而善则一也。燥湿水火之定性，不善非人之本性。好人之所恶，恶人之所好，失其本性。

物秉气偏，其性昏，然爱所生恋其生，蜂蚁识君臣，鸿雁别夫妇，得一隙之明，守其天也。人秉气全，其性明，具一理以应万事，全其天也。乃为气禀所拘，物欲所蔽，失全体之明，汩其天也。物守其天，已逊于人，人汩其天，更逊于物。

五行之精，上凝五星。五星之气，下赋五性。五性之德，发为五常。五常之理，贯于五伦。舍伦常不见心性，彝伦叙而天下自平。

性禀于天地，合为一理，分而为五常，再分而应万事万理。一失其正，是谓任性，欲尽其性，希一其性，是谓知止。

一其性，五常得中，至性也。知中，知天也。不知中，惟知其甘，知其美，食色之性也。恋其生，恋所生，禽兽之性也。因时生灭，万物之性也。好恶无常，气质之性也。希一其性，勿任其性。

性如金钟大镛，系之使空，大叩大鸣，小叩小鸣，不叩不鸣。养至于气度端凝，何等博大宏通，孰能窥其浅深哉?

定性无内外已难，无将迎更难，必敬以直，内义以方，外视横逆患难为气，化运会与性天无涉，知止而后有定。

人心本自虚灵，智如清潭，迎风生浪，贵在于止，止则定而自明。愚如垢镜，昏暗无光，贵在于磨，磨则净而自明。即物穷理在平时，豁然贯通在一旦。

中，性也。和，情也。操中和者，理也。权中和者，意也。纵中和者，念也。失中和者，欲也。统性情意念，而守中和者，心也。

心纯而不杂，一杂他物，则分为一千一百一十心，则非心矣。

人心道心，非有二也。危，殆也。微，幾也。情未发，与天地同体。情将发，幾焉而殆者，岂道心易为人心哉，人心不得为道心耳！

人心险于二，不险于一，一而二、二而一之间，离中之虚，乾之变体也。守其间之谓中，得刚健之正，真存常存，真亡不亡。

存心，如明镜无尘，止水无波，物来自鉴，皓月无云，万里长空，水天一色，我还我心，无事而已，是即明心见性。儒之神，佛之果，道之丹，其外是乎！

心如止水，如明镜，止水不能无波，明镜不能无尘，常人之心。如皓日，如皎月，薄蚀不能损其明，云雾不能掩其光，圣人之心。

同一心也，无人心不见道心。《尚书》指人，言曰人危；指本体，言曰道微。《论语》就一身言，曰克己；就功用言，曰复礼。允执厥中，纯乎道，所以成己成人，天下归仁。

审处万事不外于理，穷究万理不外于心。学问之道，不外事与理与心三者而已。忠君孝，亲弟长，事之先务，理之切要，心之开端。赤子之心，未有不知亲爱父母兄弟者，良心也。诚能保此良心，谓之道，谓之德，不必外求也。

阳明发明致良知三字，为独悟至道正宗，当其身，人皆诋为禅学。若以天理良心发明圣道，讨论性命本原，救正人心，不惟知者不敢议其非，而愚者亦能明其义。

惟精，是惟一工夫。一者，一于天理。天理即道心，道心为主人心，听命只一心也。心不复听，心命心听，道命耳。

人心，未有不知天理为可畏者，畏天理而毕尽人情，希圣希贤之妙谛。

赤子之心，纯乎天理者也。完赤子之心，以成圣贤之心。

百体皆阴，惟心一点阳气，昧心悉化为阴，孤阴不生。

心虽方寸地，其间层岩叠嶂，巨壑大薮，最易藏垢纳污，魑魅魍魉，无所不有，必须简畀循良大吏，适中镇抚，时时省察，一遇宵小溷迹，立刻剪除。勤求九思治理，敬守四勿法度，剔奸除弊，不避气质豪强，抚善安良。切忌意念烦扰，主静以表端天下，行健以救正人心，力挽颓风，期臻上理。苟涉怠荒，罢斥贤守，则群邪乘间窃据，必致养成内患，大肆跋扈，不可救药。

物格，则心上不着一物，而后无物不有，自然溥博如天，渊泉如渊，无入而不自得，知之至也。

心不可无着，无着便成顽空。心在太虚，则神游九天；心在渊泉，则神游九地；心在万物，则神包宇宙；心在君国，则神系苍生；心在父祖，则神注儿孙；心在身家嗜好，则神注声色货利。神随心运，果不外乎天地、君国、父祖，自无惭于衾影，无愧于屋漏。

心在一身，同枕异形；心在一室，邻里为敌；心在天下，乐同造化；心在天上，万类同象。心包宇宙，无声无臭。

心在上古，与圣贤同志；心在天下，与万物同体；心在万世，与天地同流。境外无心，心外无境，人心也。心不碍境，境不碍心，道心也。境中无心，心中无境，天心也。

性者，心之体。情者，心之用。心不正，失体用之权，性情乖违。体用之道，正心修其身也，明心致其知也，致知见其性也，格物正其情也，情得乎中，明心见性。

以心存心非中，以心见心非空，以心修心非元。惟不必以心存心、见心、修心，总归于无心，则成其道心。

祟生于心，是谓孽障。心一放平一看淡，无孽可障，至诚如神。

孕而性具焉，生而情蓄焉。五常性之端，七情性之著。心权其间，纯而不杂，约其情以合其性，否则性滞，为理癖情，流为人欲。

在物为理，物之理，心之善也；在心为善，心之善，物之理也。明善，格物之理；穷理，明心之善。

放心则心驰于外，由不放下心，至于放不下心，以致放心。求放下心，须从有物有则，操存省察，到义精仁熟，无物无则，囫囵天理，然后放下心，而后能存心。

心不为心存，心不为心累，非放下心而存心之为神，能放下心而不累心之为神，不执理以逐物，物来则应；不越理以生机，机动则迎。

存上心是这个心，放下心仍是这个心。存是放下这个心，放是存上这个心。

心如笼鸟，阖则跃，辟则扬，饲之既驯，依笼为巢，觉巢逸而日休，扬劳而日拙。心与天通，以天为巢，出亦非外；以地为乡，入亦非内。不操亦存，舍亦不亡。

立国大本，首重人心。治世大纲，救正人心。人乃天心，心乃人心，性乃心心。心字一勾，一以生两，左右两点，一气一精，两以生三，三点为神，神生知，知生意，意生念，念生情，念分善恶，亦会于情。情未发，含于一勾三点之中，函三抱一，虚灵为性，人皆知性之原，则心无不正，心正而天下平。

君敬臣忠，父慈子孝，心心相印，天理自见。

道统十六字心传，《大学》三纲领八条目，《中庸》三十三章，《道经》五千余言，佛典五千余卷，说不尽天理良心四字。

以求至乎其极，朱子发明人情物理之极处，阳明发明良知，仍朱子人情物理之极处也。其处何处乎？天理良心之意界间。

本此天理，健运于心，无息或息，一点灵明之气，无少昏暗，其乾元之旨乎！

大哉乾元，万物资始，气之始也。至哉坤元，万物资生，形之始也。形气浑合，性之始也，太极也。太极生两仪，两仪既兆，五行斯张，五行各生一脏，五脏既备，五德亦寓焉。

水一、火二、木三、金四、土五，数之理，数之性也。肾得水之气，毓为智囊，过则诈，不及则愚。地用土之五，防水之一，合天一为七，以齐之成智枢，为天理之枢纽。心得地二火之气，毓为礼窟，过则离，不及则灭。天用土之五，消火之二，合地二为九，以纠之成礼节，为天理之节文。肝得天三木之气，毓为仁本，过则腐，不及则痿。地用土之五，培木之三，合天三为十一，以一之成仁德，使万物各得其所。肺得地四金之气，毓为义府，过则愎，不及则迂。天用土之五，养金之四，合地四为十三，以散之成义纬，赏善罚恶，以立功立事。脾得天五土之气，毓为信基，过则硁，不及则陷。地用土之五，倍土之五合天五为十五，以伍之成信，守约四端，咸使得中，以成其性。故曰，天命之谓性，五常无过不及，率性之谓道。

气即性，性即气，气即命，经传、佛典、道经，千言万语，说不到穷处，一言以蔽之，曰气。

气贯三才，在天地曰阴阳，在人曰心性。气沴阴阳逆，气妄心性乖，养气炼气，正所以修其心性也。

不见性无息，理无息，见气无息。气无息，同天之健运无息，无暴其气，终日乾乾夕惕，若心随呼吸，无一息肆，无一息滞，是谓乾德，是谓天理流行。

性浑沦沦地，性非性，非非性，非无性，非有性，非无性非性，非有性非性，性即道，道即性；心活泼泼地，心非心，非非心，非无心，非有心，非无心非心，非有心非心，心生殃，殃生心。

心性，理也，感于物亦物也。经传，理也，通于物亦物也。潜心经传，而不心体力行，玩物也。必格物，即其理，以应事，浑含一理，内圣外王之道。

无臭无声，寂然不动，性也，心之体也；有物有则，感而遂通，情也，心之用也。

内而性心，知意之理；外而天地，万物之情，皆物也。穷究情理，贯通内外，不为物蔽，一点灵光通天彻地。致知，明善也。格物，穷理也。

莫不因其已知之理，而益穷之。以阳明之聪，初犹误认逐物穷理，至于格竹致病是逐物，非格物也。及发明致良知，悟到以求至乎其极处。

性无为，贞静幽闲，无人心诱之，不至放僻邪侈；情有为，忧勤惕厉，无道心止之，渐至流连荒亡。

性含真神，囫囫囵囵，故生道；心生识神，恍恍忽忽，则生欲。养性，还其真神；存心，去其识神。

性最幽静，如寝室内藏真神；心最昭灵，如厅堂内藏正神；情最活泼，如门户内藏识神。欲则游神也，盗贼也。门户谨严，盗贼潜踪。

不失其赤子之心，浑沦之性也，如保赤子慈爱之心也。以慈爱之心保浑沦之性，自明其德，自见其性。

恻隐、羞恶、辞让、是非之心，性主之，即气主之。全其所有尽其心，尽其性即全其气，所以知天也，所以立命也。

性之包罗仁也，仁之包罗心也，心之包罗情也，总其包罗德也，无包罗无归宿矣。

性如琴瑟，心如音律，情如节奏，师旷谱之，成太古之音；赵女弹之，成郑卫之声。音在人，情在行，行同而情异耳。诚则师旷之音，伪则赵女之声。

本觉，性也，孩提之爱敬是也；知觉，心也，乍见入井与平旦之好恶是也。

天地气运，顺轨消长；万物形神，顺气生灭，以一身斡旋其间，从有为至于无为。有为，用也，情也。无为，体也，性也。又于体用之间，与之以权，曰心有用无体则妄，有体无用则诞，体用无权则邪，权其体用则正。

百岁形骸，赁宅而居。心，宅主也。性，家法也。五官，奴隶也。主为奴隶牵制，废家法矣。潜心静摄，不出户庭，一身计也。明目达聪，秉家法为国法，为天下法，先立乎其大，一世计万世计也。

人乃天地之中，心乃人之中，性乃心之中，方之于物，心犹果核，性犹果仁。存养者，全其核，布其种；失养者，咀嚼之而已矣，践踏之而已矣。

心，根荄也。精，膏脂也。气，枝干也。神，华萼也。德，果实也。性，生机也。昧心坏根荄，摇精竭膏脂，暴气戕枝干，耗神痿华萼，丧德剥果实，违性枯生机。

天地运万物，于春夏，性以生之曰仁，情以成之曰义；于秋冬，情以收之曰义，性以藏之曰仁。体天地之心为心，见一物不践以养其性，使各得其所以畅其情。

情者，心之花，千枝万朵，生一情，心上添一关，作关论，锢蔽难攻；作花看，去留在我。

念者，心之枝，意则心之干，性又心之根。善者性天雨露，恶者欲海风波。

目观于心宅，心止于神舍，神定于气府，气静于精室，精安于虑宫，虑得于性天。

我所凭依，其在理也。无我无凭，惟理是凭。理即是我，明心见性。

火性炎上，水性润下，木性曲直，金性坚刚，土性沉潜。人禀其气，以成其性，多偏而不纯，惟道能以一之。修其道以一其性，以成人之性。教即道，道即性。

土居中宫，分旺四季，运木火金水，化生万物。天地有常，信在五常，约仁义礼智，炼精气神，应万事归于理，彝伦攸叙，天下自平。道有常，脾主一身运化，饮食生精气神，养五官百骸，智虑日生，穷理致知，修身以道，道合天地。性有常，不明心见性，则与天地反其常，无常到头一文将不去，只有业随行。

养其水之真一，则性一，心一，精一，气一，神一，知一，意一，念一，志一。有诸内，形诸外，礼一，义一，而后情一，一一而无所不一。得其一，万事毕，水哉！水哉！

三才一气，气有阴阳，心有是非，不一则二，不二则一。立心于一而二、二而一之间，有作有为，斡旋天地。

一而二、二而一之间，乃无中之有，感应神化之处，消息只是个无。

洗心除已往之私，涤虑截未来之欲。达摩面壁九年，一日一功，洗心涤虑，三千功满，只履西归。

一气凝精，精凝生神，原本于一生，而知识一开，神为利昏，气因昏妄，精因昏散，各任其性，分而为三。洗心涤虑，凝神驭气，调气卫神，神气固精，精全神气，三家相见，是谓修命。曲尽五伦，攒簇五常，曲尽五常，攒簇五行，是谓修性。

流行曰气，凝聚曰精，妙化曰神，融而为一曰性，主宰曰心，明觉曰知，发动曰意，感通曰物，统性、心、知、意、物曰理。

人在气交中，人无非气，犹鱼在水中，鱼无非水；心在人中，犹人在气交中，心无非人；性在心中，犹心在人中，性无非心，性即人也。

米面谷麦之仁，天地寄草木以仁，育万民者。食其仁，爱及草木，用还天地，推此一念，纯任自然，以充其量，仁民爱物之心。

人以爱子之心爱我，我将何以报人？我以爱子之心爱人，人将何以报我？存心图报尽其性，有心望报任于情，人爱视如天之润泽，我爱等于地之发生。违天灭性，违地溺情，合天地而不务报，同其德也。

嗜好，人心所固有，亦道心之作用，人心道心，同此心耳。一心能成万，二心不能成一，行同而情异。天理人欲如临歧，只在差一步。

气禀于天，气在性先，是谓先天；形成于地，形在气先，是谓后天。气两也，性一也，一以宰两，两以化一。

存心如武夫守土，养性如女子守身，血溅疆场，寸土不移，之死靡他，一心不二。

日凝五行之精，性含五常之精。月则映日而华，心则印性而明，是性同日，心同月，而气则同天。

动云不服气，是不知命，何以尽性！欲求立命尽性，须伏其气。

天宰一，地融两，人参两一。气，天也，命也，静则万物不成，故动劳运用。形，地也，精也，动则万物不生，故静承播植。

神，我也，调和其间，斡旋上下，有我则滞天地，否而气与精违；无我则化天地，泰而神融气精。

气养心性，如天之系日月也。闭目精神凝聚，睁目精神贯注，目之所到，精神所到，如日到天中，月到天心，一尘不染，景正万方。苟非礼入目，则光蒙明晦，非日月无光，云雾迷之也；非心性不明，私欲蔽之也。

一心纷营，是扰乱也，不得谓动；万念皆灰，是寂灭也，不得谓静。惟主于一，健行不息。惟不息是为真动，惟专一是为真静。动静互根，天地之经，乾坤之正，圣人之诚。

阴阳消长，别在几希，阴长浊必混清，阳长清可刷浊。惟在炼阳制阴，炼阴从阳，清气升，浊气降，浩气常存。

动而不动，动中有至静存焉；静而不静，静中有至动扰焉。至动故无动，至静故无静。

天之四时有序，动中有静；地之万物发生，静中有动。后天呼吸之气，动也，动中求静，如天之四时有序；先天真乙之气，静也，静中悟动，如地之万物发生。

万物不动不生，无物非动，心一有知即动，无息非动。惟一理主持其间，即使酬酢万变，动亦静也。若一念稍纵，即瞑目趺坐，不能禁其不动。

一点虚灵之气，心也。凝聚曰精，妙化曰神。仙狐成真，凝聚其气；灵魂作圣，妙化其气。夫凝聚妙化者，常知常存，常主于理，若无端役心，败丧精神，涉于正助，或心如死灰，不睹不闻，涉于空寂。惟视理之所在，融而为一，自然虚灵不昧，动而不动。程子曰："静亦定，动亦定。"

万物性存气存，生生不已，性灭质存，气犹未尽。灭也，精神犹附之，是知气在天地，无损益于万物；在万物，无增减于天地。灯烛，油精也，光神也，焰气也。未燃，质含精气神于天地；既燃，气融精神还天地，统归包罗之中，何损益增减之有。充其气，为圣为贤；剥其气，为草为木。

气在天地，运行其道；气附形体，运行其才。含之为性情之枢纽，发之司理，欲之几希，秉礼为神，纵欲为鬼。

鬼神二气之屈伸，一德之变化也，不入于正，则入于邪；不入于神，则入于鬼，直义养气，一心不二，神化鬼灭，象由心生，神散鬼作。

天以气应，运操万物生杀之权，任万物以自操之；人以气应，理操万事善恶之权，在一心以操之。操则存，有善无恶。

元者，善之长也，一身之元气也。家国天下同此元气，善则元气自足，充其气，家立，国立，天下立。

至仁寓至义，至义成至仁。礼智生于仁义，仁义赅于礼智。

义，仁之筋骨也。礼，仁之体肤也。智，仁之精神也。性，仁之命脉也。情，仁之容色也。不仁则通体痿矣！

存心养性，致知明诚，内而修性命，外而叙彝伦，以之治事，则事治，以之平天下，则天下平。大成圣贤，小成功名，内外两得。

真妄止争一念，物我原无二理。妄则物自为物，我自为我，物我为敌，悉成冰炭；真则物可为我，我可为物，物我同原，两无扞格，去妄存真，潜通造化。

情欲，所以磨砺心性者，虽蔽聪明，亦启聪明。穷理，穷情欲中之理；绝欲，绝义理中之欲。欲中有理，以欲绝欲，欲即是理；理中有欲，执理为理，理即是欲。天理人欲，同体异用，同行异情。

克念罔念同其念，而所殊霄壤，在公私之别耳。为一身矜理，理即罔念，为天下同利，利即克念，公私不系于事，而系于念。

所行是，便是善，所行非，便是恶；能知非，便是善，惟知是，便是恶。古之君子，行年五十，方知四十九年之非。今之自以为是者，自诩为君子，薄人为小人，试将日之所行，清夜思之岂尽是。

已往之过，不可追悔，修省当由病原上从头责实；将来之过，未露形迹，惕虑当从幾微处斩断孽根。不为将来种孽根，永杜已往之病原。

无自欺以诚其意，自修之首也。故必谨之于此，以审其幾，所云此者意界也。无极而太极，无意生有意，易流为意累；太极而无极，有意归无意，易泯为意顿。所谓意界者，界在无意有意、有意无意间，于其间留神审其幾，则此心始有归着。

诚意诚其处，慎独慎其处，无妄其处，止其处，定其处，静其处，安其处，虑其处，以先天还后天，还其处而后得其处，如恶恶臭，如好好色，二如字亦在其处，故佛曰如如。

眼耳鼻舌一触，色声香味，美则好之，恶则恶之。无少妄者，良知也，即其知以体道，未有不知而好之，好之而乐之者。

眼耳鼻舌，心之四媒，意如驶御，身如舟车，载其心诱之使游，修身牢其舟车也，诚意逐其驶御也。达摩面壁，吕文穆不回头，无眼界乃至无意识界。

觉，良知也。觉而纯于一理，良能也。良知佛之圆觉，良能圣之物格。

理不明心无主，遂至先入之言，鼓惑其心，行多悖谬。何以明理？曰读书。何以治心？曰养气。

嗫嚅寡断，懦夫之馁气也。贯日冲斗，湖海之豪气也。朱子谓曾子刚毅，上蔡谓孟子强勇，刚气也。子曰“修己以敬”，乃天地之元气，主静主一主敬，皆直养工夫。

气善，由草木昆虫升而为贫贱富贵；气恶，由富贵贫贱降而为昆虫草木。积厚流光，不厚不光。

子前阴极阳生，善念多，佛道亥未养静，迎其善也。清夜自省无疚，天君泰然，孟子发明夜气，善之幾也。

气体强壮，好动恶静，多入于邪；气体既衰，喜静恶动，多入于空。总由初无定志，趋向不坚，少格致工夫耳。

人心虚灵，苦于盛气填塞，须下其气以平之。惟能下，故大大而化之；惟能虚，故灵灵还本性。

形气精神有阴阳，分清浊却无善恶，浊则多欲，欲则生恶；清则循理，理便是善，善恶之幾，随阴阳而消长者。

太极，奕枰也，两仪，黑白子也。理，枰度也，原始入局也，返终结局也。气，投子也，善恶，投子之良与不良也。善奕者，着着戒慎恐惧，善益求善，初未觉其必胜，先据胜理，终则胜负攸分，归于一劫。

天地之心，运万物而不见其心；圣人之情，顺万事而不见其情，心情迹绝，天理尽见。

天地有恒，寒来暑往，平澹无奇，恒则久。人无恒，矜奇骋异，变动无常，无恒则暂。

仁育者，天地之心。义正者，天地之气。豺狼深藏于山，不戕荆棘，不碍于道，不剪以义正，为仁育也。

君子之心，大而函覆，小而敬畏；小人之心，大而放肆，小而褊狭，同一大小，器识各异。

爱人者，人恒爱之；敬人者，人恒敬之。道也非其道，佛谓，仰面唾天，唾不污天，还污己身；逆风坋人，尘不污彼，还坋其身。

墨子兼爱，偏于情，仁之用也。有子曰孝弟也者由于性，仁之体也。韩子曰博爱之谓仁，仁之端也。亲亲而仁民，仁民而爱物，体用兼备。羞恶、辞让、是非之心，皆由恻隐流露，故仁包四端，元含四德。

礼，理也，一也。天之七政，地之五行，身之五脏，性之五常，行之五伦，无在非理，礼以一之，归于条理。

五行在天地，地下有形，天上有象；五常在形气，内必有据，外始有行。上体天道，有形即有象，人皆仰之；下体地道，有据即有形，物皆生之。

百卉根藏于土，百行仁含于心。培之厚者，发干发枝，自生奇葩异果；养之纯者，及事及物，自立盛德伟功。根朽，则枝干同朽；仁丧，则事功同丧。

人所以立天地者，君子疾没世而名不称，恶其无能也。人不立名，无能而没，君子之疾，亦天地之疾。有能德足名世，功足救世，言足法世，知于世称于世，天地不虚其世。君子无疾，天地无疾。

不忍践一虫蚁，折一草木，即此一念之微，充之以求至乎其极，是即已知之理，是即即物穷理。若逐物测度，即使心不惮烦，而力亦不逮，必至舍本齐末，骛外昧内，明德亲民之学，乱于后世矣。仁敬孝慈信，莫不因其已知之理，而益穷之者。

敬则阳气返，先天光明正大，伸之为神；怠则阴气丧，后天幽暗险愎，屈之为鬼。

天不必自明，即以其人之明，以了其明；道不须自明，即以其己之明，以还其明，明则诚。

一点灵明之气，潜通鬼神。一念背理，变为乖戾之气，干犯天地。

无事勤省察，动以翕静；有事究存养，静以制动。省察静中之存养，存养动中之省察。

无我无至，冲漠万象，全体浑然，方到圣之不逾矩、佛之入定境界，然须循序渐进，必有事焉，集义而勿助长。

愚人，患无所见；聪明人，不患无所见，特患不肯向切己处痛自琢磨，所见即是病，自非剥落净尽，无由得见本来面目。

视因听而邪，言因听而躁，动因听而妄。好问而察迩言，耳之关系较重，多听少信，多察少发，隐恶扬善又其至也。

好问而好察迩言，古则隐恶而扬善，今多隐善而扬恶。不知隐恶而扬善，正所以远怨而服人心者，可隐则隐，可扬则扬，又其两端之用中。

过而能悔，知也。过不殚改，勇也。无过，仁也。三达德真正学力。

罪止于四，过止于七，错止于一。乖德曰罪，溢情曰过，见理不明曰错。

耻，亦性之发，见处穷凶极恶，未尝不耻于心，而见于色。何如一转念，仁义礼智，根于心而睟于面。

耻，伦常之范围，行藏之枢纽，听命于心者，心明则知，而不为心蔽，则为而不知。

数生于一。事事物物，各有一理，各具之太极，原其数之始也。理倚于数，反其数之终也。本一理以应万事，不杂偏私，即原始反终之义，直指一字曰公。

一身之万理万事，无可形容，故圣人演《易》，由太极而两仪、四象、八卦、三百八十四爻以赅之。居则观其象而玩其辞，动则观其变而玩其占。读书考古，博之以文也。穷究万事，归于一理，约之以理也。知行合一，约三百八十四爻、八卦、四象、两仪而归于太极。

博以立功，约以立德。遵德性，约也，体也。道问学，博也，用也。象山言德性，理简而工夫切，体天道也。晦庵言问学，道密而著述富，尽人道也。朱陆之学本同体异用，乃后世非陆者议其空寂，偏于用也；非朱者议其支离，偏于体也，皆学者之流弊。

文章功业，了而不了者，德耳。德因才成，德因才灭，得其德，生而斡旋文章功业，死而收拾天地造化。

盛衰不观气数，在道之立与不立。文章为立国之大纲，朝野舍浮靡而究心法，则上有道揆，下有法守。

读书为救世道人心，天地之公；读书为求功名富贵，一己之私。公故以意逆志，无不贯通；私则矜相聚讼，讫无一是。

读书贵知古人心，善体古人行。或理有未融，而行足以副之；或行有未逮，而理足以赅之。学问不验事功，所学何事。

秦火之后，书多残缺，汉儒穷数，即数以明理；宋儒穷理，即理以验数。汉未极于理，而宋则赅于数，乃分为考据、道学，见其郛廓。

希夷发明周易三图，有谓伪造者，不知横图本于太极生两仪，加一倍方圆，二图本于先天八卦。

奇门本于《周易·乾凿度》，明地道也；六壬本于《吴越春秋》，明人事也；《太乙》明天道，戴九于先天兑，履一于先天艮，本于《连山》。

数所以前民用者，上穷天时，下穷地理，中知人事，有理有数，有始有终。尊卑尽职，贵贱有差，政教中出，以播四方。四方序，三光明，寒暑平，内外治，国乃不忒。然以理济世者多吉，以数著名者多凶，民可使由之，不可使知之。不能见解自己学问，好论古人是非；不能见解自己行事，好论今人是非，未尝身体力行，只徒快其口舌，是以身谤也。

识见深远，始于考证，成于阅历；识见浅近，溺于嗜好，熟于世故。识大，用心深；见小，出言妄。

经传典籍，诸子百家，在人心如师友，不能尽师其师，尽友其友，往往盗袭剽窃，树帜称雄，既背师友，而又斥其未师之师、未友之友者，是诚何心。

经传，师也。诸子百家，友也。绮丽文词诱我心，而日趋下流者，试于力攻经传验之，初如严惮师友，偶忆淫词艳句，心花一开，邪念随起，有力者践实迹，无力者涉妄想。诚日事经传，磨以岁月，自然其味深长，化严惮为亲爱。故文词宜有益于人心，处友勿引诱于下流。

精义则能立其大，明理则能见其大，义理足而浩气充，斯之谓宏毅。

学而思，思而学，胸中总觉窒碍，偶得良友问难，借以讨论，自见精进。

天之七政，顺轨而行；地之五行，应运而化；人之功德，尽性而成。七政、五行、功德，浑合相应，而后麟凤育焉，圣贤生焉。

道以言立，言以理立，理以行立。人不易，言不易，行亦不易。天生万物，甲虫之麟，羽虫之凤，不易见；传世之圣，治世之贤，不易生。心法如颐养，用以保性命；政事如菽粟，用以饱万民；诗词妙如珠玉，文章灿如花卉，供玩赏而已。

战国时，尚纵横功名之士，著书立说，汗牛充栋。天厌阴谋诡策诱丧人心，因纵秦火。秦政之罪，不在焚书，而在并焚六经与坑儒耳。

经书气运，亦有否泰。秦政焚伪于前，程朱注真于后，两汉注疏与前明讲学又其焰后，清风香遗余芬耳。

禅之大鉴、马祖、黄蘖、临济、沩仰、睦州、云门，道之陈希夷、张紫阳、白玉蟾、邱长春、张三丰，亦皆间气所钟，一世之豪，非不知圣教为万古经，常以皓首穷经，不能越孔孟之高深，故入佛入道，各行其志。

三代而下，多务妙言、奇言、险言、清言，言益精而义亦乖，行益艰矣。子长曰，仲尼没而微言绝，七十子丧而大义乖，其深得圣之精旨者。

义理日事酝酿以求其熟，熟则融其精；意见日事洗刷以求其新，新则味其真，出于无心，成于有序，乃为至文。一音一珠，五音贯珠，太古之正音；一言一珠，慎言如珠，天地之正声。言乃心之文章，一言而为天下法。

五音各纵其器，断难合拍；五常各任其气，断难合德。音听于鼓，行率于性，德备于身，音协于律。

辞乃心之令，文乃心之声。畅所欲言，江河之文也；欲讷于言，金石之文也。言不泛滥，文必精彩。文不必求深，言深文自深。言不必求立，道立言自立。

科第取士，取其言，行其道。资才德，以表端士习；敦道义，以救正人心。平天下之要务，若以文章为敲门砖，则科名为钓弋矣，士岂鱼鸟乎！

题面之当然，题前之已然，题后之未然，题旁之必然，题中之所以然。自然之理，一思而得，人云亦云，人然亦然，众见也。物莫不有至理，心莫不有至知，再思之，当然之不然，已然之未然，未然之已然，必然之必不然，所以然之所以不然。思之思之，鬼神通之，独见也。曰八股，耦也。对股，八卦对待也。前股生后股，五行递生也。阴阳合而适中，奇耦配而适平。心无系累，中也。气无躁妄，平也。身同万类，心同天地，空也。心空则灵，仁之机也。气平则静，知之机也。机生慧，慧生神，神而明之。下笔如有神，勇也。尝于克敌验之。

专攻名家，徒骛高超，即使妙如王墙东、方百川，不免困于场屋。然名家在天地，如日月经天，江河行地，成就人材，范围世道，其功亦伟矣。欲求利于考试，还须圆满润泽，局面则翩翩然露公子气象，主试以为此少壮有出息也。辞藻则訚訚尔露和悦而诤，主试以为有大臣气节也，而手法仍不出乎名家规范。

题只三十二法，除有于字者宜顺领，余皆倒领之。类于名家文中摩其手法，加以墨裁、色泽、声调，则售世传世，攸往咸宜。

字典，字之履历也。诗韵，简明履历也。日识三字，如募三丁，注明事迹，年约千余，三年得三千余，使如指臂，所向无敌。

诗道性情，在于立志。性无巽顺，言无醇厚。情无恻怛，言无慈祥。委婉见涵养，洒落见抱负。其称名也小。其取类也大，其旨远，其辞文，其言曲而中，其事肆而隐，因贰以资民行，以明得失之报。

胸中潇洒，自得泰然乐趣，验之乐声，澹而和者，怡人心志。澹则无欲，志和则无躁音之起，心之生也。

物本无尽，理亦无穷，即物穷理，格素位而行之物，穷思不出位之理。

理，天之心。文，天之舌。天不朽，文亦不朽。有关于世道，天必留；无益于人心，天必废。

视物多可欲者，内必浅；视人多不善者，中必狭。立其大则轻外物，见其大则小外物。不宏毅，不足以任道。

言事贵实，实则易信，其言行；言理贵平，平则易从，其言著。

言理见诸事功，谈兵见诸战阵，空言理与纸上谈兵同。

宰天下将百万，与役一仆同一格也。诚不足以格一仆，使之敬畏而不怨，不足以宰天下将百万。

怨尤仇雠，不相下耳。江河为百谷王，海纳江河，地载大海，下也。

高而不危，宽大为基；满而不溢，静定则实。

眼耳鼻手足，皆两而并立，口则一焉，舌则一焉，居其中。言乃心之声，舌司之，口权之，守其一而言出适中，老子曰："多言数穷，不如守中。"

称人曰公，谓无私也。公则原始返中，殆圣贤之称欤！

书法亦六艺之一，有精神，力量大，福泽厚。精神关系命脉一事，少精神，百事无长进。

临池意专，气定运笔，腕空肘活，肩松体正。笔法即指法，将指食指如美女拈针，中指、无名指、小指附管而撑，踏稳左足，食指取力，左足指将指取力，左足跟五指齐力，笔端毫尖，上下并行，笔笔三折，两端藏锋，中截雄浑。炼法悬腕，日画方格数纸，纵横直竖，笔笔停匀，工自精纯。气运精神于内，为工作之主，运五官于外，为工作之具。

瞽工于耳，聋工于目，跛工于手，挛工于足，世无废人，人无废事，坐食升平，无所执业，有亏治道。故上宜殚力教下，下宜尽职奉上，不以劳逸分重轻，不以清浊别美恶，各精一业，共臻上理。

理无形而难明，物有迹而可证。物非所经，短于阅历。一登廊庙，不知草莽痛痒；起于富贵，不知贫贱瘠苦。使性本生知，行足高世，未尝即事以穷理，天下之理，多有未明，未尝即理以应事，天下之事，终于未谙，举措究涉疑似，听纳不免蔽欺。

经，仁也。权，义也。根于性，而见诸行者。义之所在，顺理而行。嫂溺援之以手，义之所在也。汉儒以反经合道为权，程子非之，盖反经则非道矣。经以达权为极，执一不化，无以立功。立事能必其适时，措之宜乎！子曰："可与立，未可与权。"

权非反经，反经为术，可暂而不可久。权不离经，斟酌以权其重轻，委曲以权其缓急，斡旋以权其始终。事不归于正，权之使归于正；事不归于经，权之使归于经。托权文邪，化经从正。

尽性，五德归经；穷理，五德归权。信又权中之经，统贯四端。人从言为信，成从言为诚，无言而成，是为大成。

指太极而言，一而二，二而一之中，中也。指五常而言，则信为中也。太极生两仪，不生三，两仪得中则三；四象不生五，四象得中则五。故《洛书》之中，纵横皆十五。

五星失度，天有旱涝；五行失宜，地有瘠薄；五常失中，人有祸灾。天地不能反经从权，许人化权归经，转祸为福，是谓人定胜天。

权，以辅德也，用物而不用于无之谓权，用物而不自用亦谓权。盖取人善以资己善，公己善以使人善，人善而己无不善，用物而自用也。无为而治，舜之所以为大知，以其不自用而取诸人也。取诸人以为善，是与人为善，故君子莫大乎与人为善。

以寸心为斗室，不能不常常洒扫；以五德为五谷，不忍不粒粒爱惜；以功力为炊爨，不可不餐餐精熟，扩而充之为宇宙，遍洒扫，同爱惜，普精熟，安一己以安天下。

廓然大公，物来顺应，仁也。公生明，明察秋毫，多流于无情而违仁；明生公，公以正人，则归于一理而就义。

平以平人，平以平己。己不平，而人平己平；人不平，而己平人平。人平而己不平，己为人役；己平而人不平，人为己用。

性情不累心，心累于性情，失体用之权耳。求操其权，须致其知，致知则物格而权正，自无泄权之弊，亦无揽权之人。

泄权，分怨也。揽权，归怨也。法不废，权何泄。

圣贤驭之以权，权归于经；奸雄驭之以术，术则反经，诚伪之分耳。权真而术泯，术甚而经灭。

天生蒸民，命之君宰天下，命之性宰一身。治天下，礼乐所以叙彝伦也，征伐所以辅德刑也。保一身中和，性之礼乐也。克欲，心之征伐也。原始反终，性通天地，光格诞敷，民乐生成。

布衣作圣，始自孔子；杀人混一，始自秦政；匹夫为帝，始自汉高，皆英雄也。然秦绝二世，汉祀四百，孔圣蒸尝万古，有道德胜于有天下。

道德成，功名易；功名成，道德难。功名有，富贵易；富贵有，功名难。富贵怜贫贱易，富贵怜富贵难。贫贱怜贫贱易，贫贱怜富贵难。道德功名甘澹泊易，富贵贫贱甘澹泊难。易顺也，难逆也，逆而求之，道也。

乘除之法，列在算经，天地用之，春生夏长乘也，秋收冬藏除也。尧舜用之揖让，汤武用于桀纣，伊尹用于太甲，比干用之谏而死，箕子用之为之奴，周公用之诛管蔡，孔子用之不脱冕而行，微服而过宋，郭子仪用之单骑见虏，今人用以较量锱铢，亦末矣。诚能善用乘除，则是非立辨，考往古来今，合天地为一大盘而乘除之，何患不成顶天立地奇男子！

惟精惟一，一于善也。若无光格诞敷之化，则流于虚无，何以继天立极，发为道统。前圣后圣，继往开来，化行万世天下，故学问之道，不外事功。

为国不矜智谋才略，断断乎无他技，其心休休焉，其如有容焉。正大知大谋、大才大略也。

大公至正，全于包荒。公正而严刻，非大也，非至也。公有甚于天地乎，恶虫毒草，未有不仁育者，去其已甚者耳。

圣人之怒，怒其理；圣人之权，权其事。怒不在己，不致怨；权不在人，不入邪。

好善，如好好色，而后民之所好好之；恶恶，如恶恶臭，而后民之所恶恶之。民之所好好之，则民自无攸作好，遵王之道；民之所恶恶之，则民自无攸作恶，遵王之路。

王者之民，忘其有政。霸者之民，乐于从政。衰世之民，苦于有政。悦以使民，民忘其劳；悦以犯难，民忘其死。

赏罚之权，君相主之；黜陟贤否，上官操之。大小禄位，人自享其世泽，与夙世之修积者也。得其德，援手者不得引以为德；孽其孽，执法者何故逞其为孽。德未灭，强抑之不灭，徒结彼怨；孽应绝，文致之徒丧我德。违天为虐，为虐不祥。勿代大匠斫。代大匠斫，鲜有不伤其手者。

法密无法，法尽无法，有情有理，法尽三分。有情无理，有理无情，法尽四分，留有余用，以还天地也。无情无理，法尽五分，虚其半，将以御横逆也。

道以逆成，事以顺应。逆以治内，顺以驭外。以逆处人，以顺处己，求顺转逆。

诚感天地，复其初也。感鬼神，同其道也。感君子，同其性也。感万物，同其情也。惟感小人，则别其径，不得已，仍以诚驭之。

处大事，有见到言到而行不能到者，非力不足，气不足也。有见到言到行到而不能力断者，非气不足，识不足也。有见到言到行到能力断，而不能融洽于众情者，非识不足，理不足也。理足而后识足，识足而后气足，气足而后言足，众情有不洽者，未之有也。

理直气壮胆大，理屈气馁胆怯。济五常，非胆大不能果其行；处五伦，非胆小不能尽其敬。临敌，非胆大不能决胜；料敌，非胆小不能如神。一味胆小，不能充其气；一味胆大，则无所不为。胆包于义理之中，故圣贤不言胆。

明生公诚于中，公生明形于外，廉生惠福之基，清生刻祸之胎。取合乎义，道之用；舍必中礼，德之源。

清所以别浊也，江源清而流亦清，河源浊而流亦浊。水性无分于清浊，而所出之源不同，江不能使浊，河不能使清。犹人性无分于贪廉，而所存之心不同，然同一心也。廉根于性，可养为道心；贪溺于情，则流为人心，公私之分耳。公不间于私，私不间于公，贪不容于廉，廉不容于贪。正一己以范群邪，严堤防以杜横流，犹之春不猕而秋不蒐。为政之道，芟其宜除，去其已甚耳。

天洁而清，地洁而灵，月洁而朗，性洁而贞，体乾金阳长之义，所以成己也。天洁酷晴，地洁不毛，月洁不雨，性洁多孤，失坤土阴长之义，非所以成物也。

刚断多残刻失于义，慈爱多优柔失于仁。仁以义正，义以仁辅。

才不足，坐论道者多溺职；德不足，求治急者多扰攘。下民乐于无事，胥吏喜其有事。见事了事，了事无事，无事则民安衽席。

剔奸除弊，不能无谤，无私好恶，久自谤息。

管子曰："礼义廉耻，国之四维，四维不张，国乃灭亡。"又曰："下令如流水之源，令顺民心，故论卑而易行。"王佐才也。子曰："管仲之器，小哉！"惜之，非鄙之也。

为天下理财，不患寡而患不均，不患贫而患不安贫，穷各有生计，求于繁华，窘于简朴。富贵自有定分，守于简朴，耗于繁华。均其所安，富贵谨于礼制；安其所均，贫贱乐于劳苦。均无贫，和无寡，安无倾。

法宜于昔，宜修于今。法创于今，宜权于道。法以人立，人以法立，废法立法，法必非法。法宽法立，法密法废。周礼污于二王，有治法，无治人；汉高约法三章，有治人，无治法。

法以治人，人以行法。法必得人而后行，人必守法而后治。徒法不能以自行，遵先王之法，而过者未之有也。

以化寓教，以教寓法。化行而教不知，教行而法不知，使民由之顺其则，不可使知免其扰。安其业则身安，守其职则法守。身安法守则民力纾，民力纾而国力未有不纾者。

竭大法力，救正人心，如乞丐济贫；秉大权衡，转移风化，为长者折枝。

治道通医，古法辨症也，权宜用药也。今古情形不一，气体虚实各殊，庸医泥陈方，明医用良药。

王道足食，不外井田。孔孟笔之于书，论无流弊。井田既废，天下无均财之政，使孔孟生于秦汉之后，或另有经画垂教后世。

以周张程朱之贤，为前圣注为国理财之经，未尝为当时画为民足食之法。然自汉唐以来，治得其宜则兴，治失其宜则衰。兴衰可考，而治法无可考。

动谓田野未辟，农桑未讲，生齿日繁，无从求治。试思田野农桑，古犹是，今犹是，后世亦犹是，断无毁庐树桑，海外辟田，减丁求治之理，财货本在人间，苦无均财之法耳。

井田未废，上操地利之权，为民理财，俭则民足。井田既废，地利失权，民自理财，俭则塞流。

理财，为一家计，如为池沼，蓄之使注；为天下计，如修堤岸，畅之使达，百货流通，脉络条贯，元气自足。

花攒锦簇，以财运财，以货销货，溥美利于不言在天下。如同室赌博，财帛不出户庭，均财之一道也。

五行化生万物，人生化育之中，资五行以养其生也。夫才运行而已，财，运贝也，化销也。货，销贝也。贝，锦也。凡锦绣皮币，皆财货也，而珠玉铜铁、古玩书画、笙歌珍馐，衣之食之玩之，皆五行之属。不仅银钱交易布帛菽粟而已，五行任其流通，便富贵正所以剥富贵也。富贵十不能一，剥而能复不患共，无赖贫贱十不止九，穷已彻骨，无醇可还，无朴可返，穷斯滥矣，难禁其为暴，故还醇反朴，所以规富贵，非所以救贫贱。花攒锦簇，所以资贫贱，正所以求治理。卦序曰夬姤，阳不极阴不生；曰剥复，阴不极阳不生。富贵不剥贫贱，不复均财之道也。权以济经，经以济权。

杀生于娼，盗生于赌，娼赌虽干风化，亦养下流。生杀生盗，法能治之。穷极生乱，轻重何如。

勤以逃贫，惠以守富，积以致富，丧以陷贫。

俭，美德也，为天地生民惜物，上也；知物力艰难，次也；好名惜福济人，又其次也，其下悭吝。

利字，禾刀也。小利于人获禾一束，大利于人获禾万顷，积而成家，子子孙孙。小利于己，自化锋刃；大利于己，自劈其身。利原可图，切忌损人。

好衣者，必爱惜，穿不穷；好食者，不爱惜，吃必穷。中等衣裳，不过三百六十金，温暖衣裳，不过三十六金，十年计之，日合一钱，日合一分，稍纵口服，妄费一钱，妄费一分，费一日之四季衣裳矣。勺粟难酿勺酒，勺饮并日而食，节饮亦惜福之一道。

宦富久必灭，商富久必折，农富久益积，德富久必实。化诸富为德，为子孙遗泽。积金伤滞，丧金伤德，广产薄收，为农为德。

营室不宜使大，宁使人胜屋，勿使屋胜人，无闲室，无闲人。治家不宜使闲，事浮则人勤，人浮则事废。小人闲居为不善，无闲人，无闲非。

汉高祖立国，惩于六国之强，迁天下巨室十余万户实长安，聚财为强干弱枝之谋；宋太祖立国，惩于五代之弱，选天下强壮三十六万为禁军，聚力为强干弱枝之计。财聚则国富日大，力聚则国强日弱。成平谋国，因时制宜，甚有理财之道，惜乎不得其法。

古今人情事势不一，周公去上古二千余年，思兼三王已有不合，仰而思之，夜以继日。孔子又去五百余年，删《书》定礼，断自唐虞，有因有损有益。今又二千余年，亦有宜古而不宜于今者，贵在变通，吁，时措之宜难矣哉！

夹谷之会，合从连横，廉蔺相下，鸿门间走，白登脱围，平勃释怨，东海逊储，撤帘归政，阳明焚书，皆调停也。调停在事，功大者成其大，小者成其小。

动中有至静，溥博如天；静中有至动，渊泉如渊。通达人情，动亦静，静益静。

失在意中，得在意外，先有成见，卒然临之而不惊。无贪于得，无惊于失。

羡富贵，人心也。乐贫贱，道心也。怜妾，仁也。戒纵，义也。在己惟性，在物惟理，处物惟仁，处事惟义，斯人心安而道心著。

二气如双丝，一身如傀儡，天系之。一动一静，气与天通，一善一恶，天必知之。鬼神，亦气也，皆知之不待察而后知也。

魏武智略，足以制服司马懿，懿之智略，不在武侯下，武侯之所以胜懿者，公正博大之气胜之也。

自小自大自任自信自是，五病也。小亦慎独之工夫，大亦天体之作用，任亦英雄之本领，信亦至诚之真谛，是亦主敬之根基。自我无我，小至于无可小，胜于芥子纳须弥；大至于无可大，胜于太虚容天地；任至于无可任，胜于至圣担道义；信至于无可信，胜于四时循消长；是至于无可是，胜于五行互生克。

历考往古，出处失守之徒，皆博通今古。英雄豪杰，非不知忠孝节义，为经天纬地之事，一失其正，则流为悖谬。由于读书习文章，不务根本，行事热功名，不究心性，致生妄念，无所不为，妄人也。

秦政坑儒，无姓氏，总其名曰儒，死得其所矣。一忠一孝，一节一义，天地为之显，以留其名，光昭史册，隐以荫其后，子孙必昌。今之世，食其泽者，隐德之子孙居多。

天气健运，地节顺行。夫气节，天地生物之道也，失其道，消长失序，寒暑失宜，其能臻万物于上理乎！故达气节顺天道也，守气节尽人道也，失气节背天人之道，五代之所以旋得旋失。

《老子》曰："功成，名遂，身退，天之道。"夫天道，春夏遂其生成，秋冬万物收藏，严寒不彻骨，春回不畅茂。冬至阳复而后三九，保根荄任冰雪，寓仁于保任之中，天地爱物之心至矣！在万物之保任为何如耳。

非经大逆，那得大顺，大顺防大逆。略逢小顺，或至小逆，小逆寓至顺，盈虚消长，天地无作为，顺其气而已。

《易》明羑里之中，道著陈蔡之后，书显秦火之余，大逆而后大顺。道在万世，而犹千锤百炼，人生一世又当何如，切磋琢磨，视质底何如耳。

仁信知勇严，大将之道也。博学、审问、慎思、明辨、笃行，君子之学也。淮阴，大将才也，酬漂母，赏跨夫，近于仁；阻蒯生之谏，近于信；归汉，近于知；破楚，近于勇；将百万如指臂，得于严。然公然之楚，不及姬吕之留身辅国，未博于学；诡谋下齐，致烹郦生，未审于问；请封假王，未慎于思；不请从军伐代，未明于辨；羞与哙等伍，未笃于行。宜子长惜其不学道谦让，与周召争烈，总之未勇于退，逊于留侯。

天地，气有变迁；人事，情有离合。风云雷雨，偶隔于中；吉凶悔吝，或阻于势。气无常隔，情无常阻，因于气顺于情，至中之道。

诚不足于中者，远嫌疑。诚足而养不足于中者，亦远嫌疑。诚足养足，而所如不合者，亦远嫌疑。诚足养足，所如不合，见幾而作，不俟终日，君子也。不诚于中，必有歉于外；无累于外，未必尽有得于中。知进退而不失其正，其圣人乎！

满树花繁，断无全果，落者半，实者半，天地自然之气运也。保其根荄，惜其果仁，用还天地，生生不已。

困之六三，困于石，据于蒺藜。系辞曰："非所困而困焉，名必辱；非所据而据焉，身必危。"凡有位者，不宜退求退，近于据石矣；不宜进求进，近于据蒺藜矣。

否而抑，泰而扬，常情也。如其情，常人也。逆其情不为人所料，非常人也。

不行而至，不见而知，神化也。无为而成，不言而信，诚著也。不疾而速，不感而通，幾先也。

意界，善恶之基，吉凶之原，莫见乎隐，莫显乎微。照于未然，知幾也；察于将然，见幾也。知幾其神乎！

避重就轻，欲盖弥张，以屈求直，欲扬反抑，郁极而伸，张极而弛，权衡适当，贵乎知幾。

圣人序卦，至晋而继之明夷者，恃进必有所伤；伤于外必反其家，继之家人；家穷必乖，继之以睽；睽乖不和，继之以蹇；蹇理其难，难极缓散，继之以解；太缓懈弛，继之以损；损之又损，继之以益；物无长益，继之以夬。夬，决也。盈则必亏当决，持盈之道，以保其益。

知是君子也，知非小人也。行是君子也，行非小人也。由知非行是，至于有是无非，则知行合一，体用兼备。

触物方圆，皆六面，浮面迎面，人我皆见，流俗之见也。左右两面，旁观者清。而背面则非置身空际，眼光四射，断不能见。至于底面，有若事幾，静如山立，动若环转，活泼泼地，静以理胜，动以义胜，则面面透彻矣。

应事如国手对弈，胜在无闲着耳。急非所急，缓非所缓，失其幾；急事当缓，缓事当急，审其幾。视大如小，见作用；视小如大，见谨慎。

静中存养，动中省察，顺也。静中省察，动中存养，逆也。逆而求之，省察所以治内，存养所以御外。

心之专司，是非而已，但求其是，无往非道。

防微杜渐，应事大纲。微者著之端，渐者甚之基。既著且甚，如火燎原，扑之益炽，因势利尊，甚极自败。

养气如虎踞深林，声威足以詟人，何等端凝望重，如嫌龙吠，一露爪牙，不免为猎人所弄。

客气害良知，小不忍则乱大谋。利令志昏，客气乘之也。无见者多暗，恃见者多蔽，乏才者多滞，恃才者多忌。无成心之见，见不足以尽之；无矜心之才，才不足以尽之。

理无质，理止一理，一为神，神极不返；物有质，物戒聚物，聚为祸，物极必返。

善恶生祸福，祸以形恶，福以报善。水旱疫厉，天自了之。刀兵假人为之，善者成功，恶者同劫。兵凶战危，善恶攸分，天心良苦，苟贪天之功为功，千万生灵逞其荼毒，百身其可赎乎！古之大将，多短折三代，为将多不昌，或由于此。

军旅大事，集将士谋，暗合于己者，委任之以成其谋，不合于己者姑听之，以畅其谋，集思广益，皆为我用。

义以策上智，利以使中人，虚其量得其力，溢其量饱则扬，上智岂多得哉！

清彻者，深于道义；幽沉者，溺于贪私。寡言笑而和蔼者昌，矜才辩而狂大者饥，德不足而聪敏者凶，才不足而气胜者悖。理不明者多疑，义不足者多迂。鲜仁者险，多智者劳，自信者愎，自是者骄，自任者乖。

以言取人者妄，以貌取人者盲。于伦常观其性，于取舍观其情，于七情观其量，于事功观其才德，于精神观其善恶，于动静观其始终。以行考言，积行验心。纯而不杂，圣贤也；略小务大，英雄也。任人以德，使人以才，义以使贤，利以使愚，胸有规矩，世无遗材，穷则用量其身，达则用量天下。

工师，绳墨也。木从绳则正，屈以绳己。绳墨诚陈，不可诬以曲直，直以绳物。

观人宜方，方无误用。用人宜圆，圆无弃人。体天地为规矩，以一心为运用，人皆就其范围。

幽能视明，明不能视幽。静胜于动，静中观理，动处察幾，以静待动。理简幾繁，百事纷扰，心自安贴，事归妥当。

心无蔽，理自明，明则诚。周公居摄，子见南子，而召公、子路嫌之，贤者犹不免焉。

惟女子与小人为难养也，近在左右，又复寄为耳目，亲之信之，日与小人习，欲为君子不可得也。圣如帝尧试舜，而后大用，不遽信于四岳，况左右乎。

奔兢不行于贤者，自溺于不贤，行于不贤者。媒蘖于不贤，媒蘖而成者，成于天。徒溺于不贤，恃贤取嫌，不贤者嫌，贤者亦嫌。

小人伎俩，如邪祟惑人，投其所好。昧于所好，乘间袭入，见如不见，闻如不闻，惟光明博大，宏毅渊深，方寸有定者，始能以静制动。

人皆君子，窘于见识局量，别为小人，近在左右，同其见识局量，自然亲之信之。拓开眼界，放平心胸，薰莸各别，不为播弄。

圣贤立言，垂教后世，无法不备。惟处横逆亦窘于无法，无法之法，惟有见如不见，闻如不闻，置之度外，不惟不憎，转为可怜。

鄙为善者，辄曰好名，不知名者实之宾，没世不称，圣人疾之，三代以下，惟恐人不好名，惟有名无实之盗名者，为可鄙耳。

高爵厚禄，积谷堆金，富贵也。息事利人，片言解纷，消祸未然，阴骘被物，事功也。富贵及身而尽，事功遗后无穷。

无益无损，无损无益，有益有损，有损有益。饮食益身，损于饮食，货利益人，损于货利，惟能损之又损，始能益所当益，当益而益，未若无益而益。益者祸之胎，损者福之基。

寅藏戊丙，各七甲度一十六，卯藏甲十乙二十，辰藏乙九癸三戊十八，巳藏戊五庚九丙十六，午藏丙十己九丁十一，未藏丁九乙三己十八，申藏己七戊三壬三庚十七，酉藏庚十辛二十，戌藏辛九丁三戊十八，亥藏戊七甲五壬十八，子藏壬十癸二十，丑藏癸九辛三己十八。五行惟土度较多，在人身曰脾，脾养形气；在五常曰信，信约四端。脾绝命绝，信立道立。

为防者决之使导，为民者宣之使言。大禹鉴于前辙，反堵为疏，水势就下，随地导流，如尾闾之泄，诚变防为疏，大消小固，畅所欲行。治河如是，治国亦如之。

帝尧都平阳，大河横亘而南，北带汾水，逆流而西，霍、绛扼其东，天下之府库也，晋因之霸，今犹多富。

中外版图，山在西，海在东，万流归东，台湾拦于东南，朝鲜拦于正东，水通气通，气聚都城，气通教化行。

心，火礼也，君也，不敢欺，欺干国法。肝，木仁也，亲也，不忍欺，欺违天理。肺，金也，义也，昆弟也，保之以成其义。脾，土信也，友也，全之以成其信。肾，水智之基，合于夫妇。天乙生水，五行居一，三纲为首，妇道从一而终，古人无故不出妻，出必有所归，诚慎之也。五伦合而为五脏，绝其一，失生生之道。

不得于君父，友能解之；不得于昆弟，友能和之；不得于夫妇，友能救之。友于伦常，犹信之于四端，脾之于百骸，土之于四季，达道中第一关键。

三纲，以道合者也。昆弟朋友，以义合者也。余则迫于穷患祸害而合者，必迫于穷患祸害而离。道合者，道止之；义合者，义处之；迫合者，情也，合则安之，离则由之，迫合而不离，其贤乎！

道者，性也。知者见之知，仁者见之仁。愚夫愚妇，无所见无所闻，所行有能合乎理者，即道也。节义每出闺闱，于节妇贞女见之。彼妇女何知贞者，性也。矢其贞者，尽其性也，不二而已矣。求尽其性者，作节妇贞女观可也。

家有老仆，犹国有老臣，少主顾问家事，自宜从实整理，乃因当事久，而意存回护，不实指陈积弊，以致因循疲惫，致坏家政，天良何在！

忠孝维持世道，不关气数盛衰；善恶屈伸性命，不关形体生死。

古圣先贤，圣帝明王，成己成物，有一定之道，成家成嗣，无一定之法。法虽无定，而心不能无定，有心成之，可成现在，难成将来；无心成之，不成现在，必成将来。

气禀于父，质成于母，先天也。气育于天，质养于地，后天也。天地一父母，父母一天地。

礼，慈母齐衰，律易斩衰，从母服也。生而无子，生而无母，人情之大痛也。无子而抚之如子，无母而事之如母，无子而有子，无母而有母，不服其服，是无母矣，大伤天理。

大杖则避，小杖则受，全天伦也。申生之死，视舜之完廪浚井为何如？

孝本于性，成于形，惟泣杖出于至诚无形。

赵主父，齐桓公，一世之雄，一撒手，一偏爱，致其嗣于不孝，爱之正所以陷之也。贤如曾元，贫且不能养志，况下此者乎！富贵不撒手，慈爱无偏私，所以全其孝也。

严生疏，爱生慢，爱而不慢，严而不疏，敬之至也。

尊易敬，亲易慢，承欢对越，尊亲之别耳。合承欢为对越、对越为承欢，忠孝由于至诚，自然有承顺而无忤逆。

岳武穆曰："文官不爱钱，武将不怕死，天下太平。"噫！武将不怕死，激一时之忠义，慷慨赴死易；文官不爱钱，忘终身之温饱，从容就义难。

王彦章曰："人死留名，豹死留皮。"激一时之忠义犹其小，维天地之正气乃其大。

刑不废于国，用以辅德也。纯刑而散，废刑而乱，恕型而治。

衣食养身，礼乐成身，伦常立身，爱锦绣珍羞，而不知爱礼乐伦常，何以成立。

葬者，藏也。择地以藏，亲骨一脉相感，得气而昌，失气而绝。堪舆曰形家，造命曰日家，罗镜曰法家，三者不可缺一。

形生必灭，气脱不散。善结善根，恶结恶业，生生不已，轮回无尽。养气养到塞乎天地，则不生不灭，不入轮回。

呼吸叶天气，动静含地运，后天之气运也。呼吸有时而暴，则气乖于天；动静有时而戾，则运乖于地。自乖天地气运，孽由自作，不得委之先天气运。

彝伦叙而天下平，为政之先务，形于外者；神气清而百体泰，养身之先务，诚于中者。总之一气通之而已。夫气，国脉也，命根也。人皆爱惜其气，则知保身，知保身则天下自平。气一也，分运五脏，各成其五行之性、五常之行。五常之行，莫先于五伦。

肝，木仁也。肺，金义也。心，火礼也。肾，水智也。脾，土信也。炼气之形，调和五脏；炼气之性，调停五常。曲尽五伦五脏、五常五伦，内外交养，性命双修。气归于一，大而化之之谓圣。至于圣而不可知之谓神者，即佛之果，道之丹。神生于知仁勇，果生于戒定慧，丹生于精气神，同一神光也。其光内聚于丹田，外见于天目。气不炼不聚，神不凝不见。亥末子初，阳气初生，心勿外驰，垂帘凝神静坐，默圣经数十遍，静极斯动，无思而举，即一阳来复，迎机调息，按小周天运三百六十五息，久则神光自见。颜渊曰："仰之弥高，钻之弥坚。瞻之在前，忽焉在后。如有所立卓尔。"殆谓是欤。丹经取譬，多而益惑。

毋摇尔精，毋劳尔神，自然长生，保生之的旨。老年保养百日，亦精足阳举。一阳来复，即人身之活子时也，不用调息，必惯行熟路于其时，迎机凝神入气穴，鼓起橐籥之巽风，息息向炉火中吹嘘，犹之鼓铸者，抽动风箧，风生则火焰，火焰则精化，精化则气生，采此生气，升降往还，足三百六十五息，精自收摄本宫，是谓小周天，是谓武火。神即火也，气即风也，精即药也，每举必炼，久自入神，舍此用功，尽属旁门。

吸自会阴穴，略为用力，以神提自尾闾、夹脊、玉枕三关上，到上丹田之泥丸宫，旋以神呼，由中丹田下丹田到会阴穴为一息，曰自下上，实自上下，曰自上下，实自下上。上下细微，长短停匀，不疾不徐，循环无端于阳举时，是谓活子时。于其时迎机闭目，凝神趺坐，心毋外驰，迎机调之，默数三十六息为子，三十六息为丑，三十六息为寅，静摄三十六息之久，为卯为沐浴，接数三十六息为辰，三十六息为巳，周六阳时，接数二十四息为午，二十四息为未，二十四息为申，又静摄二十四息之久，为酉为沐浴，接数二十四息为戌，二十四息为亥，周六阴时，共三百六十息，外加五息为小周天。

六脉气之形也，五脏六腑三焦十二经络，各分阴阳。气纯于阳分者，六脉洪大，气纯于阴分者，六脉沉细，多主富贵，有力寿征，无力衰象，一呼一吸，一息五至，一刻二百二十五息，一千一百二十五至，一日九十六刻十万八千至，以四五截之，合乾卦九五刚健中正之义，是为中和之脉。诊脉十八部，不及五至则热，过于五至则寒。或迟或速，验虚实，独大独细，察病症。调其息以诊其脉，期合乾象之道。夫调息者，自强不息也，若如常呼吸，则一刻不止二百二十五息，入于乾之上九，亢龙有悔，非九五中正之义。

在天地一十二万九千六百年为一元，在人一十二万九千六百时，计三十年为一世，人生八十三岁一月二十三日一时，足三十六万时百六数终，坤之上六，龙战于野。

人一小天地也。经曰："壹是皆以修身为本。"所谓修身者，曰执中，曰精一，曰祗承，曰日新，曰不闻亦式，不谏亦入，曰敬胜怠，义胜欲，曰思兼三王，曰时习，曰敏求。列圣一本渊源，曰复礼，曰慎独，曰中庸，曰仁义，曰无忘，曰静，曰敬，曰立其大，曰致良知，群贤继往开来，皆修身之切要。千经万卷，人或畏难体会，曰忠，曰恕。中以宅心，中以推心，如我之心，如人之心而已。又以两字为迂，厌其卑近，转晤高远，甚至喜读传奇小说，赏心悦目，不悟道心为何心。夫说部中，未尝不寓有修身之奥旨者，如《西游》真诠，在悟一子，诠之已既真矣。然曰性，曰神，玄奘赅之。曰气，曰心，曰肾，曰肺，悟空赅之。曰精，悟能、悟净共赅之，而悟能之喻肝，悟净之喻脾，悟净又喻意，而马则喻志，一身之形气全矣。心曰火曰礼，肺曰金曰义，肾曰水曰智，悟空之一气所备，而悟能之肖肝木与仁，悟净之肖脾土与性，即悟一子，亦未尝确指其义。凡读《西游记》，与悟一子诠注者，皆莫知端倪，不过见其郛廓而已。天地间有形之物，未有历久而不朽者。朽者有形之形，不朽者无象之象。有形之形，五官百骸脏腑；无象之象，五行五常精气神。盖精气神合而为一，神驭气，气卫神，神气固精，精全神气，是为三家相见，曲尽五伦，攒簇五常，曲尽五常，攒簇五行，而后毕尽其性。夫性一也，一而不二。子曰："一以贯之。"释曰："一无所著，了性无生。"道曰："得其一，万事毕。"金箍棒中也，历八十一难，降伏群魔，喻旁门伪道，逐一斩尽，致错用功夫，全在执中有权，得其权，天地大，人亦不小。

性命歌

穷理尽性，修身立命。去私遏欲，诚意正心。圣人垂教，首重性命。病从口入，不饱不偏。澹食养胃，永无疾病。唾津搓面，容颜光润。闭口转睛，吹浊吸清。揉耳扭项，老无头昏。早晚叩齿，坚固牙根。偶尔感寒，背手凝神。磕头数十，汗出心清。鼓呵消积，睡擦足心。猿臂活血，熊劲痰清。爱惜精气，子午凝神。三眠魂安，托蹋无病。多行好事，起居谨慎。功无闲断，希圣希贤。

不偏

偏于五味，偏于饥饱，皆能生病。惟有觉饥而食，晚食当肉，觉饱而止，饱则伤人。

澹食

负重劳苦之身，贪食浓餍，盐味虽益夯力，浊气多生疾病。修养性命，惟有谷食，能生真气，百病不生。

唾津搓面

或睡或醒，或早或晚，随时搓热掌心，唾津搓面多次，不仅面容光润，且使两臂活动，力到气到血到，永无瘫痪之病。

闭目转睛

随时口鼻闭气，瞑目左右转睛七次，睁目一吹一吸七次，去浊换清，永无眼疾。

揉耳扭项

或早起或晚眠，搓热掌心，按定耳门，使力扭项，左上右下，揉十八次，右上左下，揉十八次，不仅老无头眩，亦使两臂活动。揉后乃按定两耳，作飞禽啄食状，以头彀足指七次，永无腰疼转胭之病。仍按定两耳，扭项左右七次，偶有闪跌，永免挫腰之患。

叩齿

睡醒叩齿三十六，通大小便时亦咬定牙关，永无牙痛。

磕头

偶有伤寒，于神前长跪，两手反背，脑门到地磕头数十，汗出为度，起而凝神静坐，吹出浊气，吸入清气，七次自然神清气爽。

鼓呵消积

晨起两手抱肩，闭气鼓腹，澄心下视脐轮，待气足促然后，缓缓呵出吸入九次，毕仍抱肩左右，各扭七次，名搅辘轳法，能消积滞，更治心疼腹疼泄泻等症。

睡擦足心

足病三种，曰风疼，曰冷疼，曰气血虚而不通，注于下为胫疼，临睡搓左右足心四十九次，抱膝而眠，常使足指自搓，活动气血。

猿臂活血

左手向上伸直，以右手上搓左手心七次，以头左顾右足踵，右手亦如之，食后行之，最能消食，孕妇行之，永无堕胎之患。

熊劲痰清

临睡两手下按两足，直舒其腰，以头左右顾七次，最能消痰，宜后行之。

爱惜精气

精即交感，精收而不泄，养为元精；气亦呼吸，气凝而不妄，养为元气。

子午凝神

神亦思虑，神无思无虑，养为元神。精不妄泄，气不妄耗，子午二时闭目凝神，以意循督脉，吸自会阴穴，提从尾闾而上泥丸宫，呼自泥丸宫，以意循任脉抑下会阴穴，为一息，数三百六十五息为小周天。

三眠魂安

龙眠拳其膝也，猿眠抱其膝也，龟眠手足曲而心息空也。眠须闭口、瞑目、侧身、匀息，万虑俱空，切勿枕上想事，大伤神气。睡不着时，着衣趺坐，调息自静，神倦复眠。

托蹋无病

两手托天如举万钧，两足蹋地如立石礎，闭气凝神候气足促然后，徐徐呵出，或晨起或食后行之，百病可除。

修性修命大略如此，按节按气，敬刻希夷先生坐功行功两图。

河洛要言

河洛要言叙

克尽忠孝，基圣基神，攒簇五行，先叙五伦，未克三纲之既尽，那想三宝之能成。仁义礼智，率性之根源；金木水火，立命之捷要。

烧铅炼汞，欺心欺人。行淫采精，负己负天。以虚妄为还丹，何所为据；以月朔为得药，岂其可凭。

性命之学，贯乎三才，统乎四序，鬼神莫测其机，聪明莫施其巧，纯一无二。有善无恶，最是人间天上第一要事。静净靖，从夜里生月，从壶中见天，使仁者有依，智者有识，勇者有力，守为三德，贤可希，圣亦可希；执为三法，性可修，命亦可立。

天人一理，悟有中之有，不若悟有中之无；悟无中之无，不若悟不无中之无。悟此方为明性，知此方为立命。

四端，中之体也。七情，中之用也。曰德曰敬曰诚，中之妙也。天则中之所自出，人则中之所由成，礼乐教化中之著也，位育参赞中之推也，中之德，其盛矣乎！

欲求性命之理，必先执中，然中岂易执乎！举一废百则窒而不通，过犹不及则拘于无变。知有体而不知体中之体，知有用而不知用中之用，皆非中也。

性者，《书》曰恒，《易》曰命，何思何虑，大人抱之为真诚者，赤子发之为笑啼，无私无妄，圣贤得之而践形者，庸愚得之亦觉天。

六气邪淫成外病，六欲锢蔽致内疾。治外病，保百年之身，其功浅；除内疾，复万劫之性，其德深。欲不可破者，勇力攻之，心苛毒者，仁德解之。

天人之理，虚实动静而已。知虚者非虚，则实理出焉；知静者非静，则动机形焉。能悟虚中之实，静中之动，则天非大而人亦不小。

河洛要言

包牺氏聪明睿知，见龙马而画河图，则万古文章从此始，千载道德由此兴。中五阐天道之奥，皇极立人道之精，则圣人之功备，而王道之要明。

讲河图，使学者知先后二天，性命二理，阴阳二物，天地二形，男女二精，清浊二分，道以此而显，理以此而明。

河图之数，生于一成于十，而一者数之始，十者数之终，明乎此，则幽明之故，鬼神之理，可得而会心焉。

天一生水，一之为一，起于天地未判之始，清浊未分之前，藏于无极太极之先，太始太素之初，无声无臭，无色无相。

一如鸡卵，清浊具焉，青黄包焉，皆可见者，其中之一气，谁得而见之。可见者，形下之器，不可见者，形上之道，《易》所谓太极也。

一气，道也，即人身一点真性之原，在天谓命，在人谓性，遵行谓道，修道谓教。道谓得其一，万事毕，儒谓一以贯之，释谓守一于中，了性无生。

天，一大包罗也。河图之一，又包罗中之真宰，无上无下，无昼无夜，无四季，其为物不贰，其生物不测，於穆不已，至诚无息。

以形体言之，曰天；以主宰言之，曰帝；以性情言之，曰乾；以功用言之，曰鬼神，其实不过一而已。

一气，道也，一风喻之，风不见，道可见乎？然柳花雪絮，器也，形之下者；舞柳花雪絮，风也，形之上者。身亦器耳，道驭虚实动静，形之上者，悟得虚中实，静中动，则理在是，道亦在是。

太极未分之前，此气蕴于空冥之际、洪蒙之间，一经发动，则阴阳判而刚柔分，动静形而万物化，凡天地间之形形色色，莫不从此而生。

日月气之阴阳，山川气之刚柔，昼夜气之动静，寒暑气之行藏。天地间成形成象，莫非此气变化。

花木未生，一气囫囵，种之于土，受气发生萌芽，而枝、而干、而花、而果，皆一气之精神流露者。

非天之一气，无以成五行，非性之五常，无以显天之一气，知人始可知天，知天必先知人，人与天，一以贯之。

人未生，天主其命。命，一气也。天以一气，而五行生，人得一气，而五常运。识得天之一气，知得人之一理；识得天之五行，知得人之五常，天人之道，何贰之有。

一气，含于胎元，无形无象，直待发动，而后两仪生，四象形，百骸具，五官备。不知天人之原，蔽于六欲七情，则一气竟为形役，无惑乎，明昧而寿夭。

一无形而有形者，为之始一；无象而有象者，为之生一。何先乎生？先生水耳。水为北极之贞，二五之精，乾坤甫辟，而形上者昭其象，形下者露其形。

一气始于北，终于南，所以先生水，由水而递生五行。五行顺布，四时行焉，百物生焉。

水者，从无形而化有形，天道显然，人道易知。人未生时，一气藏于胎元，胎者元之一气耳，气化为神，血化为精，借此一气，混合为形。

形本一气，五行未分，先有一点空虚之气，化为洞彻之形，如银如晶，若蚌珠，若荷露，无形有形，无象有象，先后天之由分。

地二生火，二之为二，形其阴阳。心未动时，犹是一也，心或一动，善恶形焉，理欲分焉，百虑出而情伪见，二之象也。

知二之为二，保一之为一，则可以保其真，而造化莫能拘其数，是以有尽者可固其无尽，有终者善保其无终。

欲求明性至命，先当尽其心以守之，固其精以藏之，养其气以充之，则一气自然凝聚。寸里有主，内念不生，外物不摇。

天一之水，有形之始，地二之火，发情之原，火动也，经云："火发必克！"人生于寅，木之象也。木以水生，木以火终。水滋则命蒂系焉，火发则寿数定焉。

心原喜静，不静者欲牵之也。欲者，发情之火，火静于一，而动于二，无对为一，有对为二。理与欲对，性与情对，善与恶对，公与私对，有对不一，不一非诚，故曰慎独。

理欲、善恶、公私，不外是非，皆有对者，有对非独，慎独于火发之时，转姤为复，制动为静，则心术可正，大道可企。

天以二运阴阳，地以二成刚柔，人以二发性情。三才之中，以一而始，以二而终，造化之机，生物之理，同归于数。

仁，一也。欲，二也。仁是欲之源，欲是仁之流。先天未杂血气，欲含于仁；后天一杂血气，仁变为欲。仁即欲，欲即仁，第视其杂血气与否，天理人欲所以两歧。

天一之水，未发动则伏于坎，一发动则用于离。离，火也。心，亦火也。火遇火则有动而无静，有生而无藏，是以造化之道，有尽而有终。诚能静而有常，动而有主，则失者复得，去者复来，善明初复，性功自立。

槐，亦植物耳。然发迟收早，是以根坚内实，历千载而不改柯易叶，善藏伏也。使如蒲卢之速，蒹葭之敏，安望其历久远而不朽者乎！藏伏而能长，速敏不能久，是其明验。

初生一阳发动，生于肾而运于心，于是情伪出焉，万绪起焉。好个不识不知，天真变为用巧，用谋机械，昼不伏继以夜，暂不伏至于久。可惜坎中一点真阳，克于离中一点真阴，火气日炎于上，水气日竭于下，无惑乎？气馁神疲，性命不立。

熄火则阳伏于坎，不为离用，此阳在天为命，在人为气、为精、为神，此精气与神，非离中之阴，无以显其浩大，有离中之阴，即以斫其真诚。识得伏之之道，则返二成一，归根复命。

于未发之中，观其如何景况，详审透澈，无喜、怒、哀、乐、忿懥、恐惧，方到无声无臭地位。

人之为人者，理；人之所以不能成人者，欲。知其理而养之，知其欲而克之，自与天地合德。若将天禀之理，杂于地赋之气，则清浊不分，心为形役。

明命於穆之精，纯一之神，在万物譬之。水载舟行，舟不知其为江河湖海，形而下者；操舟者操于水面，知水之为水，形而上者，操则存。

天三生木，天者，一气之总。名三者，在天日月星，在地水火风，在人精气神，莫非此气之运之动之存。

日乃众阳之总，月乃众阴之宗，星乃日月之余辉，分而观其象，合而为一理。故《中庸》曰“为物不贰”，又曰“日月星辰系焉”。

日者，太极黑中之白；月者，太极白中之黑。皆一气也，惟动静不同耳。月映日以生辉，日映月而得魄，冬夏二至所由分，日夜长短所由判，晦朔弦望所由始。

星各守其垣，经纬交错，时序流迁，惟视冬行北陆，夏行南陆，故寒暑不一，春秋不同，皆一气运转。

一气在天地间，无形无象，无声无臭，真精中一点真气，所谓中也。

中者，无天地之前，此中少不得一分，有天地之后，此中停不得一息。此中一停，则日月不明，星辰不运，万物不生，所谓天行健，健，中也。

中在天地间，气息亦归主宰。无中，则天地亦一形壳耳，何其若是之神明广大高明。

天不离乎三，三实出于天，而三又出于一。三有象，一无象；三有形，一无形。

河洛象数之已形者，能于有形上寻无形，则性命之原知，而河洛之真见矣。

河洛之真，大而含天地，小而藏黍米，物物皆有，人人各具。

河洛之真，喻之风，风有声；喻之木，木有形；喻之水月镜花、蜃楼云峰，皆有象，仰之弥高，钻之弥坚，瞻之在前，忽焉在后，果何喻乎？孔子曰："操则存，舍则亡；出入无时，莫知其乡。"

"出入无时，莫知其乡"，乡有本乡，乡有故乡。《大学》言独，乡中主人，《中庸》言诚，乡中实际。时习是功夫，仁义是体用。

天之象，日月星；地之象，水火风；人之宝，精气神，三才一贯，天人一理，无二致也。

风不动，则物无以散；火不动，则物无以暄；水不动，则物无以润。分观之，其象各殊；统论之，其妙则一。

风者，无形之火；火者，有形之风。风与火，其象殊，其用一，不离乎天乙之水。水之气发而生火，火之气散而成风。

胎元先禀，一气生水，水生气，气生血，血凝五官百骸，从中发神，神发精，精发气，周而复始，循环无息，造化见焉。知天知地，而后可以知人，不知人不知精从何来，气从何化，神从何生。欲求原始，返终归根，复命能乎！

精气神，身之三宝，是谓大药。大药中之真。人未生时，浑然于天地之内；人既生后，来往于动静之间。视之不见，听之不闻，似气非气，似精非精，神则似之，又非神之可测，《诗》曰："上天之载，无声无臭。"至矣。

精气神，得乎天者言之，不过是日月之精华；得乎地者言之，不过是水火之精气，风化之妙道耳。

精气神，妙感于无极之中，太初之始，成象成形，造化遂显，人事遂兴，是谓无形化有形，无象化有象。

昧其来由，迷其觉路，不从先天寻真机，转向后天从私欲，可惜者正自不少也。

欲求上乘之理，必待上智之姿，明乎阴阳，彻乎造化，认得根由，识得来路，自然外物不摇，内念不起，养到静而极静，安而极安，见无形中之形，无象中之象，则阴阳在抱，造化在手，可得大药。

只凭凡体凡眼凡心，一善不行，一德不积，即欲明其阴阳，夺其造化，而成大丈夫，难矣！

精气神，本于日月星，水火风。水火是精气之母，星辰是元神之母，人乃天地之聚，天乃人之散者也。

太处说，曰天地，小处说，曰人。何以大视天地，而小视其身？故《中庸》首言天终，亦言天正，使人知根由识来路耳。天地之道，一阴一阳，人生之理，一健一顺。故孔子曰："吾道一以贯之。"老子曰："得其一，万事毕。"释迦佛曰："守一于中，了性无生。"

识得为物不贰之物，则不同者可以同，有异者即无异，彼天赋之良，乃不同中之同，有异中之不异者也。

诚者，物之终始，不诚无物。此物在人，具众理应万事者，乃为气禀拘于有身之初，私欲蔽于有身之后，故诚者不诚，而明者不明。

诚者不诚，明者不明，无惑乎。有物而不格，有止而不知，此物在人身，至虚至灵，毫无渣滓，故往圣俱言明德明命。

明德明命，本是一贯。动而有象，静而无形，有形原根于无形，无象能生乎有象，非有形为有形，无象真无象。一动而见，无形而有形；一静而寂，有象而无象。

神，一物也，未杂气禀曰元神，已杂气禀曰识神。第视其先天后天之不同，非有二也。

欲知先天，先求来去，识得来去，即知先天。既知先天，先保其精，后养其气，精气既固，神而愈神。

精气犹乎日月，而神乃其光也。质不聚，光何生？光欲生，先聚质，此其象也。

精气神三者之中，神为第一。神凝则气固，气固则精足。精气既固，神明不漏，而丹结焉。

聚者气，而所以聚者非气；散者气，而所以散者非气，一言以蔽之曰神。

神无形而有形者，从兹始；神无象而有象者，从兹生。生也，始也，总不离乎神。可坏者识神，不可坏者元神。坏于有形之形，不坏于无象之象。欲无形而见有形，欲无象而见有象，得其无形之形，得其有象之象，斯为上智。

求跻圣域，必先立定脚跟，壹志向上，打破一切幻境，初而勉然，久而自然，渐到返本境界，超乎凡壳，自得真乐。

现在尘寰久已，气拘于前，物夺于后，觉得眼前景况，俱是现成快乐，自家性命，视为渺茫事业，就正嫌苦，修为嫌烦，熟于欲而昧于理，精于此耗，气于此散，神于此荡，不到尽处不止，譬如蛾之赴焰，蝇之赴膻，乐乎！否乎！

性命之道，如剥蕉心，去一层更有一层，非一层而可尽，亦非一层而可止，即河洛之理，正以示人于明处指点耳。

诚字较静字深，以境言之；富贵贫贱非诚，难必其不谄不骄，以心言之；喜怒哀乐非诚，难必其不偏不倚；推之尽性至命非诚，难必其希圣希贤。

《中庸》一部书，教人学一个诚字，乃性中之实际也。天以诚而覆，地以诚而载，圣以诚而治，物以诚而化，心以诚而明，不诚则流于虚寂，成何学问。

一，在天为健，在地为顺，在人为仁。仁者，生人之本也，大而天地莫能载，小而一心所自具，千经万卷，形容不尽。但能体察欲之斯至，先寻天理，得见天理，自知所止。

事事敬循天理，知有所止，自然外物不摇，然后定静安虑，悉见分晓。所以《大学》开章，未传格物，先传知止。

知止即格物。物何以格？非慎独不能格。故曾子以慎独谆谆告诫，使知入学门户。朱子恐人流于虚无寂灭，补出格物一章示人。心之灵，莫不有知，知字即物字，知物焉有不止于静养之时，主一无适，久而久之，自有豁然贯通妙境。

经传未尝发明精气神，然精即智也，气即勇也，神即仁也。故道经谓精非交感之精，气非呼吸之气，神非思虑之神。精也，气也，神也，即三达德也，贯于大本之中，太极也。太极即一，太极即中。

抱一，抱其无妄之真，而不为私欲所夺；守中，守其秉懿之性，而不为习俗所牵。圣曰时习，曾曰慎独，颜曰不违，子夏曰无忘，孟子曰有事，程曰静存，朱曰主敬。读书人不知格本身之物，徒于经传寻文意，谬矣！

慎独之功，于机未动时，抱其一，守其中，一诚不动，如月之空，如镜之明，如水之澄，如山之静，无一点渣滓。一发动，自然好恶中节，中和于此而致，万物于此而育，天地于此而位，生生化化，神变莫测，皆一中之所推。

地四生金。地，坤位也。四，先天震也。坤本西南至阴至静之方，养性养到极静之际，如西南得朋之乐，由晦朔而望弦，日新无间，私欲净尽，天德流行，自然如镜之照。瞻若月之当空，何事不知，何物不明，众理贯通，是谓格物。

法象上求至道，文章内求训诂，不知极之地，善之处，心妄动，意妄驰，不求其诚，不求其正，无惑乎！出入无时，操舍无向，人禽之界无从而分，舜跖之品无从而辨。

诚意，越人鬼之关；正心，跻圣贤之域。善由是明，初由是复，自然西南得朋而见月。月者，性之体，命之根。未明性于月，焉能会其明性之功；未立命于月，焉能得其立命之术。上弦下弦，比理欲之消长；一晦一望，喻乾坤之复姤。

得朋之理，何以在西南，为是后天坤位，先天巽位也。巽，风也。《丹经》曰："鼓巽风，用坤火。"在后天寻有象之风，故用火在坤；在先天寻无象之火，故鼓风在巽。西南月之得魄处，犹人之身心俱禀于天地。循理，则身心可修；味理，则性命安识。天理本是自己故物，同于故友，理明如故友重逢，是谓得朋。

欲修性命，先立大仁大智大勇之心，将气质化尽，天理复明，静极之中，忽有一线之明，从本原中现出，愈进愈明，愈修愈显，修到圆明大觉之时，如月到中天，空空洞洞，澈上澈下，自见性天。到此地步，更进一层，再求向上功夫，不致虚寂无实，安于小成。

艮之止，坤之复，得朋之门径也。曾子闻道之后，夫子授与《大学》，说出知止二字，将《易》理一言道破；颜子得道之后，将“克复归仁”四字许，颜子分明将复字提出，使人知复知止之义。

四勿，使人知耳目口体皆阴，惟仁惟理是阳。却阴返阳，无一毫私欲，无一点妄心，即是返本还元。

经云，若要人不死，须得不死人。天理在人心，无古今，无上下，无老幼，无圣凡，无形象可指，无声臭可寻。得之者，千圣比肩，古今一旦暮耳，又何生死之可言哉！是谓不死之人，至刚之体。

求道之心切，守道之心难；守道之心易，得道之日难。难不难于功之次第，难于路之邪正，得其路方得其门，得其门斯登道岸，静字即门也。

静字，人人皆知，未必真知。欲知静之为静，先求动之为动。静者动之基，动者静之迹。静本无形，而动乃有象。欲知无形之静，先观有形之动。动能制静，岂有不安！

内而目欲色，耳欲声，鼻欲臭，口欲味；外则欲位，欲禄，欲名，欲寿。以百年有尽之身，动千载无穷之想，以致精疲力衰，欲其明善复初能乎？惟静足以收此无穷之想。

去一分欲，静一分心，初而勉强，久而自然，自能知其所止，然后此心不动。

欲求静，先制动，动而动收，来即静。若不能静，将此身藏于先天之内，自然渐渐收敛。

日新日新，久而久之自然认得自己真性。既见真性，方知天地间外物是假，自家性命是真；既见真性，不暇外寻他物，不求静而自静。

先破外物，后虚其身，既虚其身，更守其心，人心一退，道心自生。象外有象，身外有身，视富积万镒，贵登八座，相去天渊。

冥心默坐，非所谓静，私欲不挠，乃所谓静。果一尘不染，非大智大仁大勇而何。

三大德，非静不能入，非净不能守。欲静先净。内净其心，七情不动；外净其身，六欲不挠。内外交养，仁在其中。

内净其心，居仁由义；外净其身，四勿为法。先净其身，后净其心，身心俱净，乐水乐山，乐在其中。

言乃心之文章，字字斟酌，庶无鄙俗，一言可出，择而出之，一训可训，忠以训之。不发人之阴行，不道人之恶迹，敬而无失，恭而有礼，四海之内，谁非兄弟。净其言，言必中，自无口过。

身乃父母遗体，天地所毓，师保所教。不交匪类之友，切磋有功；不践是非之场，牵连无因，而足净矣。不睹非礼之色，不看邪淫之书，心绪不乱，而目净矣。欲净其耳，闻丝竹不如闻嘉言，闻笙簧不如闻圣训。闻其有声，不若以无声之声闻之；闻其无声，须当以有声之声会之。守其天君，除其六欲，一净而无所不净，是谓不净之净，乃为真净，非以洗濯为净。

静净二字，非靖无以致其功，非靖无以致其效。静中不靖，虽静不静，静中不靖，即净非净。静中持一靖字，净中有一靖字，自然心有所主，私欲不生。

内念一起，靖而靖之，外物一逐，净而净之。靖无可靖，净无可净，静字自然发见。

处事，不偏于好则偏于恶，不偏于情之所在，即偏于私之所夺，时时抱定靖字，则七情自正，六欲不生。

胸中抱定靖字，富贵能守礼，贫贱不慑志，甚至患难颠沛，一心有主，何事能迁，所患者无恒耳。

果能静亦靖，动亦靖，养至靖无不靖，自然从容中道。

静净靖，三德之根，九经之本，浅视之，日用之地；深窥之，性命之精。

道曰精气神，就五行上言，犹有渣滓。儒曰智仁勇为五常之德、五行之精，纯而无疵。

三德在五行，智乃水之精，仁乃木之精，勇乃金之精。道云金木间隔性功之中，金木为要。子曰仁义，孟子亦曰仁义。道之炼神归气，炼气归神，金木归一，即儒之仁以义正，义以仁辅。不明于儒性不明，不明于道命不至。性也，命也，相依者也。

尽性而不知至命，非学也；至命而不知尽性，亦非学也。儒曰，不知命，无以为君子。道曰，性体原来如月明。

气之精曰命，理之精曰性，阴阳之本，形气之原。

天以阴阳五行化生万物，其中至精至粹，无形无象，流行不息。生化无已者，命也，人得之，曰中，曰仁，曰德，曰诚，皆性也，在天为造化，在心为经纶，谓知觉运动，为性则非也。

知觉生于灵明，运动生于气血，乃后天之渣滓，非先天之本性也。先天本性，五行中之精粹，五德中之纯一，显之于心，藏之于密。其未发也，无声无臭；其既发也，有物有则。《易》曰："寂然不动，感而遂通。"是谓良知良能。

命之理微，有生死之命，寿夭定焉。有气数之命，穷通定焉。气数之命，根于生死之命，生死之命，囿于气数之命，操于天者半，操于人者半。天未与我权，在天；天既与我权，在我。

不知立命之法、修命之功，自失其权。诿命于天，愚命也，求进欲明。柔命也，求进于强，以及躁也而静，质也而文，未始在天者不可化于在人，在人者亦可以回夫天。

生死、寿夭、穷通，得丧其有定耶？其无定耶？不知立命修命，愚者自愚，柔者自柔，躁者自躁，妄者自妄，无惑乎流于污下，而不能上达也。

天五生土，合形与气，贯性与命，合四象而言无形无象，得之者，一中有五，二中有五，三中有五，四中亦有五，而五乃四象中之中气，譬如四时中之土旺，四德中之性诚。故圣训曰："主忠信。"道经曰："全凭戊己作根基。"又曰："要用黄婆作媒翁。"

先天者，后天之母；后天者，先天之子。母生乎子，子食其母，自然之理，诚实之道，即如天五生土。土者，脾土也，属后天，土中真阳由先天。先天者，坎中之一，水中之金，结胎先肾而后脾。肾者，脾之母。脾者，肾之子。肾气旺，脾气亦旺，肾气衰，脾气亦衰。

肾足坎中之精，心运离中之神。有离中之神，始能鼓呼吸之气，气依于神，神依于气，神气交动，而胃中之谷化肾中之水。泻水，谷化而不息，神气运而不休，日复一日，岁复一岁，自得长生。

坎中之火如油，脾中之阳如灯，有油则灯明，无油则灯灭。坎中之阳如火，脾中之火如鼎，火盛则鼎沸，火尽则鼎冷。人知脾之化谷，膀之泻水，而不知所以化谷泻水者，非脾非膀，实根于肾中之火，即坎中之阳。坎阳肾火又何以不息，实根于左肾之气右肾之精，即命门三焦也。左阳长，右阴生，资谷食津液以养其胃，分润五脏百骸，故古书云，有胃则生，无胃则死，脾绝命绝。三焦曰命门。

既发明后天生死之根，而先天性命之原再递及之。先天之性命，在无形无象之前；后天之性命，在有气有血之际。不修先天，则后天无以保；不修后天，则先天何以固。先后二天，相因而不相离者。

人死先散后天，及于先天，先后俱散，气理始尽。何以见后天之散？人生五行具于五脏，目得肝而明，耳得肾而聪，鼻得肺而出纳其气，口得脾而辨别其馨，五行之气聚五官之运灵。

私欲纷起，百虑横呈，以致肝散而目不明，肾散而耳不聪，肺散而毛脱，脾散而食减，此后天之天五散也。

先天乃无声无臭之物，百骸五官依之为主，五行五脏赖之为君，乃生死之根，造化之枢。后天之散，犹可药；先天一散，无可医。

先天者，五行之精，一元之本，人有之，物亦有之。人与物，清浊偏全之别耳。仁主生，义主当，礼主节，智主明，而信贯四端，真实无妄，周流不息，如土旺四季，各得其主，实五常之精，五行之本，五脏之原。此气不散，则物物不散；此气一散，则物物因之而散，较后天为最切。仁气散，则刻薄即生；义气散，则羞恶不起；礼气散，则名分混；智气散，则是非淆。仁无信而不存，义无信而不集，礼无信而不执，智无信而不明，此先天之天五散也。

不修后天，身不固；不修先天，性不明。先后皆修，而始可以闻性命兼修之道。

道无象，在天日月星辰象其象；道无形，在地山川草木形其形。天大而无穷，日月星辰可得而穷之；地廓而无尽，山川草木可得而尽之。欲知道之为道，先求天之所以为天，地之所以为地。

道有体有用，道有形有理。知其体，则存养无虚；知其用，则省察有要；知其形，则无物不有；知其理，则事事皆然。一动一静莫非阴阳之理，一呼一吸俱是造化之精。河洛中五之中，体也；一三七九、二四八十，用也；东三南二、北一西四，形也。惟中五之中之理，无形无象，无声无臭，主宰于不见不闻之地，为物不贰，生物不测，易曰黄中，道曰元牝，释曰净土。彼虽无形，而有形者依之生；彼虽无象，而有象者赖之长。寻得此理存而养之、省而察之，经纶参赞，自可推而行之。以呼吸为养气，坐静为养神，绝欲为养精，郛廓也。

道在天地，可以意会，难以言传。平庸则在日用行习之际，广大则在位育参赞之间，圣不离，凡亦不离，草木禽兽皆不离，其形象即河洛之五中已言之。而体在天地曰上天之载，在人曰未发之中，此中具众理、应万事，尧舜揖让、汤武征伐、老子五千、牟尼三藏，一言道得尽，千卷说不了。儒曰性，曰命，曰一，曰中，曰诚，曰敬；道曰元，曰牝，曰戊，曰己，曰黄婆，曰中宫，曰谷神，曰主人；释曰舍利，曰慧光，曰自在，曰净土，曰佛国，曰莲花。

此中未发，无声无臭；此中一发，有象有形。喜怒哀乐中之动，礼乐文章中之著，圣贤执之而顺理，凡人违之而从欲。

凡人违之而从欲者，此中即天赋于人，有善无恶，乃不知保其至性，陷于情欲。目欲色，耳欲声，口欲味，鼻欲臭，四肢欲安，佚久则习为技巧，愈染愈深，总在外面费心思，不在内里修正果，流于污下而不知，入于禽兽而不觉。

圣贤执之而顺理者，有身以来，本性不迷，天真不丧。格物以明其理，致知以养其灵，诚意以严其自欺，正心以端其好恶，甚至克其私欲，复其天理，不到尽性至命，时时战战兢兢，如履薄冰，及到物格、知至、意诚、心正，参天地，赞化育，自然饭蔬饮水，箪瓢陋巷，有乐无忧，无入而不自得。

人皆境遇所累。贫贱，日营生计；富贵，日纵贪求。少壮以至老死，总觉境遇是真，性命是假，不知生是谁来，死是谁去，境遇可能随来去乎？

无怪乎有眼能视，则色界实；有耳能闻，则声韵实；有口知味，有鼻知臭，则口欲鼻欲，无所不实。外而习之，内而养之，以外诱内，以内随外，以致禀来真气化为后起私心，小体用而大体退矣。

果能穷理尽性，内里养出实际，则外面一切境遇尽如浮云，富贵何加，贫贱何损，仰不愧，俯不怍，无疑惑，无恐惧，当生而生，生无可喜，当死而死，死有何惧，是谓大丈夫。

天地间，暖日多，寒日亦不少。何世之求暖者多，安寒者少？有寒即有暖，有暖即有寒。暖而知寒，寒而不凋，寒而得暖，暖而不热，是为无心，无心即道。

万卉争妍，梅则隐于幽岩，及至霜零雪降，始得天心，显其生意，另有一段真气味、真骨格。凡柳媚花明，归于寂寥，方见花中之魁。物尚如此，人能苦一日，炼一日，受得苦中苦，才为人上人。否则心智何以明，气节何以坚。

知境遇是假，性命是真，养到明善复初之后，始信圣训有益，真学不诬，自登彼岸。

求道心法，目之所见，见而不见；耳之所闻，闻而不闻，不识不知，何思何虑，其心自与太虚游。

知境遇是定数，道德是天性，不为境遇丧天性。知有小体，更当知有大体，既知大体，则大体不能役其人。理欲之界，小大之体，一致两途。

能将心性认得真、守得固，日新又新，复而更复，明命明德，确有实际，始知境遇何足累。人不入禽兽之境，则登圣贤之途。

至贵，天爵也。功名富贵不过养其小体，安能益其大体？为养小体，致坏大体，愚也。

生前之日月有尽，死后之声名无穷，何必以有用之身堕无涯之欲，凿本真，丧天良，未必即得，即得之，焉能常享！

得一层更求一层，遇一境更望一境，何日是卸心之期？何时是知命之候？醉里生，梦里死，虚天地所生之身，失乾坤所赋之理，活一世不如不活。

古往今来，世事思一番，更体一番，始觉纲常名教是真，身心性命是实，看得开，信得及，守得固，习得熟，觉得理长欲消，德充私退，自破愁城，入乐国矣。

身中尽为私累，心内尽为欲夺，安宅正路，谁居之，谁由之？自暴自弃，朽木粪土之诮，知其难免。

宇宙内以何为要，只是求其无愧于心可耳，境遇听其自然。夫无愧于心，即无愧于天；无愧于天，生死尚然不惧，彼区区之境遇，又何必萦于心介于怀。

体用合一之道，体者，一也。喜怒未发之中，阴阳未判之始，天以一而生物，人以一而立命。

一之为用，阴阳、刚柔、动静，消长也。盈虚进退，无非此一之发动；吉凶悔吝，无非此一之形容。

一无形，而有形者为之始；一无象，而有象者依之生。春夏秋冬，体中之用，生长收藏，化中之成，体不可见。而春夏秋冬于不可见之中，偶一见之，化不可形；而生长收藏于不可形之中，偶一形之，不知者为四序，其知者实一理。

一中，太极未画之前，八卦未书之始，天地间停停当当，有个一在，有个中含。

一，动也，阖辟形而声音出，动静有而造化成。以及象也，而尽于方圆；色也，而尽于形气，则乾坤之成形成象，资生资始，莫非以一而尽，以中而始。

一不可见，而一之发动，未始不可见；中不可知，而中之造化，未始不可知。有形可以会无形之体，有象可以寻无象之原。

无形之体，乾坤之化育；无象之原，圣贤之经纶。不精以察之，故不明；不一以守之，故不行。

此一元，在太素之始，太极之先，不动不知，一动即知，不发不明，一发即明，物物俱有，人人各有，在善悟者会之，善体者行之。

体用之道，天人俱具，放之则弥六合，卷之则在一身，暂于瞬息，凝于动静，莫不有此，知之则希圣希贤，不知则为愚为蠢。

一是生人生物，真宰作始作终，物事欲求此理，须在无声无臭之间、不睹不闻之地，非静不知，非动不晓，一动一静，真机露焉。

人不知人之为人，是以不保其人之真。欲知人之所以为人，先观古之所以为古，上古之人何以寿而久，当今之人何以夭而札。上古民质风醇，不甚摇精，不多伤神；今人万事劳心，无端凿精，百虑耗神，以酒为浆，以妄为常，天札所以不免也。

抱定真元，守其至诚，扫尽外缘，不涉内念，主一无适闲邪，存诚五事三德，一以贯之，炼有形归无形，炼有象归无象。浑浑噩噩，如太素太初之始，然后有物有则，勿助勿长，养成浩然之气，乾健之体，是谓至命。

血肉躯壳有形有象，天下岂有有形象而能长久不坏乎？惟无形象之物，藏在血肉躯壳之中，如金中之铅，石中之汞，阴阳常姤，坎离时交，犹如结丹一般。不知至命之理，搬运血肉躯壳，是谓抱梁柱、哭日食。

立勇猛之心，定有恒之念，气凝神合，炼归一处，天理同归。一处私欲，看在一边，久而久之，博文约礼，归于一贯，为贤之本，作圣之功，于此可企。

道本不能一蹴而及，譬如登高必自卑，诚能识得及守得定，以有恒之心，求无尽之道，日新又新，毫无间断，自然尽心尽性，则知天矣。

知之明，行之力，富贵不淫，贫贱不移，威武不屈，是非毁誉，生死患难，临之不动其心，守之不二其念，方为真人品，真气节，谓之不动，真不动矣。

人生天地，原是依此刚大之体、健顺之气，立于宇宙之间、名教之地，何私可挠，何欲可破。乃自嗜欲一开，人心用事，道心退藏，七情频夺，六欲常引，则聚者散而凝者消。诚欲养此刚大之气，先从静字立基。

事来时，应之以精详；事去后，守之以混沌。不识不知，何思何虑。存想无极之始，太初之前。念未动，静观夫未发之体；念一动，精察夫中和之用。果然静存动察，不使私欲微动于隐微，暗长于方寸，久而久之，曰有活泼之机，如泉之达，如火之然，流于心目隐约之间，不可进锐，不可退速，日省又省，日新又新，乃是立命时候。诚身光景至此，再言进境，更上一层，雷复地中之象，可得而会心焉。

人心不动而欲动之，人神不动而私动之者，不迁于心而迁于气，不迁于气而迁于境。

富贵贫贱，原有定数，蔬食饮水，箪瓢陋巷，日不举火，纳履踵绝，世岂少哉！一心求作圣贤，心不苦，识不明，境不苦，力不定，贫是炼心炉，贫是试金石。

厌贫之心，败名丧节之渐相依，日流于贱而不觉也。然人之所欲终不免耳，厌之而能不贫乎！故千古圣贤，造次颠沛，何尝一刻去仁。

贫为美德，守得贫，则忠孝节义之事皆从此中做出；守不得贫，则败名丧节之事亦从此中生出，故贫者天之所以困人，正天之所以成人也。

常观子史，往古世事，龙争虎斗，合纵连横者，谁得实际，今安在乎？还是忠孝节义者本性犹在，不求名而名，与日月争光，不求利而利，与山河并永。

古来大聪明、大智慧、大气力英雄，莫不为小体所累，俱以圣言为迂，故不能下学上达。

道虽至简至易，然亦至精至微，贤如颜、闵，亦有知不及、行不能处，在人所到境界以分道之高卑，然亦道其糟粕耳。其精微者，还当自悟。

言道，如画水者，不能画其声；画月者，不能画其光；画花者，不能画其馨；画果者，不能画其味。道在眼前，人人用之，人人未必知之，知之而未必行之。实在看到生从何来，死从何去，究到原头之地，本来之方，物不离，人不离，彼不离，我不离，天人万物俱不离。天即我，我即天，则天人合德矣。

天人看成一体，自然见其大，不为小累。生死之根明，性命之理得，有求即应，有感斯通，自然心不动，而欲何能牵！

人生于世，无人不在梦中回思未有身之初。混元一气，安有思虑之衷！赤子之心，那有知识之妄！与天合一，与圣同真。毋意必固我，可动可静，可安可止，不惟清者之欲无，而浊者亦无欲矣。

思其所思，思无所思，而犹思其不必思，不能思。思到终老，仅仅一线灵明，尚复惺惺不昧。一思往日所为，俱在梦中，未来时未入梦，既去时始觉梦。

过去是虚，未来何实。虚虚实实，一场大梦。早觉是梦，便不是梦。无梦始可明善，无梦始可复初。不生勇猛心，何以破大梦，不破大梦，不能真静。

谁不欲破此大梦，看不破，故不能破。能知尘世一切幻境，皆是虚中法相，有何实际，曰破此关，得过且过，不存一点尘垢，专保自家灵明。保之又保，见得真，守得定，则外缘不求破，而自不纷扰，何必深山穷谷，徒守孤静。

人心一静，天之性也；感物而动，情之欲也。有身即有心，有心即有欲，有欲即有情，有情则静者而动，诚者而妄。欲明其道，先化其身，后死其心，将此身心，看作一物，并不是我。神之来，不居于此；神之去，不由于此。昧时惺惺而退藏，动时静静而潜伏，如虫之蛰，若水之谢。外不见物，物不得而引；内不见己，己不得而诱。此身寄在大小之间，此心藏于动静之介，化有形而归无形，化有象而归无象，自此以后，无中生有，乃为真有。庶乎身外有身，天外有天，徒守血气用工，不免随灭随起，随静随动，一念生而众念附，一欲兴而各欲攻，抱薪救火，何济于事。

天乙生水，地六成之。天乙之生，无形无象；地六之成，有物有则。天一之水，充乎宇宙，贯乎古今，无上下，无东西，充仞于太素太初之中，洋溢于在左在右之际，鸢得之而飞，鱼得之而跃，活活泼泼，至神至妙，不贰不息，惟性命源头生化主宰。《书》曰："顾諟天之明命。"已说破真机。真机者无形之形，无象之象，从此无形无象之中化而为有形有象之物。

地六者，有形之形；天一者，无象之象。因无形，故曰生，因有象，故曰成。有生始有成，有成始显生，生成之理，归于一。故《易》曰："在天成象，在地成形。"若无形象，得《易》之道矣。

天生也，地成也，所以生之成之者。譬如春柳夏槐，秋菊冬梅，谁为主宰？若无主宰，梅不可夏，菊不可冬乎，各因其性耳。然物之性，亦天之性。无四序，则生气不显；有四序，则天道始成。无四时之前，性其一也。

人未有身，性无所著，既有其身，性有所役。性贵乎？非性者贵乎？性既贵，何得转为非性者？所役非性，身也。知其性，而不知非性之性；识其命，而不随非命之命。性之性，不识不知；非性之性，欲食欲色。命之命，无人无我；非命之命，有此有彼。得乎性之性、命之命，则一气混化，无我无人，无彼无此，一以贯之。

天下之大，尽于天地二字；古今之富，尽于一六二字。人本天地所生，真一之气，受于胎元，无形无象，圆明一点，孕于黄中，然后血气始凝，借山川之气成形成象，木气成发，土气成肉，石气成骨，水气成血。此后天之成，因于先天之生。非生无以知成，非成无以知生，生成之理，有体有用，有内有外，有大有小，虽在后天，说实乃先天之显相。

天之造化，生物生人；人之造化，为经为纶。乃自有身，累于细微末事，致失刚大本体，甚为可惜！

天一之水，形之于地六之火，水火交而成形，水火离而落魄，聚而散，散而聚，无端倪，无古今，在人之识与不识、修与不修耳。

人生在世，那一件不是散的事，那一息不是散的时，认得六一之理，生成之道，将散者使聚，离者使合，何性不复！何命不立！

内而六欲，外而六贼，伐性之斧，戕性之根，是谓六阴克一阳。外识六贼，内去六欲，自然阴尽阳复，何患性不明，命不至！

小体抱得紧，大体看不着，只去阴上行阴果，不在阳上求至道，浑浑默默，欲上达，难矣！

地二生火，天七成之。火动物也，在天象日，在人象心。心之为心，无息不动，无处不动，动无休息，不收之以静，非成也。

天七属艮，天乃艮上一阳，藏于心中，原来活活泼泼，无一息之停留，惟有艮以止之，则动者可静，而不息者亦可休。《易》曰“艮其趾”，惟曾子得之象，曰：“君子思不出其位。”位者，黄中至善之处。故曰正位居体，美在其中。

地二之火，非天七之艮无以静之、无以成之。火在心中，忧惧从此出，哀乐自此生，甚至好恶皆由此发，有时宜动，而动固不休；有时不宜动，而动亦不息。火此象而心亦此象，必用天七之艮以止之，则动者静而焰者息。

艮止之法，一心守定黄中，切重四勿，和以处事，求其中节，养到心如明镜、如止水，胸有把握，何欲可挠，何私可动。久之，如山之静，如水之澄，如月在天，如云归岫，圆明洞彻，是何等景况，何等胸怀，岂非不动心之大丈夫哉！

看破已往之境易，看破未来之境难。明眼英雄，谁不知性命为切身之要，其如不知天外之天、身外之身，以富贵、贫贱、毁誉、是非一切尘缘幻境，刻刻挂心，随灭随起，随惺随昧，虽说认得大体，却又不丢小体，何以明善复初，与贤圣比肩哉！

果能正心修身、存诚主静、拔本塞源、喻义成利，为天地立心，为生民立命，为万世开太平，为千载作舟揖，往者可继，来者可开，不是至诚圣人是谁？

圣人者，参天两地，中立而不倚。如河洛之理，贯乎三才，周乎万物，在人为性命之精，在天为造化之本。在天在人，易知易从，平平常常，并无他奇。乃以造化为精微，性命为奥妙，转于高远处求，不从切近处思，愈求愈远，愈怪愈失。

人不能成圣，火而已矣；天不能无憾，亦火而已矣。人之火不息，以艮止之，天之火不息，亦以艮止之。春生夏长，秋为白藏，冬为元英。冬之藏，所以养春之发、夏之长、秋之成。天之元气，非冬之藏，则生机息而造化停，欲其生生化化，无疆无尽能乎？天不静，无以为天；人不静，无以为人。人也，天也，一静而后有主有常。

能静而基立，基立而道生，道生则用妙，用妙则造化可得。空守寂静，无济于事。

邦畿千里，止之所也。缗蛮黄鸟，止之知也。穆穆文王，止之善也。菉竹猗猗，止之功也。《大学》不言格物，先言知止，能知其止，格物即在其中。不能知止，何以格物。

圣贤立言，先言敬，言静，言诚，言德，言仁，言时习，言有事，言无忘，俱教人入门知止处，圣功基此工道始。此体虽一，而用不同，其实一理，化育不离此，参赞亦不离此。

河图中五，心之体也。天七之成，功之基也。万物坏于动而久于静，静者，万物之所成始而成终者也。

静净靖，即是知止紧要功夫，犹如程朱补出格物一章，即是心法。

天三生木，地八成之。天，阳也，三阳属也，阳中之阳也。地，阴也，八阴属也，阴中之阴也。有老阳以生，必有老阴以成，此乃阳中之阳以配阴中之阴。阴阳相配，而造化见。

天德在人，阳中之阳；身体在人，阴中之阴。有此阴中之阴，必有阳中之阳。阳中之阳，飞扬难制，汞象也。故曰，木阴中之阴，铅象也。故曰，八八者坤，属坤者，老阴也。阳非此阴以收之，而胡以得成？坤譬于釜，乾譬于汞，汞在釜中，飞扬难制，必须密封其口，坚固其顶，始可用火炼之，而金丹可结。此天三之木，即人之精气神也。

坤八之数，即人身声心意也。坤则象土，八则象意，土意而知，则三家相见，而三家可制矣。天三，象三家。木象三家之飞扬，有地八之静以制之，则龙降虎伏，自然归于鼎中，用吾之真意以制之，则飞者不妄飞，而扬者不轻扬矣。此时自有一番把握，炼之而久，则聚者常聚而不散，合者常合而不分。虽有七情之感，六欲之挠，亦不害其天真，伤其元气，谁谓三家之不成哉！神仙之术尽于此矣！

此三段，乃道家金丹之理，用真性、真气、真元以炼之，则性明初复，不致惑于旁门。

天三生木之道，地八成之之理，天三象三家，地八象八识，三家与八识，分其体用，连其本末。本非末，无以成其本；体非用，无以见其体。体用本末，一而二，二而一。天象三家前，已发精气神，而地象八识者，一身之中。惟天一之真阳，乃阳中之阳，余则阳中有阴，阴中有阳，不得谓之纯阳。夫八识乃丧真阳之门户也。坤本象地，地以成形。眼形成而神时露，耳形成而精不凝，口鼻形成而气日耗，此乃外之三家，而引诱内之三家者。以及哀乐恐惧、忿懥好乐，又无形之八识。有形之八识害真犹浅，无形之八识贼性实深。第天三之阳，终于八而其实亦成于八。不睹非礼之色，则眼净而目成；不听非礼之音，则耳净而闻成；不道非礼之言，则舌净而口成，加之手恭、足重、身静、意诚，则阴皆变阳，岂有不成哉！

阴者阳之舍，阳者阴之主，前已发明外成之道矣。而内成之道，不外圣人曰，少之时，血气未定，戒之在色；及其壮也，血气方刚，戒之在斗；及其老也，血气既衰，戒之在得。甚矣！血气之累人，可不畏哉！

外之八识已发明矣，内之八识，心象离，肾象坎，肝象震，肺象兑，腹象坤，三焦宗气象乾，静意象艮，顺德象巽。心不动，则神识不走；肾不动，则智识不泄；肺之识为魄，魄不移则气固；肝之识为魂，魂不离则精坚；以及三焦总三家，喜怒无伤，哀乐无损，则三家混合而五行周矣。腹之象坤，聚识之所；艮之象静，养识之方，巽以顺之可也。《大学》正心、修身二章已详言之矣。正心言内而不离外，修身言外而不离内，内与外其一贯者也。有忿懥哀乐之四情，足以坏其性；有亲爱贱恶之四情，亦足以倚其心，其所以不得乎！正者无正位耳，一得正位，则贼化为主，主可制贼，又何必强伐其性，使情尽归于无有。夫情与性，不过内外体用之不一耳。情静为性，性动成情，情性归正，体用合一，本末兼修。

不于动中观真静，专向静中死制动，不惟无益而又害之。不知真静，取喻譬之：月到天心处，静也，静何尝不动，静者体而动者用也。风来水面时，何尝不动，动者用而静者体也。若于静时寻得着动，动时寻得着静，是谓动静交养之法。火本动，常使静，水本静，而欲动，动上交静，静下交动，水火济而性命修，仙道之能事毕矣。

夫人之所借以生者，精气神而已。天之生人，先赋其神，神合化精，精凝神充而成形。人能先藏其神，神化为精，精固气凝，自然有一段道不破的光景运于其中。

欲养精气神，将胸中一切私欲除之极尽，自然见得良知良能。用惺惺法时时收敛，敛而敛之，一切恶念从此消，一切善念从兹长，养到神凝气聚时候，再加上达功夫炼精化气，炼气化神，炼神还虚，元牝之门可得而见。所谓元牝之门者，恍兮惚兮，若忘若存，杳兮冥兮，其中有神，一阖一辟，乾坤在中。问之何似，动静之根，天之太极，人之黄中，无上无下，无涯无垠。识得此理，圣凡何分。

养之之法，不以精养精，而以神养精。欲以神养精，先以气养之，神健气固而精自化，化交媾之精，而成元精。

元精者，天一之水也。养成元精，然后炼精化气。气本呼吸之气，久而久之，真气自现，然后用胎息之法炼之，化呼吸之气而成元气。

元气者，地二之火也。气炼真而化神，神本思虑之神，久而久之，阴尽欲消，阳复理长，化识神而成元神。

元神者，贯乎水火，统乎阴阳。阴阳颠倒，水火既济，久而久之，则水火归原，阴阳一致，是谓三家相见，混沌一气，而妙用出焉。

精进之理，知之者鲜，闻之者稀，即道之金丹，释之了性，儒之神化。

果能明心见性，本来良知良能，一一悉归于心，而神化之道，当更进一解。

神化之道，古圣未传之密，恐人不明一贯之理，执虚守寂，入于异端，无筑基炼己功夫，而即谈元，致使学者不修五伦，不尽五常，将性中之固有职分之当然，一概扫除，妄称了道。假仙释之名，藏无为之拙，孤守空静，坏其真传。将生生不息之理，归于一一执中之权，使父慈子孝、兄友弟恭、君仁臣敬之道，一律抹煞，抛妻别子，使国无桢干之臣，家无干蛊之子，为世间罪人，安望成仙成佛哉！

仙释与儒，原是一理，果能善明于心，无一毫间隔，无一点偏私，自家念虑与圣贤道理一一浑合，推而行之，家国天下皆我性分所固有、职分所当然，为民为官，顺而行之，无往不利。彼以入山为高、入林为深者，安能成大功，立大业，明大体，入大道哉！

先静其心，后净其身，心身静净，大道可成。

混沌初分，三教无名，三代以下，分门别户，家各异学，人各异教，曰儒，曰道，曰释，犹之花曰莲，叶曰荷，根曰藕，名殊而本则一。

前言八识，统乎本末，贯乎内外。而八识归元之道，人初生时，混混沌沌，无炎凉，无毁誉，无彼此，无贵贱，无贫富，无智愚，无高下，无远近，无亲疏，只是个一元之气，恍兮惚兮，惟知天真自如，何曾有一点渣滓。自知识一开，则万虑起而百事形，真阳日渐磨灭，阴神日渐操权。圣人千言万语，总使复其本性，克其己私，无非除阴复阳而已。

私在人心如火，然燃而不息，志随欲迁，难脱尘缘。

欲求八识归元，先制其外，外不见外，外识自归，内识尚难制伏。将此身立于乾坤之中，此心混在九天之内，明净无碍，自有一段光景现出，不在小体用心，专在大体留神，则三家自然相见，八识自然归元。

地四生金，天九成之之道。地居坤，四居兑，即地四生金之象。坤，老阴也；兑，少女也。老阴生少女，即地四生金。地本至阴，而得乾之二，即变为兑，兑乃阳极，而阴坤乃阴中之阴，以阴中之阴而生阳中之阴，即是生金之象。

金者至坚至刚，光明照彻，尘氛不染。西南是得朋之地，而正西乃炼金之方。坤以象身阴也，兑以象金坚也。志由心生，不坚不成。坚者，兑体也，化坚者阳也，真元之气也。真元者，阳中之阳，天也，九也。欲石成金，必得以气运火，即此上下之谓也。

地四在人身，为心为志，心无志神不灵，志无真丹不凝，志真合一，而大道始成。

羲皇视阴阳、健顺、刚柔之义画为八卦，有对待，有方体，有循环，有端倪，总然将天地中之造化，未必尽泄尽也。

木未出土，两仪具焉，四象合焉。既出土，犹是一元之气，而干立焉，稍长焉，枝分焉，再长而四条出焉。由四而百而千而万，一生而无不生，生而生之，无所不生，则根死而木枯矣。

人以木喻之，当其混沌之时，眼未生视而眼具，耳未生闻而耳具，口未生音而口具，鼻未生臭而鼻具，四者在混沌之时，初非无形，而真元之气不为形役，母生子生，母死子死，疾病夭折与彼无干。

裂胞而生，以天为父，以地为母，天地生而我亦生，天地死而我亦死。何世之人寿夭不齐，此不在天地而在己身修为也。己若长生，天地岂忍使不长生？果能修其身以合三元，凝其神以合三家，则纯阴者倚纯阳而长，纯阴者依纯阳而久，立命之学，可企望焉。

河图中之妙用，只在天人一贯上参之，而天人一贯之理，自始至终，皆不可无，看其功之浅深、识之高下以为心得。故夫子教有四科、言有三雅，非有偏私，因人而教，悟者自悟之。颜子曰："博我以文，约我以礼。"文与礼，人人皆同，何颜子独谓是我，亦不过在己之独得处，以示门人耳。

天下有有形之文字，亦有无形之文字，须借有形之文字以证无形之文字。证明无形之文字，则有形之文字俱为糟粕。无形之文字，智者见其智，仁者见其仁。孟子曰："行之而不著焉，习矣而不察焉，终身由之而不知其道者，众也。"惟三圣人，才算得能作书，能读书，不然寻章摘句，于己何涉！

文字原是圣人之心，非精深不能识，非见性不能知，如天机流行，上下昭著，无非此理之运，万物以之而生，百姓以之而行。天之机一息，则万物不得而化；人之机一息，则生化何由而继；地之机一息，则收藏何以而永，此机之所由生，即机之所由息也。人人由之，究竟人人未必真知之。果知其机之所以为机，天之所以为天，则人之所以为人者，可得而会心焉。

天机不必求诸远，只在日用之中，悟之者可以希圣希贤，不悟者即刻为愚为狂。夫子曰明德，曾子曰慎独，子思子曰中庸，孟子曰仁义，千经万卷，无非言良心，良心即天机，天机即良心。

终身讲学，不知真真学问果在何处，或依于性之所近，或流于习之所夺，或限于质。质近者以为可学，或谬于禀，禀来者以为无弊，如此偏倚，何日明道，变化气质，学者要务。

河图天九之数，阳中之阳，阳极而动成姤。天下之数成于九而终于九，故乾卦六爻皆阳，而上九必曰亢龙，用九必曰无首。无首二字，泄尽无限天机。

春而生，夏而长，秋而实，阳气至此而已极。阳极阴生，死之象也，若非硕果不食，则生绝而数终，此物之阳极有悔。

幼而长，长而老，阳极而阴坚。乾元之气散于外，坤阴之气塞于内，纯是阴上用事，不向理上探求，日复一日，理尽气散而数止。圣门功夫，不在功名上较优劣，只在诚笃上论高低。颜子克己复礼，得复字；曾子思不出位，得艮字。知易理之精微，闻性道之一贯。知《易》者二子，学《易》亦只二子，其外或长于《诗》，或长于《礼》，莫不欲求至道甚矣。至道本来难闻，子曰：“信而好古，敏以求之。”犹曰：“朝闻道，夕死可矣！”况学者乎！况下愚乎！

养阳之法，惟在无首。无首者，藏之象也。君子退藏于密，高而不危，常守贵；满而不溢，常守富。富贵且然，况性命之道乎！

一身全是精气神三者运之。眼光不凝，神乃散耳。韵不收，精乃泄，舌神不守，气乃亡。

知识一开，目有见，耳有闻，色色声声，无穷私欲，时散真元之气。以有形之欲推之无穷之识，以分外之极极于分外之求，可思者，思以耗其真；不可思者，妄以摇其精。一点真阳，用于纯阴之地，用之不已，用而复用，以至用无所用，则阳溢于外而不能藏于中，故下学不能上达。

天五生土，地十成之之道。天地皆有五，合之而成十，五者，阳之变化也。十者，数之始终。天有五行，地有五运，人有五常，一而二，二而一也，此处不以五行言，而以变化言。

天之金，地之石，人之勇也；天之木，地之柔，人之仁也；天之水，地之脉，人之智也；天之火，地之刚，人之气也；天之土，地之形，人之信也；此即三才合一之道，五行攒簇之理。

了然天地之道，然后以有恒之心求刚健之德，则欲自消而理自长，自能明善复初，而入于无为之天。

天五，说无形之变化；地十，讲有形之错综，那无形之变化成有形之错综。

春无形，而草木发生形其形。无形者，天之木；有形者，地之成。

夏无形，而云行雨施形其形。无形者，天之火；有形者，地之成。

秋无形，而霜露葭苍形其形。无形者，天之金；有形者，地之成。

冬无形，而梅开雪舞形其形。无形者，天之水；有形者，地之成。

中五属土，贯乎四时，无形无象，健运于四时之内，直贯乎三才之中。《易》所谓“正位居体，健行不息”。一部《易经》，不外此理。

天地之道，公而已矣。公即中也。河图之中五，乃三才之本、万象之根，天无此无以生，地无此无以成，人无此何以真！

天下物物色色，皆从中字化生。邵子曰：“天向一中生造化，人从心上起经纶。”千古圣贤，俱由此成；天下万物，亦从此化。以有形求中不得，而执以无形求中亦不得。而执欲求执中，先从有形之中寻出无形之中，是谓时中。

时无定，中亦无定。一室之中，中即是中，分为三室，三室各中，而一室之中不得为中。推之人事常变、时运推迁、学问高卑、事物大小皆然。

河图之数，错综变化，生于一而终于十。十者，数之终。一者，数之始。天地虽大，莫逃其数；人身虽小，亦莫逃其数。数不尽则生化不休，数一尽则长养何依?

数何以生？何以成？始之则生，资之则成，是谓万化归根之道，一元复始之理。

不能归根复命者，非根之难，归命之难。复不晓其理，故有尽而不能有成。欲成其数，自万而千而百而十而一，即是三教一原，万圣一揆。

得其一，即是天地间明贤，乾坤内豪杰。

心思智虑，憧憧往来，不知几千万亿涉想，几千万亿妄念，昼而思之不已，形于夜而梦之，尽是动中用事，那能一息安静，致将本原一点灵明，悉为私虑所夺。欲求归一，先将此身看破，扫除一切妄想，使耳目口鼻，各各归原自然，有一段真精神、真命脉时时流露，收而养之，自能复命归根，明善复初，何患下学不上达，不成顶天立地奇男子。

惕虑要言

福缘福地，良知良能，即佛即心，应观自在，不役于形，不妄其心，不劳其神，神完而后气充，天地真实无妄。道之极，则冲和洞达，道之光明，八面玲珑，一尘不染。

能尽心地，便能达乎性天。时时守之得其心，逾时放之亦得其心，又阅一时游之而愈得其心，如是则吾心之乐在是也，吾性之根亦在是也，是谓操存，可须臾离哉！

瑞雪甘霖，顺时美应，资万物，养苍生，天心仁爱至矣哉！身得润泽之气，百体俱泰；心得润泽之气，一念不生。

心无着则苦，心有着则苦，心有着而无着则甘，心无着而有着则甘。先由甘苦并进，愤乐相循，久自心定，定则水源清静，有乐无苦。

欲制无根火，先寻活水源。垂帘观自在，处处见先天心。定乃见先天之心。先天之心，一念不杂，纯而又纯，自然阴气尽消，阳气充盈，方成纯阳之体。

守心须由眼门入手，方为切近。守到一念不杂，纯而又纯，即是先天之心。先天之心，即性根也，即净土也，是谓即佛即心，即心即佛，莫不从心上用功。

报功一世，现享厚福；报德三世，世食厚泽。食德者，世其德；报功者，积其功，绵绵之泽，可限量乎！

举动、言语，细微曲折，无往不有利济于人于物之处，不以为德而德之所积者厚，不以为功而功之所及者广。

不诚无物，诚无不通，不必探微说渺，亦不得泥见胶固。立心于笃实之地，则举念罔非，初心行事，共见光明，天真流露，性光发越。

方圆寸地，囫囫囵囵，不动不移，浑如太极，却又变化无拘，如大和尚布袋，其收也毫无作为，其放也何所不至。

后天有意，因意而持之，是谓以后天治后天，意在后天；先意而除之，是谓以先天治后天。先天本无意界，有意即完无意，开朗处便是意界；无意而至有意，知识处则为意累。

意在阴阳两合时便是空明，象便是太极。完无极界，由太极而无极，在有意无意间；由无极而太极，在无意有意间。以意归无意，而密之，而纯之，而化之，得其意旨矣。

漂流欲海，迷而不悟，由于是非乱于中，好恶诱于外。所谓是者，自是其是；所谓非者，自非其非。若知所是之有非而自非其是，知所非之有是而自是其非，则是非好恶归于至公，大同启化，本真可复。

心无所心，体天心为心以达其心。达天心者，自能立命。命禀生初与性交合，尽其性以修命，安其命以全真，方成金刚不坏之体。

天人消息通于呼吸，毋曰不见神其临矣，毋曰不闻神其听矣，以心之神合天之神，此自然之理而不可易也。

神鬼之界，决于阴阳，判于方寸，所行合乎理者，其气全乎阳，违乎理者，其气全乎阴。全乎阳者为神，全乎阴者为鬼。知神之可敬，鬼之可畏，即是把握，空言正心，易流顽空，临事而反，不胜其局蹐矣。

心不了了，何能了事！故以制事者制心，莫若先以制心者应事。事至物来，随时洞彻，融其敬畏之心，而无所容心，此治心之要道。

克己十则，一曰务本，忠孝立基，伦常无憾。二曰安分，穷通得失，不可强求。三曰习劳，士农工商，各尽本业。四曰积功，立德立言，寸阴是惜。五曰明理，圣狂分界，决于几希。六曰择交，贤奸难辨，成败攸关。七曰知人，居家治世，皆宜明察。八曰立主，见危授命，大节不亏。九曰却魔，酒色财气，勿使昏性。十曰怀宝，精充气足，保护元神。

七情，性之作用，非本体也。性之本体，囫囫囵囵，无雕无琢，如三冬草木，内含生气，阳回发越，静极而动，神妙莫测，天人同此一理。

明性急宜活性，性无着便是活。喜、怒、哀、乐、爱、恶、欲，是性之作用，非性之本体，本体无着，故无累，无累故能活。

人心无物不有，可以神，可以鬼。人之为人，谓之神可，谓之鬼亦可，在乎自为神，自为鬼，一心通之而已。试问愿为神乎？愿为鬼乎？

心之所结，谓之缘；机之所凑，谓之缘；神之所合，谓之缘；情之所聚，谓之缘。天缘乎，地缘乎，人缘乎，缺一不可也。

天非人，无以通地气；地非人，无以见天心。一念之动，天地之戾气可以消，天地之和气可以迎。

动时得静，未为真静，定时得静，乃为真静。动时无所谓动，静时无所谓静，乃解脱之妙境也。人之身甚大，不可以自小；人之心最灵，不可以自蔽。自蔽即小，自小即蔽。

离中虚，虚其心，则有意归无意，久自阴净而转乾。坎中满，满其精，则后天还先天，原始而返终，久自决阴而还乾。身心交养，归于纯乾。

乐水乐山，游行自得，居尘出尘，飘然恬淡。若有想，若无想，若有为，若无为，到得性命同归，可证惟精惟一之道。

三才一气也。罡气在先天后天之界，元气在天清地静以前。观心犹为后天之功，裕气乃为先天之诀。五行生则耗气，克则裕气。裕罡气如彼此相敌，立定脚根，竖起脊梁，力大而归一，可以全真养元。气如彼此相爱，一味姑息，无从着力，止于观心，终至不振而后已。大要于养气中立定脚根，与其安而顺，未若猛而提，以养其优柔充足之气使自得之，如圣世宽大之政，贵乎恩威并济，惟在善用其威，以适化于宽大之中，勿猛之一朝，如宋人之助长可耳。竖起脊梁，鼓四端之气用以观心，气自裕而心自定。

德无常师，主善为师。善从一事做起，从一念寻起，推而至于事事念念皆善。

善无大小，即片善亦作万善观。万善之始，即以要万善之终；万善之端，即以立万善之极。

诚敬之学，极大极细。能极其大，则诚无不通；能极其细，则敬无不至。诚为积学之验，敬为入手之功。非刻刻临渊履薄，不足以言敬；非时时笃信谨守，不足以言诚。

心为万事宰，性为四德根，纯粹以精，必由气质炼出。金刚百炼，乃成不坏金刚。炼之之法，心不死，则金刚无由而活；性不生，则金刚无由而定。心性源流，何处通寸心，如在白云中，开将云雾留天日，一点光明四望空。

恬然为安身之基，淡然是养身之学。知所安则得所养，得所以安养之法，自有得于学问。

以心见心，以性明性。心之体圆，性之体直。圆则光明，直则正大。光明正大，自明之学。

寅为发念之始，阳光初升，性宜舒畅。午为日中之令，阳神易竭，气宜安恬。戌为火伏之时，阳气易郁，心宜坦适。

自内而外，诚意以正其心；自外而内，绝念以定其心。偈曰："念念从心起，令心无所止。绝念观自在，菩萨在心里。"

一诚，无事不格上帝，无时不通鬼神。心静而气恬，心动而气舒。动乃虚中之动，静非无为之静，故能恬淡舒畅。

万事有一件看不透，便是不活处，不活即不肯死；万事有一件丢不下，即是不死处，不死终是不活。心死神活如不死，从此死起。

游思妄想，机械变诈，无所不为，是谓心术。有定识，有定力，有定慧，有大德以培其基，是谓心田。天性不坏，耕以仁义，修以伦理，是谓心根。心虽方寸地，性天欲海，由此扩充。

人生所最难得者，刚也。刚气近于阳德，直养无害，不昧本来。稍有私曲，便非正体。守此刚气，济之以柔，归于中和，庶几不流于愎。

无心为善，即使事未推广，功无博施，根本厚实，是为真善。

有心为善，即使绝大美事，功及无涯，源头虚浮，事多中变。竖起蓬莱百尺竿，高台一镜试相参。飞云惯作奇峰态，幻出层峦远近看。

孝为百行先，即孝以见性源，方寸时存孝思，不忍拂亲志，不敢违亲德，则念念皆善，事事从善矣。求忠臣于孝子之门，孝之推广，何往不是尽性之道！

人生不能无者，情。人情不能已者，欲。至情即是至性，大欲即为无欲，以道运之，则情欲俱不为害。一局棋中包世事，千枝花里见人情。花开花落浑无定，止水从来彻底清。慧眼慧心参造化，阴阳只在一圈中。分明见得刚柔异，合并还看神气通。

或谓后天盛，而先天遂衰，或谓守先天，而使后天不复生。或谓先天即后天，后天即先天，皆非也。由先天生后天，有次第相生之义，因后天溯先天，有返本完元之理。

思虑百出劳脾神，游魂散志耗心神，隐跃欲摇丧肾神。收此三家神，养我一点真。

精气神，以守精为第一。肝心肾，以观心为第一。口闭时舌下泉生，眼闭时胸中露降。忍得定，不要因心动火；丢得开，不要因假损真。坐不定，息心静气，自然耐性；睡不着，纳气收心，可以安神。

气之赋于心者，本自浩然。人之养其气者，须宜渊然。惟此渊渊之中，能容浩浩之体。

冲和雅淡性情和，一曲人间乐意歌。漫说步虚天上有，天公为问乐如何。娱心志，悦耳目，俗情之乐也。所谓真乐者，乐其道，非道不乐，无乐非道。人皆自有其道，何不各从其乐。呵呵一笑乐何穷，天空地阔此心中。满腔活泼无留滞，何论人间塞与通。

心以心看，心以心守。看得心，则水从中来，自下合上也；守得心，则火从中降，自上合下也。心和气自舒，心息气自微。舒则真气日凝，微则真气日和。

形长生非长生，神长生乃长生。有表里精粗之辨，辨在表里。气表而神里，辨在精粗。天精而人粗，人事合乎天缘，人事尽而天心自露。

一了无不了，了了又何了。了却尘俗缘，向道方为了。自不了谁了，自不了了何时了。了了了，了便了，不了便不了。哈哈一笑终身了，哈哈一笑终身了。

佛为不二法门，亦至诚之道。知其不二，而心与佛一；知其不二，而心犹与佛分。必忘其不二，而心始与佛融。林间筛月蟾飞魄，石上横琴山有音。色相浑无真窍奥，时闻天籁即仙神。

性根所结，无不光明。一盏琉璃开世界，从教无地不光明。先生自有莲花座，瓣瓣原知各有因。观心始则模糊逼仄，拘苦久自渊然浩然。不可着迹，不可着急，有此二字，即生魔相。

自有天地以来，弥纶充满流行而不息者，道也。道即性也，古圣贤之得道，尽其性也。尽其性，通其道。须知神者通之基也，神定则基圣。气者通之本也，气清则本立。精者通之源也，精冲则源长。志者通之干也，志专则干实。慧者通之体也，慧沉则体固，皆心为之主。用之修身养性，安知不名入丹台；用之事君泽民，自可见功垂青史。

心如如非，一身之气，与神与心。气乃生天生地之气，神乃通天通地之神，心乃不可思议之心，于不动之中，而有流动充满之义。静极而动，其感应之理无所不包。

我无所有，我无不有，随处有我，我本无我，不离此肉身，那能开慧眼，面面通灵，头头是道。肉身筏也，道岸既登，筏亦可舍。

人事何忙，其心自忙。人心本闲，何不使闲。处忙若闲，无忙非闲。知此真闲，便是真缘。一切烦恼心，皆由心自造。心中诸烦恼，还请心自扫。烦恼真烦恼，烦恼何时了。愿此烦恼心，一了无不了。

心地常使宽厚有余，便能容人，容乃生物之体；起念之间常使通达无碍，便可化人，化乃生物之用。是谓生机。体用分两层，不分两段。分两层，则有人己之界，不分两段，初无人己之私。

凡事多一件不称心，即多一层磨炼，刻刻拿住此心，便是精进。火不能足，惟枯木之火为最足。心如枯木，此间求足，无所不足；此外求足，无一而足。

无事不感于心，心之所通，无所不至，神而明之，其感甚捷，不外一个真字，稍着一假，便不成事，不诚无物之谓。

多学，所以寻道也。圣门端木，子不多学，安得一贯之旨！日日求道，而未见道者，缘未至也。心心求道，而道未见者，无此理也。道不远人，人自离道。求道见道，应在呼吸，神明常在目前，何处何时不可见道。事贵专而有成，在乎自立主张。见其所见，未必真见，求见所见，乃得真见。既得真见，又何所见，所见既别，即是真见。既见真见，可无他见，一见真见，全神活现。

守己贵严，虽幾微而必察；待人以恕，纵怨怒而不迁。始于家庭，和气为致祥之地；推之朝政，秉公为起化之原。祇厥父而恭厥兄，非仅博闾里之声称，实由天性。进思忠而退思过，岂徒效驰驱于王事，遂为贤劳。移孝作忠，求忠于孝，乃臣子之大分，亦儒者之要务也。

夫妇为人伦之始，乖戾实足召殃；朋友有他山之攻，狎比反能致戾。诸父伯叔，亦一体之相关；邻里乡党，系同情而甚迩。怜贫敬老，勿恃势以欺人；悯独恤孤，勿重财而薄谊。

性圆，自见光明台；性和，自得光明镜。有有者非有也，无无者非无也，无无明，亦无无明尽。无始以来，天地亦无，那里是有。本来无一物，须求最上乘。一脚不落空，天梯自我登。

心定则气定，气定则神定，神定则气凝，气凝则心安，周环相见。定字之义，取之不尽，用之不竭。

一息定，则一息之神光可合；刻刻定，则刻刻之神光若接。神有舍乎，定处即神舍也。心何灵乎，定时即心灵也。以心求定，以定安心。心与神，若有依，若无依，此即定中境界。

拙则忘言，拙则忘机，拙则息虑，拙则省事，拙则保气太和，拙则神归原始。不着中有着处，着中有不着处。

守吾中，固吾宫，妙吾宗，呼吾风。返吾先天一气通，无思无虑豁心胸，无视无闻如瞽聋，世法包含道法崇。

道未有不长生而长生，未便可以言道。圣人言“朝闻道”，“闻”字何等通达，“夕死可矣”，“可”字何等活泼。既得之，则此身乃可有可无之物。

信善二字似浅近，然工夫却实朴朴地，善则着不得一毫私曲，信则着不得一毫虚伪。充满其量，即至诚之道。

少年人未识三宝，先守三关。第一怒气冲天关，第二桃花绝艳关，第三贪宝焚身关。不犯者，千不得一。若不从此立脚，空谈性命何益。

现享之福，受自祖宗，如取火燃灯，愈燃愈干；将来之福，积与子孙，如燃灯添油，愈添愈明。

先立其本，要有根脚，不动浮念，不涉妄想，有事时尽其心，无事时安其志。心肯从我乎？始以心不从，我定以必从之心，继以心渐从，我定以纯全之心，是谓根脚。

心血几何，须时时凝神定气，不使虚火上炎，方可生水以补火。分阴不尽不仙，言后天杂气也；分阳不尽不死，言先天真气也。保后天返先天，当于静中验之。

无过去心，无未来心，无现在心，自然心细，自然心灵，可以察天，可以明地，神而明之，存乎其人。

心能空矣，其能神乎！又须着实为之。气化而后能神，能神乃化境也，所谓妙有者，此也。

心定，即从定处用功；心动，即从动处用功。原有活法，妄念如金钟之鸣，声闻千里，摩空而来，其势最远，以慧剑斩之，以金治金；恶念如燎原之火，不绝昼夜，草木俱灰，其来较迟，以猛火攻之，以火治火。金完金，火完火，由动亦能入道。

心气因血，心血因气，常看此心，则一切皆空。由空中一点着实，不空不能实，不空乃遂空，从后天培养，以还先天，常使此心在空阔之地，此神在淡定之中，如此则自有把握。

有事时认真办去，无时不谨慎小心；无事时自我收来，无刻不冲和恬淡，积此心行此事，即为实德实功。

一念之起，人不知而我知之，有我也，实也。一念之起，我知之谓人不知，而我忽之，去我也，不实也。实与不实，善恶攸分，所贵辨之于幾微。日用饮食间，常用此法，放心自收，精神自集。

一动于欲，欲迷则昏；一任乎气，气偏则戾。初起念，即便回心，一想其是非，固自较然，非者去之，是者存之。克己工夫，即从此初念克起；行善工夫，即从此初念行起。

净土净者，净此心而明其性。土者，性根也，从无始来，寻无始去，无无明，亦无无明尽，乃至无老死，亦无老死尽，即是莲花品，即是金刚诀。

功德皆由心造。古人云，吾一生所为，无不可对人言者。此绝大学问，正绝大功德。

天之言由人而发，圣经贤传，皆天之所欲言，而圣贤代言之。人与圣贤同此心，通其言即通天矣。

外宜刚而内宜柔，至刚之气直养无害，万世不避。粗中加细，细中加察，察中加守，守中加择，择中加密，密中加详，详审周到，则为人处世待人皆合乎宜矣。

运五脏流行之气，统会于丹田，气足神完，却尽外缘，留其本真，斯为极矣。太极本无极，无极本无妄。静极而动生，太极是着手处；动极而静还，无极是收功处。

气以聚神，心以凝气。心定神在舍，心动气浮体。真气日凝，元神日聚，以渐得之。若以为行之无效而舍之，天下无此易事。若以为行之既久，而恐终于无效，天下无此难事。

凝气聚神非难非易，惟在行之坚固、守之笃实，淡定中有真气，渊默中有真神。

观心能见意之所生，观气使知命之所主，观神能知性之所聚，事事念念，常思此从意起，此从气起，此从神起，皆有归宿，可收放心，自无妄念。

气无形其用最大，形无象其累最重。去其累，化煞于实；全其用，炼有于虚。分明是先后天、阴阳界，人皆模模糊糊，寻不着头绪。

一心千魔万怪，莫非一身之精气凝结，以慧眼定业根，转得收其精气化为金刚，不外一个定字。

定心不如死心更着实，能死到千死万死，死无可死，跳出一个生字来，真是生龙活虎，不可端倪。

脾主思虑，故魔不生于心而生于脾。心不死则脾益生脾，魔益生魔。故死心在开垦脾土，方能斩断魔根，何思何虑。

心真则豁然开朗，无纤尘之蔽；气真则浩然流行，无一息之间；神真则湛然常凝，无一念之扰。鸢飞鱼跃，活泼泼地。

垂帘内视，而心必忽出忽入，不可捉摸，及见有腔子，又见腔子内之主宰，看得定，拿得住，靠得牢，便是见心，便是见气。见气为见心之效，见心为见气之效。气非养不充，心非养不定，多一息收敛，见一分内功。

静养要诀，勿着迹，如行云流水，勿着急，得寸斯寸。言到心即有腔子里一点，言到气即有腔子里一圈。见心即有此气，见气即有此心，即真气也，非气有二也。

理境图通，神明光远，天与日月，惟圆故明。理本实境，贵乎变通，变则活泼泼地，变则空明明界。夫子圣之，时变通之义也。不变通则方，而为理癖，其神暗，其情滞，未免太苦。

读书须罗列史传，激发志气，遗臭流芳，有所惩劝，则精神自能郁勃，真气得有端倪。

敬心，善心也。亲爱心，良心也。见父母而敬之爱之，诚于中也，时存此心，即可对神明矣，以之处事，无往不合于理。

神从精出，精从气生，气从心旺。心有主见，不使此身颓然不振，则气盛，气盛则精充，精充则神足。若委靡偷安，则心无主，心无主则气亦溃而不收，则精神无从而生。

工夫无间于须臾，修省不离乎寝食，必身定而后心静，犹其次也。功密而心纯者，虽百忙中如无一事，此真工夫也。

性本乎天，情尽乎人，原是天人合一之处，有一气质之性杂其间，则情失其情，性非其性，究之真情，自在真性难诬。

人心不定如风。然风合乎四时，应时而发，本有定所，偶有不定，气不和也。心体中正，自有定位，有不定者，气不正也。罡风生，不亟避之，则受其暴戾，若避之，而正用之，则又得其鍧熔之力，是在正体而妙于用。

心大一轮月，心重千斤石。大如月，故须收拾于海底；重如石，故须埋定于土中。神舍在何处？黄庭埋得千斤石，神去神来不自知。气海神藏须炼质，相扶相助渐能持。持心要诀也。

观心，观自在也。既得自在，何不刻刻观之。即此“观自在”三字，扫尽一切浮关，久有许多妙境，原非外铄亦非幻想，所谓真实不空，空即是色，不观不空，不空无色，色即自在者也。

观心，时而见，时而不见，为杂念牵挂，心未定也。扫尽杂念，收拾干净，关好门户，久则自定。

气有通塞，通处欲其迟留，塞处欲其开畅，勿疾勿徐，勿急勿徐。或急或徐，效非速成，功有速应，立中妙境也。

功无速获之理，道无速就之方，刻苦求之，则苦中之甘味无穷也。日积月累，苦情孤诣，积之既久，则日新富有，有口不能言、手不能指、目所未见、耳所未闻之妙。

功非苦到极处，分毫莫能破其道妙，真积日久，一旦贯通，夫然后恍然有悟也。不苦不甘，报应之理，由苦得甘，积渐而来，知此守此，入德无难。

定心之法，刻刻将此心下之，下之既久，深深藏之，如有宝匣洁清无尘秽，将心盛于其中，百变不动，百试不摇，则纷者其绪，而定者其神。

道何在，在心田，种心取心苗，心苗可长年使。既立心，当先采苗。采苗之法并无著迹，只于心上寂然不动，时忽有 ·点透出，觉耿耿然，安安然，皎皎然，百体舒泰，津液流通，此即心中一叶真苗也，渐滋长而更觉有色有香有味。乐乎！否乎！

闭目而以心下之，心下而以目微启之，心气归于其所。口中津液，具有美味，徐徐咽之，使心气随津液而和，自有泰然之境。早晚静坐，默诵《心经》四十九遍，或圣经六十四遍，再以心气下之、津液应之，便可定心。

口念咒而心可定，目视咒而心可定，耳听咒而心可定。是故不曰诵咒，而曰持咒，借以持其心也。

人情不外好恶两端，立心端好恶，待人同好恶。古圣贤以济世安民为己任，以检身约己为先务，由溺由饥之念，何日忘之。今人亦当如是，果能强恕而行，遇利当兴兴之，遇害当革革之，优容中寓刚毅，坚忍中存和厚，则不失为读书人忠厚之道。

求称心，求如意，恒情也。不必称心，不必如意，定数也。期其必称心如意，而往往拂其心意者，势又然也。即使称其心如其意，头绪愈多而曲折愈多，转闹出许多不称心、不如意者有之，何若寻我本来原，未尝为此有益，彼有损，生心生意，又何尝不称心、不如意乎！

养其体，修其心，调其气，体热若火，心冷如水，气行若泉，则神自定，此乾坤一大转关。

动有则，言有法，束身矩矱，心有范围，加以专一，则不外驰。如考古必究其微，证今必举其要，总使无少间断，虚心自启，身亦自修，沛恩降泽，那能遂志，己欲立而立人，己欲达而达人，一念之公而已，不践生草，不弃虫蚁，一物之细，一念之微，纯任自然，以充其量，仁民爱物之道。

忍得澹泊可养神，忍得饥寒可立品，忍得勤苦有羸余，忍得荒淫无疾病，忍得骨肉全天伦，忍得口腹保物命，忍得言语免是非，忍得争讼消仇恨，忍得屈辱征气量，忍得诵读增学问，忍得忿戾祖宗安，忍得刻薄儿孙荫。须知忍即性中天，莫言忍是心头刃。

秋云似薄，而清气逼人，却自可爱；冬日可喜，而冷气入骨，却自能消人心。若行云之动静交合，若白日之清光，斯体用得矣。

卓然一丈夫，胸中何所有。飘然一神仙，此身何所有。有心便俗物，无心乃浩浩。有身非金身，无身乃入道。非谓轻此身，实则从所好。

好山好水好明月，谓是人间幽闲客。不知此乐非真乐，别有天机自洋溢。此气常存坚如石，此心空明皎如月。何必日服长生药！何必日服长生药！

行止坐卧，任自然之性，方无碍于气血之流行。气以行心，血以养心，心通百脉，为一身之主宰。心之所化，性为统摄，性之见真，命为良田。性乎！命乎！皆心之用。命乎！性乎！又心之体。体合乎用，在气与血，气血交关，在五行之得其中正和平，自得形长生而神化矣。

性本天成，破空而来，有闻若无闻，不得以无闻而忽之；有见若无见，不得以无见而昧之。天事完天事，人事完人事，天人相与之际，皆自不可闻见处。视思明，听思聪，聪明开辟之由，要从有闻有见处存其心养其性，参进一解，事半功倍。

命之在天，分其气机，入于后天。性之在人，自无始以来，与天地同性，禀于先天。故言性，必求其原于命；言命，必求其原于性，是谓性命双修。始则杳冥昏暗，未见道也，私智穿凿，未见道也。惟有见一步，走一步，进一步，看一步，层累日积，行之既久，豁然开朗，浮云顿卷，丽日当空，诚而明之之学也。

儒之高明，即释之舍利，道之金丹。儒之悠久，即道之金刚不坏之体，禅之定智慧之门。儒言智仁勇，释言戒定慧，道言精气神，三门通乎一气。过去、现在、未来心不可得，即系毋意必固我，不可须臾离，即常清常静之常道，从合参晤，自多取益。

上智炼阴阳之气，凝之为神，聚而不散，加之大功大德，则超乎千劫之中，即至亿万化身，而其本来固凝然不动。其次炼阴就阳，操持性体，而不为形气所役，则一点灵光亦足，久持而主张自在。再其次则养气养体，功力久而勿懈急求，还其原，返其本，虽无显应功德，而神气不至涣散，其灵光可以长留，是谓三乘。

先天气不可见，忘而又忘，存而又存。存而不忘，忘而不存，乃见一点真气，自腔子里现出，化为一点元神，此万劫不坏之本性也。

后天气，存而得之，忘而失之，时时固守中宫，绵绵若存，此为呼吸之根，性命之关，舍此无可把握。此气放之则塞乎四体，敛之则不盈半黍。其性喜恬静无为，又喜坐又喜默，乃一身主宰。但丽于心脾之间，心属思，脾属意，往往为思意所牵动，而不觉致多受病，到得元和用尽，寿数止矣，可不重哉！不重后天，不复先天；不复先天，不能悟道。

亥后子前，天地未分，元黄未判，正是浑沌气象，却有一点先天真阳，微微透出，当于是时，闭关养之。

泰为天道，即为人道，见其大则心泰。天君本泰，不可自扰之，即如守己之时，本寂然不动，而一念之起，旁皇无定，遂至官体若有所失，不泰，孰甚焉？

心本居中，无定者亦神也。而有定者，神之所由，灵也。多一转折，已失本然之体，由是游移无定之神，离其宅而不知所返矣。

性自天生，亦由性染，性爽快者加精细，性执滞者加陶熔，斯成妙品。

曰止曰观，曰静曰明，惟止能静，惟观斯明。进道者贵识止字之义，心如止水，便能洞彻一切。

士能真鲁，惟守本分做起，不知一味求知，不能一心求能，便是鲁字真功夫。鲁字大学问，士农工商，皆当体贴。白昼赖日光，黑夜借火光，照见种种色。其照处，谓自照乎，谓有照之者乎？无照之者，无从自照也。故照者，化机也，照之者，性光也。不内观，如在黑暗中虚度一生，必常常内观。初如白昼无日光，黑夜无火光，止其心以求之，勿杂他念缠扰，久则开开阖阖，闪闪灼灼，微露一隙之明，则性光初生矣。又定其心，静其心，安其心，益求之无虑，其无见也，全光毕见，无所不照，无所不到，所谓到彼岸者非耶？到彼岸则筏可舍。其筏也，其照之者也；其舍也，其自照之处也。知此可以言道，可以言悟道。

道一而已，而心不一，不能见道心。归于一，道即在，是一人一道，千万人一道。一人一心，千万人一心，心即道，道即心。

读书为保身之本，训子为成家之原。性粗率者，宜养之以和平；性鄙吝者，宜养之以宽厚。和平乃成身之学，宽厚是致福之基。

人生百年，倏如瞬息，安忍不及早警勉，时时开方便之门，刻刻存忠恕之念。处丰厚境地，退想贫苦之辈，自不敢骄肆；入圣贤之门，常思理欲分界，自不敢纵逸。

一行一止，神明若鉴。一步一趋，规矩不离，自然处事谨慎，待人谦恭，渐能入道。

天元有始，地元有终，人元善始而成终。始于天元，成于地元。是故人者分天地之中气，而为万物之灵也。

知灵弗灵，神役于形；知灵而灵，神出于形。践形者，神完而形全也。人不见全形之人，以为怪异，岂知形全而神不足以固之，其谓不全形之人也，可谓之不如全形之人也可。

知人之不可自小乃能立志，知学之不可自多乃能进功。有恒者，天地之体；默运者，天地之候。人之秉气亦然，因时消长，固有定候，知其消而避之，知其长而存之，顺天生生之意也。

细其心气则心细，和其肾气则心静。一细一和，道谓龙虎之位成，而婴儿姹女之姤得矣。

用力捏心，心定矣，未必能细；用力定心，心定矣，未必能和。惟鸢飞鱼跃，活泼泼地，乃细心和心境界。

心定而入定，真空也。心定而仍空，灵空也。空乎？定乎？定乎？空乎？虚实相间，道德之门。虚则实之，实则虚之，又从空定进一解。

澹泊宁静，四字何味乎？澹泊得味者甘，宁静得味者和，长生药也。然谓非澹泊则不甘，非宁静则不和，是犹以自了结局，不能扩充其量，以四字为把握，行而宜之，神而明之，更进一解。

性为心气交关之物，必守定气、放开心，方能见性。气定而心自活，则放得开，自然境界宽绰，变动不居，是谓灵境。神以灵而精自结，气不定而徒任心，则心放而无所归。归于心则气定，放开心则气舒，此因辅定主之义，义明而性见矣。

气属阳，阳不足，性可以扶阳。扶阳在定心，又在降气。气本上升，升而降之，则得周回之力。一日一升降，而丹田中渐渐阳气填实，填之又填，充满其中。于是乎升降任其自然，断不至升而不能降矣。始由天目中所结，稍为着力纳至丹田，看其徐徐散开，不可使滞，滞则多累，须观其散后乃可任之，必一日一次，寅时为之。取阳之道，心头少一件，肾中滋一分。肾中添一分水，心头制一分火。循环之理，以生为克，以克为生，即生即克，即克即生，生生不已，气定而神集，神贯而精化，化化生生，日见其精。自然之功，候日进之，生机也。

说法并无他法，守心即是清心，道在内而不必旁求也。然正心修身，修身正心，有交关之理。心如滚盘之珠，总无定时。心定于身，定时定之，昼夜偷闲，一时为之定之，久则身动时，心亦常定矣。

天人交感，微在呼吸，显在动作。其机动于无形，无形之感甚速，其用征于有象，有象之应犹迟，故眼前多福，达人自消，见得不敢受，不轻受，则享福之时。即积福之时，积之不已，享之不穷，其道在退一步想。

退一步想，便是进一步观，进一步观，则不惟现在之逆境为难得，即将来之顺境亦无希冀。

涉身处事，全凭一点敬心。神明有功即录，有过即记，心之起念，神明知之。不生秽恶心，不生乖戾心，则心自敬矣。

人心只是放心不下，道心只是撒手得开。撒手即是放心，放心正是收心，放下一切凡心，收成一个道心。寒暑年年催白头，用心何事可寻求。万端憧扰无休息，须向空中认取留。

诚者，诚其所赋之理，因而诚其所禀之气。一切人事，皆不在此理此气之内。惟先天自然之理、自然之气为真理真气，为悠久之道，大要归于撒手两字。鬼神所惧者，撒手两字；天地不能限者，撒手两字。手吾手也，谁使不撒，一撒便撒，何难哉！

内省功深，即见本明之性。性本有光，乃先天之光；目之有光，乃后天之光。然先天之光，未尝不寄于后天之目，故曰慧眼，曰天目，曰佛眼，曰金目。离娄之明，隔一纸而不能洞视者，后天之目也。有慧业，有慧心，乃能有慧眼。磨之又磨，定之又定，然后生内光。

脾胃为后天之本，须知培养，方能保其精气。心脾交关，脾胃相济，常使和合，勿使相克。乙癸同原，天乙之水，仍须从后天寻去。开心足能养胃、和脾、保肺，肺气流旺，而水足木资，火静土安，金之所以重也。

金之母在土，故黄钟为始，即生生之原，脾胃主之。一心培养，使生者得其生，生生者得其所以生。生则克者不克，而克者亦生其不克克者，即其能生生者也。其能生生者，又安往而不化其为克克者乎？

最戒多欲害神，多虑耗神，多食损神，多饮伤神，多走劳神，多睡昏神。守此六戒，可以延年，可以生慧。

毋逐逐，处世须知足。知足便足，足则不辱。毋逐逐，毋鹿鹿，学问忧不足，不足求足，求足方获毋鹿鹿。一心专诚，能勤卷轴，立品安详，躬行自淑。

勿浮其气，勿粗其心，循循规矩，自合准绳。知爱知敬，奉长奉亲，出入必谨，言语有箴，以此蓄德，不愧深沉。

人心各有灵机，而平旦之气甚是几希。此几希者，甚是可贵，知其可贵而贵之，则必守之甚坚，而扩之渐满也。时时有此几希，处处有此几希，则几希者触处皆是，岂非放大光明，存大愿力者，赖有此几希耶！

性无为，命有为。由无为而有为，性之原于命也；由有为而无为，命之统于性也。离性言命则滞，离命言性则虚，必两合而后全美。

由性而入，则寂然不动之时，即有感而遂通之妙；由命而入，则神完气足之时，即在浑沦无际之中。

天有性乎，清者天之性；地有性乎，宁者地之性。一气耳，人禀天地之气，气即命也，而性亦赋之。性即天地之性，原本清宁。性先而命后，性无为而命有为也。

性无为，天地自然之理，澹泊宁静四字该之；命有为，一身之常存常注，精气神三字该之。性虽无为，欲求见性，亦有着己功夫。

常存澹泊宁静四字，从外看入，由两眼看进，两耳听进，一心安然，常定灵机，看出有三关，看入有五脏。通体看来，五官百骸，皆可作恶煞，亦可作用神。心从此炼，神从此固，日日为之，一步还他一步，步步进去，毋中止，毋前却，毋速效，毋助长，日积月累，渐渐有得，无为而有为也。三关者，天目、左目、右目也，为光明聚会之处，心定后看出，到三关静视之，久则妙境自见。

道本平庸，食物器用之间，具见心之流露所为。小无间者，心之无往不可见，即道之无时而或违也。

立心于光明正大之地，即存此心于细微曲折之中。此心何心？敬心也，信心也，即道心也。

归真返朴于淡字中得之，于毅字中守之。惟沉毅者能恬淡，稍一迟回，则不可谓毅，即不可谓淡。

自谓可淡，未尽之词；自谓欲淡，未然之词。故毅字为淡字真种子，从根上一一削去，斩草除根，无一隙余地，可谓毅，可谓淡矣。由此一心持定，涵养纯熟，便是还他真面目。古来谏草频，仍犯颜不惧，皆自绝大文章中做出绝大经济。贵有识量，识量如日月之明而不可掩；贵有气节，气节如金石之坚而不可磨。识量充，气节具，然后大言炎炎，小言詹詹，尽是有用之经济，即在家著书立说，有补圣贤之业，岂出而用世，格君爱民，无当于大人天民之学哉！

观心即是用心、看心、去心，三者合参，谓有心可也，谓无心可也。一时有心，一时无心，心所当心，不心所当心，均无不可也，两字诀曰心心。

心有千变万变，炼者不使一变。始则以心炼心，继则以神炼心，其相依之理，有不期然而然者，推之至诚如神，则心神即真神矣。

数与理，二乎？一乎？一而二也，二而一也。何言之？一者囫囵，二者分散。由囫囵而分散，至于虚空粉碎，无非是数，却无非是理。而在数为数，在理为理，所谓一而二，二而一者，非也。由囫囵而分散之则易，由粉碎而合之则难。有囫囵之心，有囫囵之气，然后容此囫囵之理，先将此心细细收拾过来，归在腔子里，则丝毫不走。所谓心，其心者是也，所谓心，无其心者是也。

总要立心坚，旷日持久而不畏，无所用心而后成，将心上魔端渐渐削去。其道无他，炼心而已。

凡人能于精气神见其会，而不能见其分，见其分而不能见其融。精也，气也，神也，会也。神也，气也，精也，分也。气也，精也，神也，融也。不会不分，不分不融，此理既明，可通三关。三关相通，通自下始，自下上上，自上下下，周而复始，循环无端。结构既密，运转自然，吞吐纳入，必有养基，不疾不徐，天目是依。有光迷见，有影不迷，完全一颗，不实不虚。曰自上下，实自下上，曰自下上，实自上下。此间秘诀，自有真诠，一珠破处求缘。

从实处做去，从空处悟来，虚虚实实，妙合而凝。其丹在分，以气聚之；其丹在虚，以实吸之。其丹在若有若无间，以自然而然者守之。守之既久，而吞吞吐吐，露露藏藏，如蚌含珠，其养之也，固有不期然而然者，此金丹之大要也。日日看丹，一日见丹，日日见丹，一日守丹，其看之而不见也。见有水即以丹目之，则水中有火矣。见有火即以丹目之，则火中有水矣。时时捏一丹字，刻刻见一丹头。丹乎！丹乎！于彼乎！于此乎！其忽忽若来乎，其悠悠若忘乎。其来也非突，其忘也则忽焉。所以贵乎看得紧，见得真，守得定，养得全，而金丹于是乎成矣。

欲识此中诀，逃不出乾坤。认求心地窍，先须问坎离。乾下交乎坤而为坎，坤上交乎乾而为离，坎离成而造化在乎其中。造化虽大，不外乎坎离在众卦之变化不齐，而不出坎离之中爻同游乎六位。盖坎中之一阳，离中之一阴，上下往来六爻之内，固是坤乘乾之一阳以成坎，乾乘坤之一阴而成离。《易》曰："坎离者，乾坤之继体也。"若能以坎中而用颠倒法，取此一阳以还离中，得成纯乾，便可还丹。坎中之物属金，故曰金丹。坎即身，离即心，取坎中戊土之阳，补离中己土之虚，身心交养，即可炼金丹。

丹者，会乾坤、交坎离，使二者变而为一，至九宫八卦、七政六位、五行四象。三才之生于二者，皆归一致，然后谓之丹。

金者，五行相生至金而极。天一生水，水生木，木生火，火生土，土生金，金最后生，备五行之秀。造化之功用，独全金为之宝，熔之得水，击之得火，其柔象木，其色象土，水火木土，四性俱具，历千年而不朽，经百炼而愈坚，实刚健纯阳之根本，一得纯阳，即成金丹。

呼吸参同，惟人自鉴，须达乎后天太极之理，以善所生。乐山乐水，游行自得，居尘出尘，飘然恬淡，若有想若无想，若有为若无为，到得性命同归之候，斯可立金丹之基，而证古圣惟精惟一之道矣。

道之贵乎恒也，必有振作之气，乃知久而勿懈，日日行功，有把握时亦有无处把握者，须略用内神一提，必到炉火纯青之候，则柴炭无容添入。若才得生炉，炉尚未热，一味用文火而不添柴力，则其光终无发露之时，而其神亦无锻炼之处也。又非加之猛力，须徐徐添入而不觉者，合此两端，乃使真气充满，玉关塞而元神聚矣。若不添功，必有非进即退，势不两立者。

能于天目见之，功进矣。不能于天目收之，尚未合也。自内而形于天目，天目能现而不能藏，自天目而收之于内，则内之所固结者深耳。自内而现于外者，天目中有一丹，其所见，为初得力处，由天目而收拾脐下，其着手为更亲切而有味矣。

人心之灵，易真易假。金丹之道，非假而真。实有是丹，实有是金丹，药之生也不绝，炉之设也常安。采得真，便是妙药；炼得真，便是灵丹。其细也如芥子，其渐长也如弹丸。采之在无心间，却在有意间，是谓采得真；炼之在有心间，却在无意间，是谓炼得真。分明在此，忽然不见，寻得着时，倏已在彼，此恍惚之象，皆非真境也。寻去再寻去，寻之不已，忽然得之，据而有之，如此则真境见矣。

心气何如，中有关元。此气从下而上迎则不隔，从上而下接则易滞。以下气能静，而徐徐上升，其力沉毅，能破关元。上气能动而易浮，降而下之，其力尚薄，未能直破关元。故自下而上迎者，须多一分位置。则自上而下接者，自益一分精神，悟得补偏之弊，而关元无忧隔碍矣。

补一分心气，即从坎中取来，取一分坎气，即从心中用去，用坎补心，竟是用心补坎，此乃交关之处也，非谓偏轻偏重，偏上偏下，补一处即损一处也。两气分看，则有上下两气，合看则有中宫。中宫在丹田上三分，提起下气安之，随即降其上气和之。先提下气，则心气亦着力一分，故下气亦无阻矣。

有有有，藏之深深矣，又须养之沉沉；吐之息息矣，又须浴之耿耿。如此乎，其有之也；如此乎，其不有之也；如此乎，其刻刻有之也；如此乎，其刻刻不能有之也。有之则愈珍之，不能有之则愈寻之矣。所谓深深者，丹之在舍也。所谓沉沉者，丹之自得其所也。所谓息息者，丹之潜滋暗长也。所谓耿耿者，丹之光明流露也。其实丹何在乎有？在即非丹。凡有质之物，可以着实据之，丹之所以贵者，惟其无质也。惟无质，故神妙不可捉摸。然则丹之为言，谓之丹可也，谓之性可也，谓之命可也，谓之神可也，其在自得之乎！其在自得之乎！

精神团结，便能折魔，而即化为护法。心将观乎天目，凝之而含其神；观乎丹舍，养之而聚其精，以合内外。有如此者，弗以易而易之，弗以难而难之，弗以有效而奇之，弗以无效而舍之。弗以时而效时而不效而疑之；弗以时而得时而不得，而不思所以留之。是故寻丹、看丹、守丹、养丹，分为四节，是道也夫。

道从何处着手，从何处收功。着手处即是静极，收功处即是动极；着手处即是太极，收功处即是无极。而所谓极者，何也？乃无妄之谓。太极本无极，无极本无妄。然则空空之说非也，然则空空之说何尝不是。吾心本空，惟空而后以无妄者居之；吾心本实，惟实乃能以无妄者却之。却尽外缘，留其本真，斯为极矣。此中有绝大功力，绝大本领。精义入神，在乎时时看此极字，刻刻听此极字。削去一分妄，便留一分无。妄极固无。妄而不能无，妄又将从何处着手，何处收功乎？是故气有府，神有舍，此二者不可不知。第周流之气藏于五藏，统会之气则在丹田。故曰采药者，采五藏之气也；合丹者，结气于丹田也。气足而神完，斯为无妄。岂不囫囫囵囵，全然成一个极字。

有慧眼自此心生，有慧剑自此气出。出其慧剑，放尔慧眼，而内光达于天目，而内气结于金炉，而真神透于泥丸，此三次有内外上下交合共验之理，守其一处，而上下内外之三处各验，而神而明之化境于焉，得之则非言说所能尽者。

心定，功之基也。然一定字，尚在浅处，须加一个死字。死则无所不死，死到尽头绝处，然后完得一个生字。千死万死中间，跳出一个生字来，真是生龙活虎，不可端倪。若一分不死，则有一分不生。夫人生何物可以断绝？然何物为我所本有？不可断绝之处，皆非我所本有之物，则何不一刀砍尽，一脚踢开，适见我好。好有一件本来金丹，不为水火金木所伤，亦不必借土滋生，其动而能变，变而能化，神妙不测，谓是生之至也。

见丹炉乎？见丹井乎？不见井掘起井来，不见炉设起炉来。无中生有，却是固有之物，所谓观自在者，此也。一刻不自在，炉井之位安在！既得自在，何不刻刻观之乎！即此观自在三字，扫尽一切浮关，却该得许多工夫。不观不知观之久有许多境界，许多因缘，原非外铄，亦非幻想，所谓真实不空，空即是色也。不观不空，不空无色，色即自在者是也，其功效归之于观。

先天一气本无形，中有真人自浑成。凿破元关方许见，龙吟虎啸忽风生。大丹也是无形质，却有工夫在后天。屈舌垂帘身不动，但教养似木鸡眠。不知何物号丹砂，倒转乾坤是我家。莫把葫芦遮蔽住，此中定产美金花。金花恍惚又杳冥，只在阳生一刻寻。亥后子前谁悟得，神仙从此探真神。一先天气，一后天气，皆须熟辨。

调息之功，在养之于丹田之中，而纳之于离宫之下。此地本为神气聚会之所，其根则通乎天目。天目者，两目之间，鼻根之上，人当闭目时，而神气一凝，则天目中若有光明透达者，左顾其目，右盼其目，而神气亦随之而流转矣。呼吸自然，入多出少，则先天之气，转赖后天之气以为增长耳。气是浑全之物，无可名象，及其有出入之候，便自有阴阳之分，呼出为阳，吸入为阴，其功贵乎自然，不可勉强也。

气一而已，先后天亦一而已，分开乃是着手工夫，合并乃是成就工夫。见外丹即见内丹之影，内丹团结而外有此象，此即在心地光明时候，如用水晶器盛一大物在内，其光辉自然发越，即如器外有此一物，其实只在器中。炼丹之法，不过借此以收拾其内，使心气收敛，则其中固结。其中固结，则隐然有一物，隐然有一物，即显然有一物。其在内隐然者，即其在外显然者也。

天有丹乎？曰有。何谓天之丹？日月是也。然则人有二丹乎？曰否。然则丹有异乎？曰否。人之丹与天之丹同，然则何以有二有一乎？曰天之日月合而为丹，人之坎离姤而为丹。曰日月可见其光，而坎离不见其形，何也？曰云埋日，雾藏月。其可得而见乎？曰然。则非风不可乎？曰然。曰人之风何如？曰倏而起，倏而合，是谓风媒。风媒在坎离之间，抑在坎离之外乎？曰不上不下，不内不外，隐隐而起，耿耿而合，是即风也。风无体，故能消云雾而见日月，然则人亦在乎自然起合之间，而巽风以吹之，则其丹可见矣。

聪明内用，便是金仙一粒。灵丹淡然无味，丹宜于淡字得之。淡乎世味，便深于道味，且淡于道味，乃深于正味。正味乃为金丹，若有异味，即非金丹之正道也。炼形乎？采气乎？吸日月之精乎？酿雨露之滋乎？观龙虎之斗乎？排鼎炉之作用乎？种种奇说旁门，不可枚举，若稍犯之，便不可救药。是故丹之为言，淡也。淡而后定其神，淡而后无思无虑，淡而后思无不通、虑无不达，淡而后全神毕露矣。然淡字从何处淡起，从何处淡尽？可淡处先淡，便是淡起；本淡处愈淡，便是淡尽。从口上淡则寡言，从眼上淡则内照，从耳上淡则塞聪。至于一身皆淡，则成一端严相矣。至于一心皆淡，则成一空明镜矣。仙耶？佛耶？人耶？此道合之矣。

功由粗而精，由浅而深。粗而浅者名养身，精而深者名养神。神之养也，在丹田。丹田为真养之宫，其气暖而沉，沉者使之升，则为清轻之气，循转如环，一一收拾个中，不溢不损，忽聚忽散，听其自然，此气一见，则本立而有其基也。为之难者，难在始基耳。既有根本，又何难哉！

养气之法，非静不为功。人生原只是一气，耗之则出多而入少，保之则出少而入多，此自然之理。入之既多，则氤氲充满，所谓成胎者以此，所谓游神者亦以此也。然断断毋求速，毋勉强，循循做去，到一时自有一时见头。耳有闻，目有见，皆自然之气得之，此非外境，乃真境也。

几人之身，总恃气为之主。不炼气不能固形，不固形不能长生，不长生不能悟道。故学道之士，未了性，先了命。命功无他要妙，只在元关一窍。呼吸往来之地，常常守之，时时敛之，如母恋子，如鸡抱卵，如龙护珠，如蜂酿花，无一息之间断，无一毫之懈怠，无一点之做作。弗忘焉！弗助焉！存存焉！如如焉！自在焉！安止焉！得其一点真气，即可养吾之元神。气为母，神为子也。到充满而极浩乎沛然之候，两大可塞，三千可弥，尚何一身之足言哉！而宁有不能超脱之虑哉！

见贼即破，斩根乃除。斩根与遏欲，其功之深浅，不可一例论。遏欲太猛，魔从中来，何以见之，其根不断而自上遏之，则其机必有发。而难遏之处，惟从根上想去，此从某根起，此从某根起，根根理他清爽，然后见根拔根，而非一时即能拔出，亦非一时即能拔清。自上克下，谓之遏欲；自下制去，谓之除根。脾为后天，意生于脾，其地最下，其根最湿，湿则易于滋生。下则难以开垦，是故必用刚刀斩去，又须用武火烧来，兼此二者，渐可除根。一味看他，打他，制他，终是浮面一层，何如拔他，炼他，化他，乃是归根要诀。知此浅深之别，乃能下手。

有所见否，有所闻否，见不真看进去，闻不真听进去，进而有所见，进而有所闻，便是真面目也。他自他，我自我，如何炼他，我里头有一个他，他外头像一个我。我如何炼不得他，他来靠着我，我要拿住他。看外丹存其表也，守内丹尝其味也。得味者果自结，养果而果大，摧果而果坚，剥果而果成，此又层层进步也，保胎完元此其本。

春者，气之始也。于四时，则以春为首，于十二时，则以寅为首。寅者人事之始，即气之始也。事必从乎其朔，故即以春为始。寅初可为发念之始，子亥为水，而阳光已动；巳午为火，而纯阴已伏。究竟动者，未若寅之能畅伏者，未若寅之尚舒。一日之间，寅为最重，犹岁首之有春也。然非谓在此一时也，午为日中之令，阳易竭，须有以含之。戌为阴，伏火纳之，时其气易郁，宜有以开之，要皆不外乎气之安恬、心之坦适。而其时，则以寅午戌三时为尤重也。

气归于府，神藏于室。返元完朴，黄庭怡悦。奥窍无他，伏寻自得。谷口泥丸，首尾相合。呼应如神，贵保贵纳。纳之深沉，保之活泼。俯见金光，天目出入。各致所知，神明合德。数语关心，守之勿失。

附　录

杨芳传《清史稿》卷三百六十八列传一百五十五

杨芳，字诚斋，贵州松桃人。少有干略，读书通大义。应试不售，入伍，充书识。杨遇春一见奇之，荐补把总。从征苗疆，战辄摧锋。洊擢台拱营守备。

嘉庆二年，从额勒登保剿教匪，败张汉潮于南漳，赐花翎。转战川、陕，常充侦骑，深入得贼情地势，额勒登保连破剧寇，赖其向导之力。四年，歼冷天禄于人头堰。大军追余贼，芳以九骑前行，至石笋河，见贼数千争渡，后逼陡崖，左右无路，芳遣二骑回报，自将七骑大呼驰下，贼惊溃，陷浅洲中，其先渡者无由回救。五舟离岸，群贼蚁附，舟重，每发一矢覆一舟，五发五覆。俄，杨遇春、穆克登布至，浮马渡，追击贼尽，军中称为奇捷。连擢平远营都司、下江营游击、两广督标参将。

五年，杨开甲、张天伦趋雒南，芳以千骑扼东路，绕出贼前。贼折而西，黎明追及，见马迹中积水犹潰，急驰之。甫转山湾，见贼拥塞平川，芳率数十骑冲突，后骑至，乘势蹂躏，贼仓卒奔溃，擒斩无算。赐号诚勇巴图鲁，擢广西新泰协副将。寻从穆克登布击伍怀志，连败之成县、阶州。贼渡白水河窥四川龙安，旁入老林，冒雨追击，及之于磨刀石，手刃十余贼，伤足坠马，徒步杀贼，复伤臂，射伤伍怀志，大军乘之，大破贼众。仁宗闻而嘉之，诏问伤状。六年，冉学胜趋甘肃，偕札克塔尔要击于固原，贼反奔，芳轻骑摧其后队，又败之于汉江南岸，贼由平利走洵阳。时张天伦踞高唐岭，芳破之，余贼与学胜合，东出杨柏坡，芳先至，设伏败之，而李彬、苟文明、高见奇、姚馨佐合窜平利。彬走南江，天伦随之，见奇、馨佐入宁羌。额勒登保自追之，嘱芳以南江之贼，击天伦，擒其党张良祖、马德清、刘奇；复破见奇、馨佐于桂门关，追及黑洞沟，擒其党辛斗。擢陕西宁陕镇总兵。又败李彬于太平，贼弃老弱逸，获彬妻及其悍党冉天璜。七年，苟文明犯宁陕，其党刘永受、宋应伏分布秦岭北。芳由五郎口进，歼应伏之众过半，永受遁，为寨民所杀，文明寻亦授首。额勒登保入楚，檄芳剿陕境余匪，先后擒郭士嘉、苟文学等，贼党溃散。

八年，总督惠龄檄芳还剿南山贼，芳由洵阳坝深入，冒雨扪崖攀葛，狝薙无遗，遂大搜秦岭南北，陕西贼垂尽。忽有李彪者，自太白山突出，合苟文润扰洋县。芳截剿勿及，坐夺翎顶。贼逼川境，德楞泰至，令芳归防山内。苟文明余党自竹溪窜陕，芳严守汉江，却之，复翎顶。是年秋，三省悉平，凯撤诸军。

宁陕镇标皆选乡勇精锐充伍，凡五千人，号新兵，芳驭之素宽。十一年，芳代杨遇春署固原提督，去镇，副将杨之震摄。以包谷充粮，又盐米银未时给，众鼓噪，营卒陈达顺、陈先伦遂倡乱，戕之震，其党蒲大芳护芳家属出而复从贼。芳闻变，驰赴石泉，诏德楞泰率杨遇春等讨之。秋，贼大掠洋县、留坝，胁众盈万，推大芳为魁。攻孝义，窥子午谷，围鄠县急。芳驰救，鏖战终夜，伤臂。旦日，贼辨为芳，自引去。遇春督诸军战于方柴关，不利。芳与遇春计，贼尚感旧恩，可劝谕，单骑入贼，晓以顺逆利害，犹倔强，与语数年共生死情，声泪俱下，众感泣愿降，遂宿贼垒。大芳缚达顺、先伦以献；复率大芳追斩不听命者朱贵等数百人，乃定。德楞泰疏请降兵归伍，被谴责，大芳等二百余人免死戍伊犁。芳坐驭兵姑息，亦褫职遣戍。明年，释还，以守备、千总用。十五年，授广东右翼镇总兵，调陕西西安镇。母忧，去官。

十八年，服阕，入都，至河南，会教匪李文成踞滑县，总统那彦成留之剿贼，授河北镇总兵。偕杨遇春克道口，进薄滑县。巡抚高杞有兵六千，与总统不协，战不力，芳说杞，尽领其众。文成走踞辉县司寨，偕特依顺保追击之，贼死斗，芳手刃退卒，大捷，以火攻破碉楼，文成自焚死，予云骑尉世职。大兵隧地攻滑城，贼多方御之，历四十日不得下。芳复于西南隅穿穴深入，九日而成。地雷发，城圮，殄贼二万余。蒇功优叙，调西安镇。移师剿平三才峡匪，复勇号，调汉中镇。二十年，擢甘肃提督。

道光初，历直隶、湖南、固原提督。六年，回疆军事急，芳自请从征，许之。十月，会军阿克苏。柯尔坪为要冲，芳先进，一鼓破之，焚回庄，斩贼酋伊瞒及安集延伪帅约勒达什，大军无阻。七年二月，偕参赞杨遇春、武隆阿进师，三战皆捷，抵喀什噶尔浑河北，合击大破之，遂复其城；率兵六千趋和阗，三月，战于毗拉满，分军绕贼后夹击，擒贼酋噶尔勒，复和阗。加骑都尉世职，授乾清门侍卫。张格尔已遁，命杨遇春偕芳出卡掩捕，芳军阿赖，檄诸夷部缚献。芳言贼遁愈远，道险饷艰，诸夷贪赏妄报不足信，至秋，诏班师。会芳追博巴克之众，入险遇伏，数战始拔全军出，协领都凌阿死之。遇春先入关，芳代为参赞，遣黑回用间言大兵全退。张格尔俟岁将除，率五百骑来袭，中途觉而反奔。芳急驰一昼夜，追及于喀尔铁盖山，歼其从骑殆尽。余贼拥张格尔登山，弃骑走，芳率胡超、段永福等擒之，锡封三等果勇侯，赐紫缰、双眼花翎，晋御前侍卫，赐其子承注举人。张格尔械京伏诛，加太子太保。九年，入觐，晋二等侯，加太子少傅。十年，浩罕、安集延复扰喀什噶尔、叶尔羌等城，偕长龄往剿，仍为参赞。兵至，贼已遁。疏言移城屯田事，下长龄等议行。寻回镇。

十三年，四川清溪、越巂、峨边诸夷叛，提督桂涵卒于军，以芳代之。至则清溪、越巂皆平，进攻峨边贼巢，斩其酋，十二姓熟夷皆降，山内倮夷亦就抚。与按察使花杰筹治善后，晋一等侯。逾年，诸夷复时出扰，降二等侯，褫御前侍卫，以甘肃总兵候补。引疾归。十六年，起为湖南镇筸总兵，抚定变兵。历广西、湖南提督。

二十年，海疆事起，定海既陷，琦善赴广东议抚，英吉利要挟，攻夺炮台。二十一年春，命奕山为靖逆将军，芳及隆文为参赞，率师防剿。奕山等不知兵，惟倚芳。先至广州，英兵入犯虎门、乌涌，提督关天培战死。敌兵逼省城，严备守御。芳见兵不可恃，而洋商久停贸易，亦愿休战，美利坚商人居间，请通商，诏不许；又偕巡抚怡良疏请准港脚商船贸易，诏斥有意阻挠，怠慢军心，严议夺职，改留任。奕山至，战亦不利。四月，英舰退，收复炮台，奕山等遂请班师。芳以老病乞解职，温谕慰之，命回湖南本任。二十三年，许致仕，在籍食全俸。二十六年，卒于家，诏念前劳，赐金治丧，依例赐恤，予其诸孙官有差，谥勤勇。子承注先卒，孙恩科袭侯爵。

芳自剿三省教匪，勋名亚于杨遇春。至回疆之役，以生擒首逆，先封侯，绘像紫光阁，论功超列遇春上。汉臣同列者凡九人：署固原提督胡超，贵州提督余步云，直隶提督齐慎，安徽寿春镇总兵郭继昌，陕西西固营都司段永福，陕西马兵升甘肃宁远堡守备杨发，陕西马兵升抚标左营守备田大武。发、大武并从擒张格尔，以伍卒跻列，异数也。

杨芳妻龙氏传《清史稿》卷五百八列传二百九十五

杨芳妻龙，芳，松桃厅人；龙，华阳人。芳有传。龙善鼓琴，工画兰。嘉庆十一年，芳自宁陕镇总兵署固原提督，龙留宁陕。是岁秋，镇兵以饷不给，将叛。龙使告署总兵杨之震，之震不之省。或请龙行避乱，龙曰："不可，若我出而兵叛，是知其叛也，人其谓我何?"七月辛亥夕，乱作。芳素得兵心，兵有以匪降者，尤感芳不杀，皆入署为龙卫。民妇就避兵，廊庑盈焉。龙严戒奴婢毋号泣，向明，叛兵叩阁请谒，诸避兵者恼惧，请毋纳。龙曰："愚哉！彼辈且自入，孰能御之?"乃启门，纳其渠数十人，咸泣谢，且请龙行。龙谓之曰："若曹虽叛戕官，其渠罪不逭，于多人何尤？主将旦夕归，白若曹于朝，非尽歼也，可各罢归伍。"叛兵不欲罢，坚请龙行，龙命以舆来，尽出诸避难者，而殿其后。叛兵送至清涧，哭而返。龙兄为兴安知府，乃之兴安。芳自固原至，抚叛兵，复定。

蒲大芳者，叛兵渠也，请于芳，迎龙归。芳遣大芳等二十辈以往，龙初举子，即冒雪就道，道中大芳与其曹诟争，举刀伤其曹。行至汉阴，龙使假刑具于有司，召大芳责曰："汝叛，幸不死，更弄刀杖，又待叛耶?"杖之四十，械而行。三日，将至宁陕，其曹十九人者为之请，乃令脱械。

龙至，语芳曰："事虽定，然君且有远行。"芳曰："何至是?"龙曰："朝廷自有法度，兵叛事大，不容无任其咎者。"果有命戍伊犁。龙归侍姑，姑风缓不能言，惟龙达其意，左右在视。居姑丧尽礼。芳复起，迁湖南提督，道光五年，龙卒。

杨芳传 光绪《铜仁府志》卷之十一

杨芳，字诚村，生而沉毅，有干略，好读书，通经史大义，应试不售，遂入伍充书识。杨遇春一见，赏识之，拔补把总。

时川楚教匪称乱，王师征之，累岁不能靖。芳从遇春剿贼，每战辄为军锋，斩馘不可数计，累擢台拱守备，赏蓝翎。嘉庆四年，经略额勒登保进剿贼渠冷天禄、包正洪于大竹，适正洪已与仪陇贼合窜邻水，乃冒雨突击天禄于岳池。遇春以劲骑二千，一战歼之，进追至石笋河。贼以五舟迭渡，仅济千贼。余贼数千，方临岸登舟，时芳已晋都司，率九骑越山先至，即麾帜大呼驰击。贼隔山不知我后队虚实，争赴河，陷淖者三千余人。五舟以争济皆覆，隔河贼呼号不能救。俄大军至，骑浮而济，并追歼其先渡之贼。是役功称最，赏花翎，擢下江营游击。五年闰四月，贼渠杨开甲、张天伦等，趋渭南，芳随遇春倍道扼其东窜，并遣兵守商雒。贼议复西窜，留张汉潮余党三千于后，以缀官军。芳扼西河口去路，而大军三路逼攻，连破之大小中溪，斩首一千五百。贼合窜溪口，伏兵四面蹙之，沟水尽赤，生擒千余人，张逆余党歼焉。

芳由两广督标参将，晋广西副将，赏"诚勇巴鲁图"名号。八月连败贼于成县阶州。贼渡白水河，入老林。芳冒雨追贼，及之于磨刀石，手刃十余。贼矛伤足坠马，仍徒步杀贼，复伤臂，官军乘之大败贼，射伤伍怀志。上闻而嘉之，诏问受伤状，下所司优叙。六年五月，张天伦与曾芝秀、陈国奉等率众六千，合屯高唐岭。芳及遇春分路击之，擒斩三千，贼复分为二。芳夜袭天伦于白河，俘馘殆尽。遇春遂与芳邀击冉添元于平利，克之。六月经略逼贼入川，为一举摧荡计。八月遣芳击张天伦于西乡，俘斩盈千，余贼仅四百，窜老林。适芳前所追太平关县之贼，窜至南江，经略令芳歼东奔之辛斗于通江，而自帅遇春追西窜之高见奇、魏学盛于广元，擒斩殆尽。七年三月，遇春移剿苟文明，贼自华阳合而东窜，芳分路追截败之，于是楚贼略殄尽。其南山遗孽，经芳及遇春分兵十余路，栉比排搜，亦所余无几矣。逆渠苟朝久被芳剿急，遂与宋应伏合窜汉南，为官兵所殪。八年六月，芳穷搜至老林，匿贼百余，突出盩厔洋县，芳追之入山。八月有散遣之勇附之，合三百人，苟文润领其众，势复猖獗。九月通江已散之勇五百人，复与合，遂戕副将朱槐于山沟。诏芳回汉北，专防山内余贼。时贼皆百战之余，忽陕忽川，忽聚忽散，猱腾兔脱，无定踪。九年正月屡由安康窥汉岸，图窜南山，皆为芳所却，先后擒匪百余，于是南山无贼。八月芳搜汉北余匪，尽殄之。各路皆报肃清，芳擢宁陕镇总兵。

嘉庆五年，特设宁陕镇，节制子午、华阳、黑河诸营，汛以从征乡勇五千充新兵，地险兵悍，为汉北第一岩疆。九年三省戡定，经略参赞，先后还京师。十年七月遂有新兵之变。时杨遇春以陕西提督入觐，芳赴固原署提督事，副将杨之震护宁陕总兵，营卒陈达顺、陈先伦，以停给盐米银事，纠众叛，戕副将游击。贼党蒲大芳等，以芳素得士心，先护送其家属于兴安，而后归从贼。遇春行至西安，闻变，即调兵进剿。诏德楞泰为钦差大臣讨之。贼奔华阳，破洋县，虏胁数千。芳帅固原兵二百人驰抵石泉。九月贼攻孝义厅，分队窥子午峪，芳驰扼峪口。德楞泰令遇春以兵五千，自洋县进剿，而自帅兵四千继之。贼攻鄠县，芳复驰救，力击劫营贼，鏖战竟夜，身受数创。黎明贼辨其为芳也，自引去。时贼党已增至万人，又选步骑三千为前锋，改推蒲大芳为首，遇遇春军于方柴关。兵贼隔河，尚有相揖讯者。及战数合，杀伤略相当，大芳陷阵力战，伏贼绕出阵后，官兵大溃。遇春仅率亲兵数十登山断后。贼追至，忽反走，乃收溃卒扼方柴关。次日芳驰至，谓遇春曰："叛兵皆百战之余，骁悍习地利。而官兵勤劳九载，疮痍未复，且与叛兵多同功一体之人，以兵攻兵，终无斗志。贼两战，见吾二人皆辟易，尚有旧部曲谊。请公按兵缓攻，而某单骑入贼营，晓以顺逆。"遇春然之。时贼矛林立，或叩马力阻。芳曰："我与杨公计之熟矣，天佑苍生，我必不死，为国息兵，即死且得所，何恨?"遂策马前，万众怍愕。芳故得新兵心，又捭阖善操纵，见大芳等，即痛哭曰："吾与若曹，戮力数年，同患难生死，今对垒如仇敌，吾不忍见若曹罹族灭祸，请先杀我。"于是众皆哭。逾二日，大芳诱缚先伦、达顺，以众降。德楞泰遂以叛卒穷蹙，乞命。奏首祸二百二十有四人尽释归伍。上切责其宽纵，命戍降卒二百余人于新疆，寻为伊犁将军松筠所诛。遇春降总兵，芳坐驭兵不严，酿变，谪戍伊犁。

德楞泰既劾芳，恐物议不平，复密疏申雪。芳至伊犁，未匝月即赐还，命以守备千总补用。十三年回籍省亲，补松桃协千总。十五年起广东右翼总兵，入觐，赏还花翎，寻调西安镇总兵。

十六年丁母忧。十八年秋林清谋反，既伏诛。李文成踞滑县，诏陕督那彦成为钦差大臣帅师讨贼，提督杨遇春副之。芳呈请效力，奏补河北镇总兵，随遇春败贼道口镇，遂围滑。文成突围，出奔太行，招贼四千据辉县之司寨。那彦成遣芳追剿。芳伏骑白土冈，诱贼出战，佯走，伏起大败之。又追击于南首山，杀贼二千有奇。是役也，贼走山上殊死战，官兵畏贼锋，有退者，芳拔佩刀立斫数人。众效死，遂大捷。进夺司寨，文成纵火自燔死。乃合力攻滑。时滑城未下，而陕西三才峡贼又起。滑城坚，外砖内土中沙，大炮攻之，遇沙而止。官军掘地隧，皆为所破。芳阳筑他棚进攻，而潜掘旧隧，满实火药。至期，将卒皆甲骑以待。十二月十日平明，隧中药燃，西南城崩裂十余丈。官军奋前夺城，蚁附入，巷战至夜，共歼贼二万，免老幼男妇二万有奇，俘首逆牛亮臣、徐安国等槛送京师。滑县平，加提督衔，赏云骑尉世职。十九年春，帅师入陕，大破贼，擒逆目谭贵等。诏优叙，调汉中镇总兵。二十年，擢甘肃提督。

道光元年，调直隶。三年，调湖南。五年，调固原。六年，回酋张格尔叛，杨遇春时署陕甘总督，诏授钦差大臣，帅师讨贼。寻以大学士长龄为扬威将军，杨遇春为参赞，芳请行，许之。时贼陷西四城，距阿克苏八十里。十月大兵集阿克苏，贼扼柯尔坪，地险要，中隔戈壁。将军令芳袭破之，焚其南北庄，败其援师。七年二月师至大河拐，贼三千来袭营，败之。进抵洋河巴特，沙漠平旷，贼二万，距横冈五六里。芳与将军参赞分三路进攻。贼据冈下压者再，大兵分路夺冈，贼披靡，擒斩过半，尽得牲畜粮粮济师。进抵沙布都尔回城，多苇湖、树林，贼数万临渠列阵，决水成沮淤，使骑兵不得骋。城后林中皆有伏贼，难绕袭。芳先令步卒冒险越渠，短兵接。复麾骁骑绕左右浅渠，横截一阵，贼大溃，追逾浑水河三十里，俘馘万计。复分败林中伏贼，及河桥援应贼。越二日，贼数万据河瓦巴特回城，依冈背河。我军距贼十里止营，夜遣吉林劲骑千，分探左右，间道绕出贼后，次日压贼垒而军。贼佯退，诱我兵登冈，而反乘之。我军枪炮迭前，藤牌兵虎衣跃入。贼马惊，阵乱，冈后伏贼起，殊死战。而我千骑已绕出回堡后，突击其背，贼大败奔，擒斩各半，殪安集延二酋目，追至洋达玛河，距喀什噶尔城八十里。次日整队至浑河北岸，贼悉其众十余万，背城一战，阻河为阵，亘二十余里，筑垒横蔽之，穴垒轰炮，鼓角震天，势张甚。芳遣死士数百，夜扰其营，讙嚣达旦。是夜西南风起，撼木揭沙，大雾晦。将军以贼据形势，且众寡不敌，欲退屯十余里，须雾而进，遇春持不可。芳意与遇春合，乃遣索伦千骑，绕趋下游牵贼势。芳与遇春率亲兵骤渡上游，据上风。炮势与风沙势相搏，贼阵乱。比晓，我兵尽渡，风止雾霁，乘势冲入贼阵，贼土崩。我军乘胜抵喀城，时三月朔日也。张格尔先遁，获其甥侄及伪汗并伯克等，斩馘数万。十六日，芳以兵六千，往剿和阗贼，破之，擒斩逆酋玉努斯，遂复和阗，加骑都尉世职。命在乾清门行走。时遇春亦连复英吉沙、叶尔羌二城。六月，芳与将军参赞帅师八千出塞掩捕。遇春屯色勒库，芳屯阿赖。阿赖者，葱岭之脊。脊以西，水皆西流，乃喀城赴浩罕之道也。有浩罕贼二千余，诱官军入伏，鏖战一昼夜，众几殆。芳步步为营，严阵出险。上责诸将孤军深入，召遇春入关，以芳代为参赞。十二月，密遣黑回出卡纵反间，言官军全撤，喀城虚，诸回翘首以望。张逆果率步骑五百，欲乘除夕不备，潜袭喀城。芳与长龄严兵六千以待。二十有七日，贼潜至，旋折回。芳率兵星夜追至喀尔铁盖山，击斩殆尽。张逆仅余三十贼，弃骑登山。时值严寒，坚冰积雪没胫踝。芳亦步行，蹑之至绝处，逆无所逃，为芳部下副将胡超、都司段永福等所擒。

八年正月，捷闻，诏封芳三等果勇侯，赏戴双眼孔雀翎，赐紫缰、黄马褂，加太子太保。赐其子承注举人，图像紫光阁，大臣以芳为首，御制赞凯，旋命郊劳，行受俘礼，勒碑太学及喀尔铁盖山。上召见数次，晋侯爵二等，晋太子太傅衔，赐紫禁城骑马。复以芳六十生辰，御书“酬庸锡羡”额并“福寿”字赐之。

九年秋，安集延夷匪复肆掠，芳与长龄驰至军，檄谕浩罕，复许入贡通市。十三年，四川清溪土千户、越嶲山各夷滋事，调四川提督。芳至，夷已平定，乃妥筹善后。诏嘉之，晋一等侯。十四年，夷复蠢动，降二等侯，以总兵往甘肃候补。十六年，湖南镇筸兵变，迫胁镇道借银累万，起芳为总兵，定善后章程五则，皆如所请。十八年，迁广西提督，调湖南。二十一年，海氛棘，诏宗室奕山为靖逆将军，芳与尚书隆文并为参赞大臣，由江浙至广东，以议款罢兵，芳回湖南提督任。逾年请告归，诏在籍食俸。二十六年薨，年七十有七。遗疏闻，优诏褒恤，赉白金五百两治丧，赐祭葬如例，谥勤勇。

芳结发从戎，经百余战，必躬先士卒，所向未尝挫衄。屡荷恩赉，所得玉韘荷囊，不可胜纪。少受杨遇春之知，执从子礼甚谨。威望与遇春埒，天下称二杨。而芳受侯封，且先于遇春八年。谕者谓二杨勋绩高天下，而尤以招抚宁陕新兵称首。何则？南山起陇西，尾商郧，阻奥千余里，据川陕湖之腹，而宁陕所治五郡形势要害，又据南山秦岭之腹，新兵五千皆百战之勇，习流贼故智，使招抚迟数日，贼已分突秦陇楚蜀，残黎民，老师糜饷，曷所纪极。然非芳威信服人，奋不顾身，入贼穴，亦莫能追数千出柙走险之虎兕，使归就闲勒也。《孙子》曰："全军为上，破军次之。"芳虽以此获咎，而功德所被无涯矣。芳兼资文武，负著述才。所著有《平平录》等书凡十余种。

封侯谢恩表道光八年　光绪《铜仁府志》卷之十五

为恭折叩谢天恩，仰祈圣鉴事。

窃臣于二月十四日接奉上谕：长龄等奏生擒首逆驰报红旗一折，览此捷奏，实深嘉悦。杨芳着加恩锡封果勇侯爵，世袭罔替，并赏用紫缰，换戴双眼花翎，在御前侍卫上行走，并颁赏双眼花翎一支，白玉巴图鲁翎管一个，御用白玉寿字搬指一个，黄辫珊瑚豆大荷包一对，小荷包四个，其子有无官职，现年若干，着察臣具奏，并开复一切处分等因，钦此。

臣跪聆之下，感悚难名，当即恭设香案，望阙叩头祇领。伏念臣边隅寒卒，渥荷鸿慈，弃瑕录用，简擢提督，畀以参赞巨任，未能即获逆首，负咎滋深。仰赖庙谟宏筹，生擒巨憝，止以稽迟俘献，甚切恐惶。乃逾分殊施，非常异数，赏延于世，奎璋特晋以侯封；恩重于身，决拾亲颁夫御制。紫勒耀千程之骑，瑞蔼征鞍；翠翎飘双眼之辉，管镌勇字。班联戟卫，常依日月之光；佩绚荷囊，式焕帨鞶之彩。褒嘉宠溢，锡眷恩多。并蒙恩旨，垂询臣子官职年岁。臣仅一子承注，现年二十三岁，从一品荫监生，随任读书，曾经两次乡试，甫丁母艰起复，今岁北闱应试后，例应引见，驽骀谬承夫宠眷，豚犬复系于温纶。臣自顾何人，遭逢若此，涕零感激，莫罄愚忱，理合恭折叩谢天恩，伏祈皇上圣鉴，谨奏。

御制杨芳图像紫光阁赞道光九年　光绪《铜仁府志》卷之十五

黔省之英，自幼知兵。战功久著，谋而后行。柯坪和阗，独显威名。竭力追擒，助大功成。

御制果勇侯杨芳祭文道光二十五年　光绪《铜仁府志》卷之十五

朕惟宣力杼诚，克作干城之卫；饰终考行，幸垂竹帛之功。勤劳久著于师中，恩宠宜隆于身后。爰陈鼎俎，丕焕龙纶。尔太子太傅一等果勇侯原任湖南提督杨芳，兵律夙娴，戎行久历。始从军于左哨，继擢任于下江。副粤西而风静牙旗，镇陕右而霜清玉辗。蜂屯偶聚，挥戈则克奏崇功；螳臂谁撑，膏斧则立诛巨憝。虽以军容不肃，暂戍提榆；旋因劳绩堪思，还营细柳。随俾以总戎之任，加以阃外之权。于时有事西陲，俾资参赞。星驰徼远，协丈人地水之师；月黑前营，定壮士天山之箭。扫欃枪而深入，颉利成禽；肃边境而凯旋，华阳归马。朕嘉乃丕续，爵以通侯。翠羽亲颁，聿表重辉之典；紫缰遥锡，用酬万里之劳。洊宸翰而宏奖殊勋，晋官衔而荣逾阿保。既建方于粤峤，遂移节于湘江。属以鲸浪未平，羊城重莅。方欲尘氛迅扫，更宜受钺之威；岂知疾疢忽婴，莫遂据鞍之志。养疴既从其归里，颁禄无异乎当官。方承湑露之沾，遽报大星之坠。悼重臣之溘逝，费国帑以经丧。敷雨露而流恩，孙枝并沛；具牲牢而赐奠，天綍遐宣。於戏！鼙鼓兴思，怆雄姿于貔虎；丹青式炳，昭遗画于麒麟。尔灵有知，尚其歆享。

杨诚村夫人挽词

诚村马上之功功不朽，下马观书双眸炯炯如星斗。奏疏笺启短长篇，援笔恢恢同辈名流尚缩手。武兼文事人谓奇，我谓诚村夫人之奇尤罕有。夫人生长岷江江水湄，武阳华胄高门楣。父兄爱之甚，明珠掌上光离离。及笄择婿得佳婿，翔鸾威凤栖琼枝。事姑顺，事夫敬，教子必以正。臧获戴其恩，妯娌亲串辉相映。求诸古之贤媛犹或同，今请言其奇者君试听。太平日久知兵少，况在闺阃何由晓。读书不读律者多，妇人处事徒颠倒。宁陕兵叛诧非常，营无主帅谁克当。请迁请匿计纷上，夫人曰否否，汝辈且勿滋张皇。指挥凭定静，惩创息猖狂。幸既重险出，回思徒茫茫。守兵家言者逊其胆，习法家言者逊其详。女流也男子未之逮，较诸武兼文事之奇孰低昂。去秋旌旄巡楚境，奏请便道亲墓省。夫人携子同时来，祭扫礼成暇以整。数日还武陵，忽焉鹤驭云千层。怪哉卜地前月事，此亦奇事非人能。花园楚地名。无过百余里，求则得之易如此。候气吉祥时止止，慈福之荫从兹始。子生孙，孙生子，日有喜。

徐承锦按：宁陕兵变，诚村适赴固原提督署。任夫人指挥定乱一节，撰诚村事略者或未及详，此诗亦足补果勇侯传记之阙。

徐如澍，字雨芃，号春帆，铜仁府人。翰林编修，任通政使司。

图书在版编目(CIP)数据

平平录/(清)杨芳撰;肖小艳标点. —长沙:岳麓书社,2021.1

ISBN 978-7-5538-1366-0

Ⅰ.①平…　Ⅱ.①杨…②肖…　Ⅲ.①杨芳(1770—1846)—生平事迹

Ⅳ.①K825.2

中国版本图书馆 CIP 数据核字(2020)第 180200 号

PING PING LU

平平录

[清]杨芳　撰　肖小艳　标点

责任编辑:刘　文

责任校对:舒　舍

封面设计:罗志义

岳麓书社出版发行

地址:湖南省长沙市爱民路 47 号

直销电话:0731-88804152　0731-88885616

邮编:410006

版次:2021 年 1 月第 1 版

印次:2021 年 1 月第 1 次印刷

开本:640mm×960mm　1/16

印张:14.25

字数:198 千字

书号:ISBN 978-7-5538-1366-0

定价:98.00 元

承印:长沙鸿发印务实业有限公司

如有印装质量问题,请与本社印务部联系

电话:0731-88884129